让孩子的人生更"有戏"

——以"生涯适应力"学习为引领的"有戏"教育实践研究

全迅 著

上海三联书店

前　　言

　　虹口区教育学院实验中学初建于 1907 年,是一所有历史可挖、有故事可讲、有榜样可学的学校。1945 年熊佛西先生在这里创建了实验戏剧学校(今上海戏剧学院的前身),1989 年定名为虹口区教育学院实验中学。百多年的学校历史,留下许多文化名人的奇闻轶事,并以"有戏"文化教育特色享有盛誉。

　　近年来,随着区域建设不断深化,学校生源结构发生了较大变化,外来务工人员子女占较大比例,周边户籍学生的家境极为普通,学生认为自己的前途、理想几乎"没戏"。课题组从这一现状出发,瞄准习总书记描绘的蓝图:让中国人民"共同享有人生出彩的机会",依托"上海市百所加强初中建设实验校"建设大局,拟定了着力"有戏"校园建设,以"生涯适应力"学习为抓手,开展"有戏"教育的实践研究,为助力学生的"出彩"人生夯实基础。

　　至今为止,"有戏"教育的研究实践大致经历了三个阶段:

　　一校一策的制定阶段(2018/9—2019/2),主要包括:

　　"一个追求",即让"有戏"教育成就每一名师生。

　　"二大平台",指"有戏"平台和"生涯"学习。

　　"三管齐下",即以学校德育为首,以课程教学为主渠道,以教师队伍建设为关键。通过实践融合,最终形成"有戏"学校文化。

框架建设实施阶段(2019/3—2019/9)

学校为搭建、实施生涯适应力校本学习框架,走过了"一块实验田,初尝甜头""由点及面,摸着石头过河""因材施教,课程构建""队伍建设,边学变练"以及"形成合力,初见框架"的艰难历程。

《"有戏"校园内涵发展现状和需要的调查》,了解教师的真实想法,即:学生的"有戏"来源于对自身生涯发展的内驱动力;启动了《促进学生多元发展的初中生涯适应力课程开发和实施》项目研究,围绕"开展学生生涯适应力教育所需要掌握的能力与素养"面向全体教师进行生涯教育普及培训,激发教师的生涯教育意识,丰富教师的生涯专业知识,并整合课程共同放在学校育人目标及课程方案的大背景下,架构形成学校整体"有戏"教育框架。

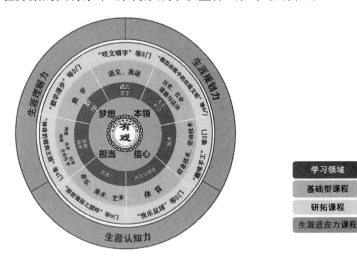

三省吾身、着力深化完善阶段(2019/10—至今)

经过一年多的探索和实践,从 2019 年 10 月起我们逐渐把工作重心放在实施途径上,不断对既有工作进行反思,也在实施过程中尽力予以深化、完善。主要包括:"德育为首,深挖内涵"、"多维发展,学科渗透"、"综合实践,学以致用"、"生涯问题,重点突破"、"线上育心,融合推进"、"综合评价,多元发展"。

本著作即是虹口区教育学院实验中学教育干部和教职工开展"有戏"教育实践研究的成果结晶。在此,要衷心感谢在学校研究实践"有戏"教育过程中各级领导的关怀支持、各位专家的助力引领!正是有了您们的鼓励和助力,虹口区教育学院实验中学在德育、教学、校园活动、师资队伍、家校互动等各方面的"有戏"教育工作中积累了宝贵的经验,收获了很多成就与荣誉,也让我们接下来的办学更加"有戏";感谢为"有戏"教育辛勤付出的全体教职员工,正是有了大家主动回应"怎么培养人"的问题,有戏校园得以开展可持续、可进阶的内涵建设;更要感谢我们可爱的学生们,你们努力学习,追求卓越的"出彩"表现,坚定了学校搭建"有戏校园——美好未来的教育平台"决心!

学校的教育实践研究永远"在路上","有戏"教育亦是传承学校优良教育传统,为学生的"生涯"启航,展现"有戏"人生的初步探索,书中的表述如有不妥之处,敬请各位读者批评指正。

目　　录

第一章 "有戏"教育概论

虹口区教育学院实验中学位于四川北路,紧邻虹口区文化名人街,曾是上海戏剧学院旧址,有着悠久历史传统与戏剧文化底蕴。学校附近有如影视作品《永不消逝电波》中的原型人物李白烈士等诸多革命先烈、文化名人的故居旧址,流传着许多催人奋进的轶事传闻。

随着区域建设不断深化,学校生源结构发生了较大变化,当前超过60%的学生来自外来务工人员家庭,多数学生在家庭经济文化背景方面处于相对弱势的地位。由于非上海户籍的原因,许多学生不能参加上海市的普通高中入学考试,这让相当一部分学生的学业发展受阻,感到自己"没戏",从而对未来感到迷茫、焦虑。为了能够获得升学机会,超过半数的学生在第二、第三学年会转回户籍地就读,造成在校学生流失率明显增加。同时,在校不少上海户籍学生的父母因工作繁忙,与子女的深度沟通较少,特别是在成长与选择方面,家庭缺少责任担当。这些亲子沟通上的不足,让学生们在身心发展上得不到足够的支持,常常对自我能力,对自我未来发展的理解和规划以及对现阶段学习与未来职业选择之间关系的了解等,感到苦恼和无助。面对不确定的未来,面对多元化的学生发展诉求,作为一所普通公办初中的校长和教师,我们能做什么? 我们如何支持和帮助我们的学生在未来的社会中立足,让他们获得该有的幸福是学校始终在思考与研究的问题。

2013 年 5 月 29 日,习近平总书记在第十二届全国人大第一次会议闭幕会上提出:让中国人民"共同享有人生出彩的机会""有梦想,有机会,有奋斗,一切美好的东西都能够创造出来。"后来,习总书记在不同场合多次谈及青年是国家的希望,引导青年勇担时代使命,把个人理想追求融于党和国家的事业中成为与新时代要求相符合的社会主义事业建设者和接班人。

习近平总书记的这段重要讲话明确了学生培养目标,指明了我校教育改革发展的方向:顺应时代的需要,从国家、上海市相关政策导向出发,依托本校被列为上海市"强校工程"实验校的机遇,结合学校办学实际和学生生情,对标学生综合素质评价标准,以校为本开始了以"促进学生综合素质发展的初中生涯适应力学习"为引领的"有戏"教育的实践研究。本研究的逻辑起点是:让虹教实验的每一位学生通过"有戏"教育,成为"有梦想、有本领、有自信、有担当"的"有用之材",铺垫"出彩"人生。

第一节　相关研究情况综述

为了使虹口区教育学院实验中学的以促进学生综合素质发展的"初中生涯适应力学习"为引领的"有戏"教育有据可依、有章可循,学校开始对国内外相关文献尤其是生涯适应力教育的文献资料进行研究,进而对整个研究的发展趋势进行了系统的回顾,还对生涯适应力教育实施的路径和方法等方面做了详细的梳理。

在"中国知网"输入关键词"生涯适应力"进行搜索,共有997条结果,其中在期刊发表的相关文章823篇,学位论文95篇,会议交流31篇,作为专著出版的唯有国外的一本。输入关键词"有戏教育"进行搜索,结果为0。

浏览相关文献资料后,我们可以看到在基础教育阶段展开生涯教育已成为一种国际趋势,而美、英、加拿大等国早在上个世纪70年代就已提出实施生涯教育的重要性,并逐渐形成一条从小学到大学融合基础教育、职业教育、高等教育和终身教育的完整生涯教育链。近年来,我国学术界积极开展有关生涯教育的研究,尤其在高等教育和中高等职业教育学校开展的研究颇多。与此同时,国家也明确规定职业生涯教育课程成为高等教育和中高等职业教育阶段的国家必修课程,以国家力量保障职业生涯教育的顺利进行。与高等教育和中高等职业教育大力推行职业生涯教育的现状相比,中小学的开展情况就逊色许多。因此,在我国基础教育阶段同步开展职业生涯教育就显得非常的必要与迫切。

关于"生涯适应力"这一概念和在国外基础教育中的实践,主要的做法与职业生涯关联较多,并且是以职业为最终目标的生涯教育的狭义概念。由于国外的生涯教育开展较早,领域经验较为丰富,而且实践方式多样,这对于我们了解如何提升学生生涯适应力,促进"有戏"教育开展具有非常重要的借鉴意义。

一、发达国家生涯教育的发展概况

探索国际教育界,主要是发达国家在生涯教育方面的研究。职业生涯教育起源于美国。美国早在1971年,时任教育部长的Marland就提出从义务教育到高等教育以及继续教育的整个过程都要开展相关的生涯教育。2004年,美国生涯发展协会(National

Career Development Association，NCDA）发布"国家生涯发展指南框架"（National Career Development Guideline Framework），从领域、目标、指标三个方面确立美国生涯教育的总体方向。英国则在2003年颁布"7—19岁生涯教育法定框架"，描述了11岁之前、14岁之前、16岁之前和19岁之前四个阶段的生涯教育目标。我国香港和台湾地区生涯教育的研究和实践也比较成熟。我国大陆地区则在近几年急起直追，在相关研究和实践上取得了一定进步。

美国高中学校实施职业生涯教育途径和方法主要有课堂介入、学科渗透、职业咨询、职业参观或"职业日"活动、职业实习和计算机及网络辅助教学（陈淼，2017）。美国实施的"生涯教育"的模式分为学校、雇主、家庭及边远地区四类，其中实施最广泛的是以学校为基础的生涯教育模式。学校设专职人员对学生进行生涯教育，把知识同生产劳动和实践经验密切结合起来，开展生涯辅导和咨询工作。例如，乔治亚洲的贝尔克里克初级中学（BearCreek-MiddleSchool）就将"我是谁""我的职业发展目标是什么""我应该采取什么行动才能达成我的职业发展目标"贯穿整个职业生涯指导课程的始终，不断提高学生职业生涯意识。另外，职业生涯规划教育与家庭教育也是息息相关的。美国北卡罗莱纳州的家庭"百宝箱"项目，家长利用家庭"百宝箱"帮助孩子进行从童年持续到成年时期的职业生涯规划，包括帮助孩子进行职业探索；与孩子一起进行职业生涯规划等。

英国于1997年在发展教育重点放在中等教育阶段。英国颁布的《全国生涯教育框架》将中学阶段生涯教育的目标确立为自我发展、生涯探索、生涯管理三大块。在英国的中等教育阶段，学校主要通过开设生涯发展教育课程、实施个人和社会教育以及提供辅导项目来实现生涯教育目标。其中,生涯发展教育课程主要根据《英格兰:针对 11—19 岁学生的生涯教育和指导国家框架》制定实施,并尝试将相关知识整合到其他课程中。在学校进行生涯发展教育的同时,也重视与家庭、社会相关部门的合作。

日本从 20 世纪 90 年代开始大力推行职业生涯教育,已经形成贯穿小学、中学、大学的职业生涯教育体系。日本政府在 1999 年首次将"生涯教育"一词写入官方报告——《关于改善初等、中等教育与高等教育衔接》,提出有必要加强学校教育与职业生活的衔接,实现从小学阶段开始的职业生涯教育。2004 年又推出了《培养每个学生的勤劳观、职业观——推进职业生涯教育综合调查研究协会会议报告》,提出让职业体验成为职业生涯教育的重要载体。自 2005 年起,文部省在全国 138 个地区开展"职业生涯教育周",建立了以初中生为主的五天职场体验制度及其支持体系,进一步深化职业体验在职业生涯教育中的作用。2006 年,又推出了"职业生涯综合计划",实施一种中小学为对象的"新体验计划"、以大学生研究生为对象的"高度职业生涯教育计划"和以自由职业者为对象的自由职业者再教育计划。

二、国外中学生涯教育课程实施的理念与举措

(一) 确立人本化的课程目标

在生涯教育的实践中,西方各国将推动学生的生涯发展作为此项工作的主旨。欧盟 2004 年教育部长会议要求生涯教育旨在:"促进所有公民在其生命的任何一个年龄阶段认清他们的身份、能力和兴趣,作出富有意义的教育、培训和职业决策以及管理个体在学习、工作方面的发展路径"。在日本,生涯教育成为整个教育的

核心,其课程设计的核心思想之一,即是培养学生积极的生活态度和职业观,促进个体自主、有序的发展,实现个人与社会之间最积极有效的互动,逐步实现从过去以就业为重心到以职业教育为重心的转变,即由进入指导到生涯教育的转变,把狭隘的就业指导扩展到对个体整体职业生活的指导,并提升到人生发展教育的高度。

(二)安排系列化的课程内容

美国中小学生涯教育内容的设定坚持三个方针,其中之一即强调生涯教育是一种持续性教育,自儿童早期直到中学后整个人生的历程,依此方针,将1—6年级视为职业了解阶段,7—10年级视为职业探索阶段,10—12年级视为职业抉择阶段,进而有序列分阶段实施生涯教育。加拿大安大略省《生涯教育与指导》课程指南对9—12年级学生学习内容作出了精心安排,九年级为"学习策略:在中学获得成功的技能";十年级为"职业生涯研究以及发现职场";十一年级为"设计你的未来和领导与同伴支持";十二年级为"高级学习策略:在中学后获得成功的技能以及驾驭职场"。

(三)选择多样化的实施路径

课堂教学是学校生涯教育课程实施的基本路径。日本的学校根据文部省制定的《初中和高中的进路指导入门》规定,要求初中生必须接受年均70—130课时、高中生在3年间必须接收105—210课时的"进路指导"课程。英国将学校生涯教育的目的界定为:提升自我意识、增进机遇意识、培养决策能力、学习过渡策略,并在近年将生涯教育由单列课程整合进个人、社会和健康课程(PSHE),丹麦、德国、希腊、荷兰和葡萄牙等亦借助课堂开展生涯教育。

职业体验增进学生对职业世界的感性经验、培育职业情感、锻炼工作能力。自20世纪50年代起,职业体验即成为瑞典综合中学的一大特色,80年代课程改革后,所有7—16岁学生均须有7—10周时间在工作场所度过。芬兰在中学开设了"工作生活体验"课程,组织学生参观考察相关用人单位或高一级教育机构,收集相关专业或教育信息并在学生之间分享、交流。美国中学由职业指导人员根据学生的志愿安排他们到具体的公司、工厂、医院等单位进行"工作",使学生了解工作中的快乐与辛苦,获得工作经验,做好进入工作的准备。加拿大安大略省则以一线员工实际使用的合同、图表、纲要等作为中学课程《生涯教育与指导》的关键教学资源,以帮助学生"发现职场"和"驾驭职场"。

(四)社会支持成为重要力量

家长常常是西方国家学校开展生涯教育依赖的重要力量。美国沃特福德高级中学制定的《发展计划》强调"父母教育",规定指导办公室每年都要开展由父母参加的以下活动:8月新人定向,9月父母夜校,10月大学故事,12月资助之夜,还可以增加有线电视"话说学校"节目。在瑞典,学校通过亲子互动让家长参与到对自己孩子的生涯教育中,请家长到校和学生一起听生涯教育课程,安排学生到父母的工作地点参观等。英国为所有公立学校指定专门教师作为"生涯协调员"(CareersCoordinators),还在各地教育部门设有专门的生涯服务机构协助学校开展工作。这种校地合作一方面强化了生涯教育与劳动力市场的联系,另一方面保证了相关教育与咨询的公正客观。

三、国内生涯适应力研究现状

(一)国内学者的探索研究

1992年,《国家职业生涯发展指南(NCDC)》中指出了职业生涯教育目标:使学生能够具备自我认识、教育与职业探索和职业生涯规划的能力。中学阶段的目标为帮助中学学生展开初步的自我及外部的探索,认识自己的兴趣与爱好和外界职业的真实情况。

目前,国内中小学职业生涯教育发展相对薄弱,但是很多地区和学校已经意识到其重要性并进行了初步尝试。在中小学引入职业活动的实验研究最早可以追溯到陈焕章的博士论文,论文通过在中小学蹲点,对培养目标、课堂方案、活动设计等方面,提出设想并进行实验研究,成功验证了在基础教育阶段实施职业生涯教育是非常必要且可行的。

董珉等人以武汉市六所具有代表性的中小学的学生作为调查对象进行职业生涯教育调研,发现学生在接受职业生涯辅导方面尚存在以下问题:在学习中很少接触到有利于将来从事某种职业的相关内容;对社会职业构成的理解较为片面,受社会舆论、媒体宣传影响较大;学校相关教育相当缺乏。

郑溪璐的硕士毕业论文《初中生涯发展课程的实验研究》通过问卷调查的方式对重庆市某中学初中一年级全体学生进行调研发现:初中生涯发展课程可提升初中生的生涯自我概念,促进初中生的生涯成熟与个人成长,并尝试设计符合初中生身心发展的生涯教育课程,为其他类似学校提供了参考模式。

我们发现,目前国内学者对有关中学生涯教育的研究主要还是集中在生涯教育课程体系的开发和实施探索上。纵览世界发达国家和地区的职业教育,我们不难总结出经验,国家和相关部门在学生早期就应该高度重视并给予有力的资金支持,并通过立法形式形成构建职业生涯教育体系;学校和社会机构应携手合作,在普通中学融入职业生涯规划教育;学校内部进行改革,在各学科教学中注重职业意识、职业能力的培养。

（二）初中"生涯教育"的教学实践

1. 在学科教学中的应用

沈蓓莉（2018）在《激发初中生自我内驱力开展生涯教育的实践与探索》中简述了上海市闵行区明星学校在七年级开展"基于提升中学生自我内驱力的生涯教育实践研究"，分为四个阶段：①探秘"360行"活动，目的是帮助学生了解各行业之间的职业特点和相关信息。主要在探究课上实施，学生要撰写职业探究报告；②"我想成为谁"活动，由班主任组织学生开展"霍兰德岛屿游戏"，学生根据兴趣分组，小组合作绘制岛屿图，通过设计岛标、岛屿色彩，完成岛上职业探索等活动，逐步清晰自己想要从事的职业类型；③"种下梦想的种子"活动，侧重于阐明学生未来想从事的职业所必备的能力与素养等，要求学生对照自己的现状，分析自己的长处与不足，寻找当前自己的能力素养与从事该职业的要求之间存在的差距；④"最初的梦想就在自己的手上"活动，学生根据自己的"职业能力"对比图表，完成自己的"目标图"，确立短期目标（升入八年级时）、中期目标（初中毕业时）和长期目标（完成学业后），形成为达到目标自身可尝试的、切实可行的具体举措。四个阶段的实践结果表明，促进了学生自我内驱力的提升，有效促进了各类学生的成长。

2. 团体辅导活动课中的应用

戴腊梅、李小龙（2014）在广东省深圳市西丽第二中学初中二年级开设团体辅导课，开展生涯教育。主要形式有游戏、纸笔练习、分享讨论和家庭作业四项。实践结果表明，团体辅导是中学生涯教育的有效形式，是课堂式或讲座式生涯教育的有力补充。该学习情境摆脱了教室教学的枯燥形式，强调分享讨论的发现式学习很受学生欢迎。在心理健康教育工作中可以多采用团体辅导的方式进行。

（三）生涯教育的上海学校实践

上海一直走在中国教育改革的前列，是中国教育改革的试验田和风向标。作为第一批新高考改革的试点地区，上海在生涯教育领域的成功经验已向全国推广，代表学校有风华中学、崇明中学、奉贤中学、上海大学附属中学等。

1. 创建生涯发展平台，驱动学生自我发展之路

上海市风华中学、崇明中学这两所学校强调在生涯教育实践操作中，培养学生的自主性和内驱力。在风华中学，每个学生都会通过"学生生涯发展规划信息平台"寻求"答案"。平台内"生涯能力展""学业水平分析""职业专业测评"三个模块即可为学生发展提供精准的个性化指导。崇明中学，则是引导学生充分发挥自主性，去思考生涯、探索生涯、规划生涯。学生们可以通过"霍兰德职业个性测试""价值大拍卖""快乐冒险岛"等系列主题活动，认识自己，进一步明晰自己的价值取向。另外，针对崇明岛社会资源较少的特点，学校组建了"优秀校友资源库"为学生们"解惑"。暑假时，学校立足岛内职业资源，鼓励学生自主选择、自主联络目标职业，到身边的职业岗位上参观、访问、实践。以此走近本土职业，真正实现自主发展。

2. 体验人生导航课程，规划职业选择路径

"八个一"是奉贤中学每个学生都要进行的人生导航体验课程。"做一次职业取向分析和潜能发展现状调查；参观一次名校专业考察；做一份初步的人生发展规划；参加一个学生社团；读一本行业内名人传记；参加一系列名人通识讲座；访问一个行业专家；进行一次职业体验"。奉中学子通过这八个循环递进的课程，找到自己未来发展的方向。经过 7 年发展，该校生涯教育课程也进化

到 3.0 版,不仅形成了导航体验项目,还为学生发展提供了扎实的实践基础。上海大学附属中学利用"3＋3"生涯课程和评价方式,引导学生规划职业选择的路径。据了解,根据学生发展的能力指标,形成了生涯认知、生涯体验和生涯研究三大课程。在评价方面,学校从学生自我评价角度制定了三个评价指标:观察、改变和提升。通过"3＋3"生涯课程和评价,上海大学附属中学的学生便可形成生涯发展的多项基本能力。

四、国内外基于文献研究的启示

近年来,学者们逐渐将视角转移到初中,对初中的职业生涯教育逐渐关注,有了初步的探究。但当前的研究尚存在以下不足。

第一,不全面、不深入,对初中的生涯教育尚处于摸索阶段,主要还是借鉴国外的经验提出一些较为宏观的建议,或者模仿国外的生涯教育经验进行小范围实验,尚未全面深入的探究初中生的生涯教育。

第二,尚未形成稳定的体制机制,初中的生涯教育目前尚无稳定的体制机制支持,和其他教育阶段也未形成相互衔接的机制。

第三,本土化不强。当前的生涯教育大多借鉴国外的经验,缺乏对本土职业生涯教育的思考,对职业生涯教育的理解不深,很容易和综合素质的培养混为一谈,导致初中生的职业生涯教育"换汤不换药"。

生涯教育是一个较为宽泛的概念,要真正符合初中生的发展特点和学校生源特点,需要有更为细化的学习目标和实施路径。为此,一方面我们要继续研究国外的成熟经验,从理论、制度和实践方面汲取经验,遵循教育发展规律;另一方面,要加强生涯教育的本土化思考,校本化实践,构建适宜我国国情、学校校情的适合我校初中学生的生涯教育方案。

第二节　生涯适应力调研

通过充分研讨和反复论证，借助"强校工程"机遇，虹教实验中学逐渐确立了"以学生生涯适应力学习为引领的有戏教育"模式，包括学校发展定位、教师成长机会、学生成才路径三个维度。学校希望以"生涯适应力"学习为突破口，让每个孩子在学校生活中都有获得感和成就感，努力为学生未来的生涯发展做好当下准备。

"生涯适应力"(career adaptability)指个体在应对不可预测的生涯发展任务、生涯转换和生涯问题时的因应准备程度，是一种个体应对当下和未来的生涯任务、转变和危机的社会能力①。生涯适应力通常由 4C 构成：生涯关注(career concern)、生涯控制(career control)、生涯好奇(career curiosity)和生涯自信(career confidence)。每一个维度都有一个核心的问题需要个体做出回答："我有未来嘛?"——生涯关注；"谁拥有我的未来?"——生涯控制；"未来我想要做什么?"——生涯好奇和"我能做到吗?"——生涯自信。

2019 年 2 月，学校成立了《促进学生综合素质发展的初中生涯适应力学习实践研究》课题组，半年多的时间里，我们在专业人员的协助下研读了大量研究文献，总结并归纳、提炼了大量的来自一线教育教学经验。提出"帮助学生了解自我，形成积极、现实的

---

① 赵小云,郭成.国外生涯适应力研究述评[J].心理科学进展,2010,18(9):1503—1510.

自我概念,提高生涯适应力,让虹口区教育学院实验中学的学子成为一个对社会和生活(日常生活和学习生活)有适应能力的个体"的目标。目标具体表现为四个可操作、可评估的方面:①对未来的人生(生涯)有关注;②对可能的未来自我有好奇;③具备为达成未来更好自我的能力;④拥有不断强化对实现更好的未来自我(生涯)的信心。为了更好地实现研究目标,为学生提供"靶向"干预和指导,我们对学校学生生涯适应力的现状、家长和教师对生涯适应力的理解、行为与需求进行了调研。

一、调研工具与框架

调研以问卷的形式进行,问卷对象主要是三部分人群:学生、教师和家长。教师和家长的选择都是以学生为目标展开的,即所有的教师都为本校的专任教师,所有的家长都是参加了问卷的学生家长。

2018 年 9 月,我校被上海市百所加强初中建设实验校。面对学校发展的契机,对学校是否需要生涯教育,以及生涯教育的可行性方向进行研究。因此,本次调研的目的是:了解我校生涯教育的起点,初步掌握我校学生生涯适应力状况的基础数据。以六、七年级学生为主要对象,六年级为主要调研主体,是参与后续调研全过程的标本。由于无法得到对比数据,假设以七年级的调研数据为参照,为后续提升六年级学生的生涯适应性力采取的校本举措提供参考依据。

本次调研采集学生基础数据,把握我校学生特点。学生问卷采用的是基于 Super 青少年《生涯适应力》问卷改编修订而成的《生涯适应力学生问卷》,并进行了信度和效度的检测,家长问卷和教师问卷是在学生问卷基础上自行开发的问卷。

对于通过问卷采集的信息,直接转化为 excel 形式的统计数据。利用主流统计软件(如 SAS,R,SPSS)等对获取的信息进行描述性分析、相关分析。通过描述性分析,将报告调查对象在每个主要观察指标的分布情况(均值、标准差等)。通过相关分析,将报告各主要观察指标之间的相互关系。

二、调研结果与分析

(一) 基本信息

1. 学生信息

虹口区教育学院实验中学学生生涯适应力项目于 2019 年 4 月 1 日—4 月 9 日期间施测,采用以问卷星为基础的线上测量方式,共收集 306 名学生数据,其中,六年级 188 人(男 97 人,女 91 人),七年级 118 人(男 60 人,女 58 人)。

2. 教师信息

本次测量共有 36 名教师参与本次测评调查,其中六年级 14 名,七年级 22 名,18 名班主任,17 名学科教师和 1 名行政教师。

30 岁以下教师 7 名,30~35 岁 7 名,35~40 岁 3 名,40 岁以上教师 19 名,总体上而言教学经验丰富的教师居多。

学历方面,32 名教师为大学专科/本科,4 名教师拥有硕士学历。其中,10 名教师接触过心理学相关培训,26 名教师未曾接受过培训。

3. 家长信息

家长参与测评人数 259 人,包括各种教育背景和经济背景。其中,家庭经济地位通过父亲学历、母亲学历以及家庭平均月收入进行计算,得到合成分数后,根据分数高低,对家庭经济地位进行高、中、低三级分类,并按照此分类变量进行后续计算。

(二) 主要结论与讨论

1. 学生生涯适应力现状的整体结果描述和可能原因分析

(1) 学生生涯适应力现状的整体结果描述

① 生涯适应力存在性别差异,女生在生涯关注维度得分显著高于男生

《生涯适应力学生问卷》问卷采用 5 点计分,询问学生对每一项描述与自己的相符程度,计算每一维度的平均分。问卷共分为 5 大维度,分别是:生涯关注(第 7,11,19,29,32 题),生涯控制(第 6,15,16,20,27,31,34,36 题),生涯好奇(第 1,3,4,9,14,21,28,30,35,37 题),生涯自信(第 5,8,10,13,17,22,25,33 题)和生涯阻碍(结合学校学生具体情况,参考国内相关研究,校本增设的调研维度,用来描述学生所处的客观环境如何影响青少年生涯适应力的发展和形成的。第 2,12,18,23,24,26 题)。其中,前 4 个维度,分数越高,代表个体在这一维度的生涯适应力越好,生涯阻碍维度,分数越高,代表个体所面临的生涯阻碍越高。

表 1 学生生涯适应力描述性统计结果

	六年级		七年级	
	男	女	男	女
生涯关注	3.97(0.69)	4.16(0.62)	3.72(0.81)	4.00(0.63)
生涯控制	4.26(0.57)	4.22(0.63)	4.09(0.59)	4.13(0.59)
生涯好奇	4.32(0.56)	4.39(0.55)	4.09(0.71)	4.20(0.56)
生涯自信	4.13(0.64)	4.01(0.71)	3.92(0.69)	3.88(0.58)
生涯阻碍	2.77(0.95)	2.58(0.87)	2.91(0.77)	2.89(0.81)

以性别为自变量,以生涯适应的五个维度(生涯关注、生涯控制、生涯好奇、生涯自信和生涯阻碍)为因变量,进行多元方差分析(MANOVA),结果表明:性别主效应显著,$F(5,298)=4.57$,$p<$

0.001,Wilk's λ＝0.93,即总体上来说,学生生涯适应力在男生、女生间存在显著差异。

在性别方面,进一步单因素方法分析结果发现,仅在生涯关注维度上,存在显著性别差异,F(1,302)＝8.69,p＜0.05,表现为女生在生涯关注维度得分显著高于男生,M女生－M男生＝0.24,p＜0.05.(图1所示)

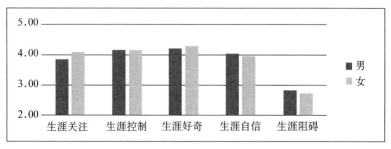

图1　不同性别生涯适应力各维度结果

② 六年级的生涯适应力显著高于七年级,同时七年级面临更多的生涯阻碍

以年级为自变量,以生涯适应的五个维度(生涯关注、生涯控制、生涯好奇、生涯自信和生涯阻碍)为因变量,进行多元方差分析(MANOVA),结果表明:年级主效应显著,F(5,298)＝2.72,p＜0.05，Wilk's λ＝0.96,即总体上来说,学生生涯适应力在六年级、七年级存在显著差异。

在年级方面,进一步单因素方法分析结果发现,除生涯控制维度外,在生涯关注、生涯好奇、生涯自信、生涯阻碍等其余四个维度上,均存在显著年级差异,具体为:生涯关注维度,F(1,302)＝6.62,p＜0.05,表现为六年级在生涯关注维度得分显著高于七年级,M六年级－M七年级＝0.21,p＜0.05;生涯好奇维度,F(1,302)＝9.18,p＜0.01,表现为六年级在生涯好奇维度得分显著高于七年级,M六年级－M七年级＝0.21,p＜0.01;生涯自信维度,F(1,302)＝4.59,p＜0.05,表现为六年级在生涯自信维度得分显著高于七年级,M六年级－M七年级＝0.17,p＜0.05;生涯阻碍维度,F(1,302)＝4.95,p＜0.05,表现为七年级在生涯阻碍维度得分显著高于六年级,M七年级－M六年级＝0.23,p＜0.05。(图2所示)。

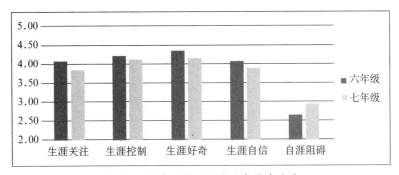

图2 不同年级生涯适应力各维度结果

③ 六、七年级的生涯适应力不存在年级和性别的交互作用

对于年级和性别的交互作用检验结果发现,不存在年级和性别之间的交互作用,也就是说,生涯适应力各维度在六年级男生、六年级女生、七年级男生、七年级女生之间不存在显著差异。

具体来说:虽然总体上女生在生涯关注维度的得分高于男生,但六年级女生和七年级女生之间不存在显著差异,六年级男生和七年级男生之间不存在显著差异;虽然总体上,六年级学生在生涯关注、生涯好奇、生涯自信维度的得分高于七年级学生,但在这三个维度上,六年级女生和六年级男生之间不存在显著差异,七年级女生和七年级男生之间不存在显著差异;虽然总体上,六年级学生在生涯阻碍维度得分低于七年级,但六年级女生和六年级男生之间不存在显著差异,七年级女生和七年级男生之间不存在显著差异。

（2）学生生涯适应力现状的可能原因分析

① 女生认知成熟度高于男生

在性别差异方面，女生比男生表现出更多的生涯关注，这与青春期阶段青少年的发展特征有关，在认知成熟度方面，女生比男生更早成熟，顾而对关于其未来发展的问题，会表现出更多的关注。同时，女生的思维风格与男生不同，偏感性的思维方式更容易促使女生在对于未来选择的问题上有更多的思考。

② 学业压力与青春期心理变化

在年级差异方面，六年级的生涯适应力显著高于七年级，同时七年级面临更多的生涯阻碍。形成这一现象的原因：首先，处于小升初转变期的六年级学生，面临的学业压力较小，同时生涯抉择这样的概念离他们仍较远，而对于七年级学生来说，他们在认识自己的过程中，逐渐意识到需要为自己人生负责的态度，同时外部环境中的各种声音也在引导学生他们可能面临的选择和挑战，顾而对其心理产生了一定影响。

其次，这也与初中生处于青春早期这一特殊的心理发展时期有关。青春早期（大约从 10 岁或 11 岁到 14 岁）是童年期结束后的一段过渡时期，这一时期为个体的发育发展提供了机会，这一机会不仅仅是指生理上的发育，还有心理上的发展，包括认知能力、社会能力、自主性、自尊等方面。同时，这一时期的青少年也存在一定的风险，一些青少年还不能够独立应对如此多突如其来的变化，需要他人的引导和帮助来克服遇到的困难。就青春期青少年心理发展规律来说，七年级学生生涯适应力水平普遍较低，认为面临的生涯阻碍较高的情况，其背后暗含着以下几种可能因素：

1）仍在发展中的认知加工能力

即使青少年已经具备一定的逻辑推理能力,但是他们在做决策的时候往往还不能自动化的使用这些能力,具体来说,在青春早期,负责制定长期计划、对风险和受益进行评估的脑区仍在发育,这些脑区在青少年晚期或者成年期才能完全成熟,他们需要成人提供更多信息和经验上的指导。

2）特殊的情绪信息加工模式

在初中阶段,面对更多变换的校园环境和突如其来的学业压力,青少年更容易面对各种情绪负担和问题,进而导致其适应表现不佳。此外,追求新奇和冒险活动的阶段发展特征,也可以解释为什么很多青少年无法专注于长期目标,而良好学业成绩的获得对于专注和坚持的要求甚高,因此很多青少年会在初中时期表现出学习成绩突然下滑的状况,导致其学业适应表现不佳。

3）对同伴影响的易感性

由于青少年的不成熟型,所以他们在面临一些成人可以抗拒的压力时可能会屈服,同时,青少年阶段对于自主性的需求急剧上升的阶段,即他们会渴望获得独立,寻求从父母的控制中脱离,因此这一阶段,同伴对于个体发展会产生更具作用的影响。青少年渴望得到同伴的认可,害怕遭受社会拒绝,受欢迎的同伴是青少年学习的榜样,因此,班级氛围、同伴环境对于青少年的发展具有重要作用。

4）性格价值观尚未形成

青少年的性格和价值观都尚未完全形成,他们在做出决策时,往往没有一个稳定的依据,可能面临更多的挑战和困难。同时,大脑发育的不成熟性使得一些青少年无法听取在成年人看来合理又具有说服力的忠告,因此,在这一阶段,需要青少年与成人双方都可以进一步了解彼此的发展特征和所处位置,增强沟通效果,达到教育和引导的目的。

2. 教师生涯教育测试的整体分析结果

(1) 教师自身接受的心理培训对学生生涯教育的理解和态度有影响

① 受过心理学培训的教师对生涯教育的理解更积极

接受过心理学培训的教师更倾向于认为每个老师都应该参与学生的生涯教育,而未接受过培训的老师则认为生涯教育是专职教师的责任(图3)。这一结果从侧面反映出了是否受过心理学培训对于教师理解生涯教育这一概念的影响,接受过心理学培训的教师更重视生涯教育在日常教学过程中的渗透与传递,并对"广义"的生涯观有着更仔细地理解,而未受过生涯教育的教师则相对缺乏这一观念,提示校方对于教师的生涯培训可以从对于生涯教育本身的理解与意义出发,帮助更多教师理解生涯的意义。

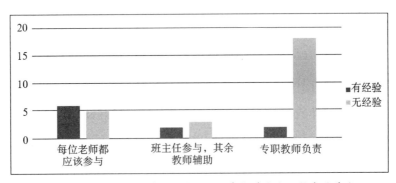

图3　是否受过心理学培训对于教师参与学生生涯教育的看法

② 受过心理学培训的教师更倾向给予学生更多的自主权利,认同学生拥有规划自己未来的权利

有过心理学培训经验的教师更倾向给予学生更多的自主权利,认同学生拥有规划自己未来的权利,而未接受过心理学培训的教师

的态度则相对更为保守,认为需要结合具体情况具体分析。只有 1 位教师认同学生应当完全听从成人意见的想法(图 4 所示)。

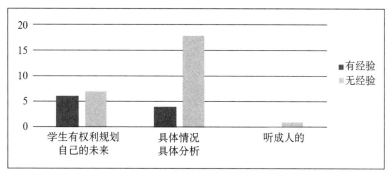

图 4 教师认为学生是否应该自主规划未来方向的看法

需要注意的是,这一问题表达的是教师是否认同学生拥有规划自己未来的权利,而非是对于学生现实能力的判断。随后的另一问题"您认为学生有能力应对未来的挑战吗?"其中,有 48% 的教师认为学生能力不足,44% 的教师认为学生的能力仍需加强,并且,在这一题目中,并不存在是否受过心理学培训的差异,也就是说,不论教师是否受过心理学培训,都能够意识到学生目前能力的局限性。

在态度方面,接受过心理学培训的教师会认识到学生的自主性,从侧面也能够推断出,抱持着这样态度的教师,能够认识到学生能力的发展,给予学生更多自主选择的权利,更好的引导学生进行生涯探索。

(2) 不同年龄段和岗位的教师对生涯教育的认知基本相同,对生涯培训有相当要求

在本次参与测验的 36 名教师数据中,并未发现教学年龄和教学岗位上的差异,即不同年龄段,不同教学岗位对于生涯教育的认知基本相同。

由于参与测量的教师人数有限,因此教师提供的主观需求也

较为有限,主要集中在以下四个方面:了解生涯咨询师的咨询过程;参加进一步的理论学习来支撑活动的开展;脱产的深入学习;多种形式的实践。

3. 家长的生涯发展观以及对学生生涯教育的看法

(1) 家长对生涯教育持支持态度,但大多数家长对于生涯教育的理解较为片面,且不同经济背景有差异

家长对于生涯教育态度都较为一致,即大部分大家都认同生涯教育是重要的,需要尽早开展,同时也认可孩子的未来有多种可能性,希望鼓励孩子去尽可能多的尝试。但在对于孩子的信心上,则呈现两种趋势,一部分家长认为对孩子有信心,而另一部分家长也表现出需要视情况而定的态度,这可能与青少年当下的发展特点有关,青少年的认知和能力仍在不断发展过程中,与成人相比仍存在一定差距,因此作为家长难免会出现担忧或不能完全信任的心理。

不同家庭收入的家长的生涯教育意识有差异,主要体现在对于生涯教育的理解上(图5所示)。从数据上可以看出,大多数家长对于生涯教育的理解较为片面,多与职业规划相关,而对于广义概念上的生涯教育的理解,即适应社会的心理能力,在家庭收入较

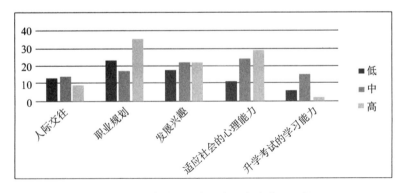

图5 不同家庭收入家长生涯教育意识比较

高的家长中表现较为突出。因此,在对于生涯教育是什么这样的问题上,校方可以在未来的家校沟通中,给予家长更明确的引导和信息沟通,帮助家长意识到生涯教育的宏观概念与青少年未来发展之间的重要联系。

(2)家长对孩子生涯教育的关注集中于升学,且不同经济背景家庭关注度和关注途径不同

生涯教养行为主要考察家长在生涯教育中的具体做法,数据结果发现,不同社会经济收入的家庭,其差异主要体现在对孩子升学信息的关注程度以及对于升学信息的主要了解途径方面。

在升学信息的关注度方面,家庭经济收入较高的家长更倾向于主动积极关注孩子的升学信息,而或许是缺乏有效的信息来源,家庭经济收入较低的家长更多是尝试了解(图6所示)。因此,校方可参考这一结果,给予家庭经济收入较低的家长更多信息和渠道途径上的帮助和支持。

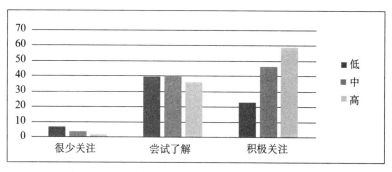

图6 不同经济收入的家长对于孩子升学信息的关注

在对于升学信息的了解途径方面,因为家庭经济收入的不同,调查结果也产生了一定的差异。高收入的家长更倾向于主动通过网络或其他途径了解更多关于孩子升学的信息,同时积极参与学校组织的活动,而较低经济收入的家长则主要依靠与老师、其他家

长的交流以及学校组织的活动来获取信息(图 7 所示)。这提示学校,在面对不同家长群体时,需要有侧重的给予家长合适的信息,更多的关注低收入家长群体,给予更多的可靠信息,增加老师和家长间的沟通,同时,也可以发挥家长之间的促进作用,鼓励了解更多正确有效教育信息的家长利用家长会等契机,分享信息资源。

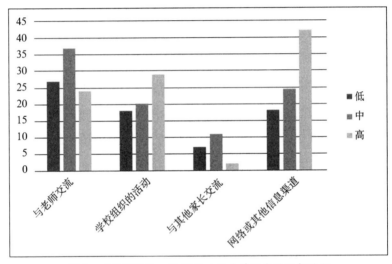

图 7 不同经济收入的家长对于升学信息的了解途径

(3)家长对孩子生涯教育的需求主要集中于个性发展和升学指导两方面

家长的诉求主要体现在两个方面:个性发展;升学和职业发展。结合家长问卷中的开放性题目(您还有哪些需要协助,或想要进一步了解的内容?),通过归纳分析发现,家长的主要问题和需求集中在以下六个方面:

1)针对外地户口在上海继续就读高中和高考的相应条件

2)进一步了解孩子兴趣和优势所在,帮助孩子一起做出未来决策

3)升学方面的细节

4）更详细的生涯教育的相关内容

5）希望与老师更多的沟通

6）部分家长说不出具体需要什么样的指导,但希望能从学校获得足够信息

六七年级正是由童年期向青春期转变的过渡时期,这一过渡期不仅是在学生心理和学业压力上的转变,同时,也需要家长能够意识到孩子成长,在自身的教育方式上进行随之的转变。青春期是个体追求自主感和独立意识的高发期,青少年在这一阶段拥有更高水平的自我意识,开始有意识地思考"我是谁,我可以成为谁"之类的问题,同时,青少年既依赖自己的父母,又有强烈的证明自己可以独立的试图脱离父母的需求,因此,需要父母能够主动找到一个平衡点,既给予孩子足够的独立性同时也要防止孩子因不成熟而造成可能的过失,因此,作为家长,在缺乏科学教养理念的指导下,面对孩子成长中的转变,很可能会不知所措,在家庭中,也会面临更多的冲突,故而对于孩子的个性发展方面的信息有更多的诉求。校方可以结合这一诉求,向家长提供更多亲子沟通的技巧和青少年发展的基本知识规律,帮助家长与学生之间更好的理解彼此。

三、主要结论及讨论

（一）依托生涯适应力理论,得出的学生、教师、家长基础数据均显示,我校亟须生涯教育。

1. 学生问卷数据显示:生涯适应力存在性别差异,女生在生涯关注维度得分显著高于男生;六年级的生涯适应力显著高于七年级,同时七年级面临更多的生涯阻碍;六、七年级的生涯适应力不存在年级和性别的交互作用。

2. 教师问卷数据显示:教师自身接受的心理培训对学生生涯

教育的理解和态度有影响；不同年龄段和岗位的教师对生涯教育的认知基本相同，对生涯培训有相当要求。

3. 家长问卷数据显示：家长对生涯教育持支持态度，但大多数家长对于生涯教育的理解较为片面，且不同经济背景有差异；家长对孩子生涯教育的关注集中于升学，且不同经济背景家庭关注度和关注途径不同；家长对孩子生涯教育的需求主要集中于个性发展和升学指导两方面。

（二）受限于第一次基础数据的采集，部分调研希望得到的信息未能有效得到

1. 本次调研是学校的第一次抽样，数据上存在偶然性，且同一学生标本的生涯适应力成长性不能通过本次数据分析得到精确的结论。

2. 由于问卷平台设计的局限，各类调研数据间的交叉关系，即家长对学生生涯适应力的影响、老师对学生生涯适应力的影响等都尚未进行讨论。

3. 对照生涯适应力理论，学校亟须针对生涯关注（career concern）、生涯控制（career control）、生涯好奇（career curiosity）和生涯自信（career confidence）提出针对性的策略。针对性策略的有效性的甄别和判断，将通过后续调研数据的比对得出结论，并进行优化。

四、对学校后续开展生涯适应力学习的建议

基于本调研报告的结果，结合生涯适应力经典理论，对学校后续提升学生生涯适应性力的校本举措提出建议。

（一）主动增加家校间、家长间信息沟通交流

从家长问卷中可以看出，家庭的实际情况对于家长的教育产

生了重要影响。拥有更多的易得资源和自主性的家庭,可以在一定程度上提供孩子更多的支持。因此在家校交流环节,需要校方主动出击,提供家长更多与学校、老师沟通的机会,同时也需要倡导和鼓励家长多与老师交流学生状况。此外,也可以合理利用家长间交流,进行资源互换,或邀请教育方式突出的家长进行经验分享等。

该建议主要针对于降低生涯阻碍上的表现,家校间、家长间的信息沟通与互换有助于消除因为信息不足或渠道闭塞所造成决策偏差的壁垒,有助于降低学生生涯阻碍水平。

（二）增加教师培训,进一步促进教师对教育和青少年发展的理解

在教师问卷中,是否受过专业心理学培训,对于教师教学工作而言影响最为显著,主要表现在对于生涯教育的理解和具体教学行为方面,侧面反映出教师对于学生自主性的给予与信任。青春期阶段正是学生对于自主需求快速增长的时期,教师如果能够给予学生更多的自主性与信任,会进一步让学生意识到自己的成长与需要承担的责任。

该建议主要针对于增加生涯控制、降低生涯阻碍上的表现,帮助教师认识到一个更加广义全面的生涯发展观,给予学生更多的信任与自主性,有助于帮助学生增加对于自己人生的控制感,降低来自教师教育方式上可能的阻碍。

（三）树立榜样,营造良好班级、学校氛围

正如上文所述,对于初中阶段青少年的发展,同伴关系起到了至关重要的作用。积极向上、温暖支持又具有一定期望要求的环境对于青少年的正向发展具有重要意义,因此,树立和倡导怎样的榜样,如何树立才可以让学生内化认同与接纳并向其学习,是校方

在今后教育教学过程中需要进一步总结和思考的内容。

该建议主要针对于增加生涯关注、生涯好奇上的表现,树立榜样有助于帮助学生了解到优秀同辈者的经验和做法,以人为镜,给予学生对于个人未来发生更多的探索与反思的机会,有助于增加生涯关注与生涯好奇水平。

(四)开设专项心理课程,促进学生对于自身的了解与思考

考虑到青少年阶段的认知发展和情绪发展特点,以及由此带来的后续影响。建议校方开设专项心理课程,从情绪发展的角度入手,帮助青少年了解自身发展特点及规律,避免冲动决策,提升个人心理素质,同时建议提供青少年更多实践练习的机会,给予青少年充分的自主探索空间,帮助青少年发现到自身优势,锻炼其发现问题、分析问题、解决问题的能力。

该建议主要针对于增加生涯自信上的表现,并有助于全面提升个体在生涯适应力四个维度上的表现。心理课程从情绪的角度切入,其最终目的是帮助学生更加了解自己,接纳自己,提升自信并发展自己,在这一意义上,该措施有助于全面提升个体生涯适应力水平。

(五)开设家长课堂,更新家长教育观念与亲子沟通技巧

家庭是每个人的第一课堂,随着个体的发展,亲子关系也是一个动态变化的过程。不仅仅是青少年自身,家长也需要意识到孩子的成长及现阶段的发展特点。教育教学过程中,经常能够发现孩子的无力感,即在课堂上学到的有效沟通方式无法被家长接受的情况,"我都已经这么做了,爸妈还是老样子,我也不知道要怎么办",这是经常能够在心理课上听到孩子们的反馈。因此,为家长提供机会学习,了解青春期青少年的发展特点及有效合理的沟通技巧,树立终身成长的观念,家校双方共同努力,促进青少年积极

成长,或许是校方后续工作可能的方向。

该建议主要针对于降低生涯阻碍、提升生涯控制上的表现,一方面良好的亲子氛围有助于亲子间更多得沟通交流,并理解彼此,降低学生可能得生涯阻碍,另一方面,如果家长能够拥有广义积极的生涯发展观念,给予孩子更多平等、自由的交流与探索空间,则有助于提升学生生涯控制水平。

第三节 "有戏"教育的实施

通过多方调研,结果显示我校优势在于具有深厚的红色基因和文化传统基础。但是,就对校情、学情的具体分析,仍然属于薄弱学校的范畴,学生和教师缺乏发展自信的情况尤为突出。我们一致认为"办好初中"和"强校工程"的建设必须与学生的发展、老师的成长建立起积极的联系,形成因果链。在做强办学质量的同时,发挥每一个教师的主观能动性,帮助每一个学生都能根据自己的能力、兴趣、爱好等因素找到合适的发展路径。在一校一策的制订过程中,我们把培养"有理想、有本领、有自信,有担当"的"有戏"虹教实验人作为我校的强校建设目标,把促进学生综合素质发展的初中生涯适应力学习作为强校工程的重要组成部分和研究载体,"有戏"教育正式在我校落地,并逐步生根生长。

一、"有戏"教育发展阶段

(一) 一校一策,确定方向阶段(2019/1—2019/3)

为配合强校目标的达成而编制的一校一策,主要包括"一个追求""二个平台""三管齐下"等举措。

"一个追求",即让"有戏"教育成就每一名师生。充分利用各项资源,借助制度创新、政策支持和项目化实施,精准把握教师的成长需求,激活学生的成长自信,深化"有戏"教育的内涵建设。

"二大平台",指"有戏"平台和"生涯"学习。"有戏"文化平台是依托传统文化项目,既搭有形的戏台,又建无形的戏台。通过有形戏台与传统文化的近距离接触,融入优秀民族文化,培养文化自信。构建无形的戏台,努力帮助学生了解自我,锻炼自我,掌握能够适应终身发展和社会发展需要的必备品格与关键能力。其次,"生涯"学习框架的建立是以我校资源条件和学生特点为基础,逐步形成具有校本特色的生涯适应力学习体系。以思想政治教育为关键,帮助学生了解自我,提升学生生涯发展能力,转变学校的育人价值观,使之朝向聚焦多元发展方向转变。通过"生涯"的学习探索与"有戏"平台成长发展,二者有效结合、相得益彰。

"三管齐下",即以学校德育为首,以课程教学为主渠道,以教师队伍建设为关键。通过实践融合,最终形成"'有戏'校园,精彩人生"的学校文化。作为两大平台之一的生涯适应力学习,是实现一个追求,指导三管齐下的重要媒介,正式确立了其在强校工程和我校发展中的重要地位。

(二)摸索实践,框架搭建阶段(2019/4—2019/9)

学校为搭建、实施生涯适应力校本学习框架,走过了"一块实验田,初尝甜头"、"由点及面,摸着石头过河"、"对接资源,课程引入"、"队伍建设,边学变练"以及"形成合力,初见框架"的艰难历程。

"一块试验田,初尝甜头"与"小范围大胆尝试"。学校首先在全体教职工中开展了《"有戏"教育内涵发展现状和需要的调查》,了解教师的真实想法。调研显示,老师们普遍认同:通过建设高品质、精品化艺术课程可以帮助学生们成长,但也对资源条件,课程效果缺乏信心。基于这一现状分析,学校决定在艺术课程上做"小范围大胆尝试",引入专业资源与区青少中心、上海戏剧学院、上海京剧院等专业院校合作开设进阶课程;组建学生社团、丰富校园艺术活动。在这些实践探索中,我们感受到了那些站上舞台上的虹教实验学子身上的别样精彩,每一个参与的学生都通过戏剧课程点燃了兴趣、丰富了学习经历、激发了潜能、大大提升了自我效能感。这也坚定了我校让"有戏"教育成就每一名师生的信心。

"由点及面,摸着石头过河"。为了将成功经验全面推广,针对学生普遍存在自我认知不清、学习态度差,人际关系方面容易情绪失衡,对未来感到迷茫、焦虑,学习和成长的价值感不强的情况,在相关专家的指导下,我校将"生涯适应力"纳入到课程设计中。2019 年 3 月,学校正式启动了《促进学生综合素质发展的初中生涯适应力学习实施》项目研究。

"对接资源,课程引入"。激发教师的生涯教育意识,丰富教师的生涯专业知识,并积极参与相应课程建设,成为我们的主要突破点。围绕"开展学生生涯适应力教育所需要掌握的能力与素养",学校积极利用教工大会、教研组活动等常规学习时间,组织专家讲课,面向全体教师进行生涯教育普及培训。与此同时,通过社会资源引进《青少年情绪力》课程,结合项目学习、活动设计、学科渗透、家庭教育、情绪指导等,各级教师进行相关实务培训。

"队伍建设,边学边练"。教师队伍建设始终是学校建设的关键。为此,学校组建了管理团队、德育团队和课程团队三个既彼此独立又密切联系的种子团队。在生涯适应力系列主题研修活动中,种子团队成员经历了听课做笔记,一次次的"案例分析""读书会谈""调研分享"等学习,使其生涯教育知识得到快速积淀,并从

六、七年级各 3 个班级的"生涯适应力之自我认识力"课程建设为起点,进行了初次探索。学校课程团队通力合作,初步完成了基于学情的"情绪与他人""学生活动"的校本化改造,同时探索我校的生涯适应力学习内容的建构。通过这一系列工作,极大地提升了老师们课程开发的意识和能力,同时建立了教师团队的信心。

"形成合力,初见框架"。随着课程建设的推进,老师们渐渐达成共识:即便是初中生,所面对的学习、生活以及未来生涯发展问题也日益复杂。结合国家对中学生德育和生涯适应力发展的要求,学校着手开发符合我校学生特点的"生涯适应力校本化学习内容",以期为学生们提供更好的生涯发展支持。至此,我们初步形成了以学生德育为首,以课程教学为主渠道,以教师队伍建设为关键的"强校"工作实施框架,"有戏校园,精彩人生"的校园文化深入人心。

(三) 三省吾身,深化完善阶段(2019/10—至今)

经过一年多的探索和实践,"有戏教育"稳步开展,从 2019 年 10 月起我们逐渐把工作重心放在实施途径上,不断对既有工作进行反思,也在实施过程中以"生涯适应力"学习为抓手,尽力予以深化、完善。主要包括:"德育为首,深挖内涵"、"多维发展,学科渗透"、"综合实践,学以致用"、"生涯问题,重点突破"、"线上育心,融合推进"、综合评价,多元发展。

德育为首,深挖内涵。学校德育与生涯教育具有内在一致性和可溶性。帮助学生形成积极、健康的人生观、价值观和行为规范,既是学校德育的根本任务,也是"有戏"教育发展的深层基础。

一方面,在问卷调查、班主任访谈基础上,结合初中各阶段学生身心特点和发展需求,借助校外生涯教育资源研制了我校初中生生涯适应力量表。根据上述调研结果,判断学生生涯发展需求,进而贯彻《中小学德育指南》,整体设计、开发了六年级《生涯认知力》学材,并以此作为起始年级的生涯心理课,每周1—2课时进课表,由班主任和专职心理老师共同承担教学任务。

另一方面,学校把《生涯认知力》的学习要素引入学校、班级德育活动中,增强学校德育的切身性,使学校德育与学生自身生活、学习和未来发展紧密结合。比如:在"学习四史,争做少年'李白'"的年级活动中,队员们通过阅读李白烈士人物传记、开展社会调查、寻访红色场馆,扮演戏剧角色,制作文创产品等,分享学习成果,把学生在成长中需要解决的问题,都能与红色资源建立联系或者找到答案。

多维发展,学科渗透。生涯适应力学习在学校课程体系中,既有自己相对独立的部分,同时又需要和其他学科渗透结合。这既是生涯适应力学习的整合性所决定的,同时也是学科育人本身的要求。在强校结对区种子领衔人徐娟老师的指导下,我校采用两种方式进行学科渗透生涯。一方面,采用情景设计的方法,通过跨学科探讨学科课堂中满足学生权力的需求、乐趣的需求、归属感的需求等做法;另一方面,学校把学生走向未来需要的学科核心素养,作为各学科课堂教学改进的关键问题,鼓励老师们创设情境、构建问题、优化活动、多元作业等,想方设法帮助学生感悟学科魅力,激发生涯好奇,激活高阶思维,鼓励学以致用,提高学生解决实际问题的能力。比如,在复兴教育集团的指导和帮助下,根据《道德与法治》统编教材的教学要求,结合生涯适应力中"社会担当"内容,讲授的《做负责任的人》一课。就是从学生身边的情境出发,并联系到身边的榜样人物,引导学生努力向履行社会责任却不计代价和回报的身边人学习,将个人成长成才与社会发展有机结合,培养良好的责任意识和奉献精神。

综合实践,学以致用。综合实践活动是国家课程标准规定的内容,尤其强调面向学生的个体生活和社会生活,因此在内容范畴上与生涯适应力课程具有很多重合之处。学校通过开发场馆、社区、人力、文本等各种资源,有机整合原有的校本课程,将原有的特色学习和社团活动进行再设计,形成了包括微生物观察、探秘千岛湖、台前幕后的话剧、小小志愿者、宣传海报制作、城市创造、时尚大艺术等一系列以综合实践活动为主的课程,帮助不同基础的学生在实践活动中优化自我洞察、自主学习等能力。比如,我们的"探秘千岛湖"研学活动,是通过课程的学习实践,培养运用跨学科的观察、分析和解决问题的思维和能力,养成实事求是的态度,在激励学生形成自主学习的良好行为习惯的同时,又培养了学生的团队合作意识、互助友爱观念。

生涯问题,重点突破。生涯适应力学习的最终目标是帮助学生解决自身发展中面临的生涯问题。我们尝试通过项目学习,解决我校大体量、多样化学生阶段集中需要解决的问题,发展学生生涯问题鉴别、分析和解决能力。例如,学生在学习、考试、生活中经常会遇到挫折,有时因不能妥善应对,容易产生灰心、失望等负面情绪的问题。我校曲倩倩老师和学生一起开展了以"抗挫力"为主题的项目学习活动。通过这一学习过程,学生不仅抗挫力得到发展,而且学习能力、小组合作能力也有一定提升。

线上育心,融合推进。面对新冠肺炎疫情爆发的挑战,我们关于生涯适应力课程的探索并未中断,老师们将课堂拓展到线上,开始探索"线上＋线下"的课程融合模式。基于疫情背景下我校学生的成长需要,我们引入《生涯适应力》相关主题,精心设计了"宅,也可以很充实"、"小当家养成记""居家学习小能手"等 10 个生涯适应力线上学习内容,大大丰富了生涯适应力的内涵建设和外延发展。

综合评价，多元发展。在上海市双名工程攻关基地领衔人——新中高级中学刘爱国校长的引领启发下，我校将生涯适应力学习评价与《上海市初中学生综合素质评价实施办法》进行对接。基于上述认识，学校将学生入校初和三年后的《虹口区教育学院实验中学青少年生涯适应力测量问卷》同类数据进行比对，突出"生涯认识"的增值性评价，客观反映学生生涯适应力发展变化情况，间接地反映学校生涯适应力学习的实施效果。另一方面，注重收集和记录学生在"感受成长"、"感受校园"、"感受社会"、"感受职业"等方面的学习经历，捕捉学生对自己未来生涯发展想法与态度、行为等方面的细节变化，突出对"生涯理解""生涯规划"的描述性评价。

二、设计生涯适应力学习三个板块

我校"有戏"教育过程中提出的"生涯适应力"，特指初中生在面对复杂的学习、生活以及未来生涯发展选择等问题时的准备程度和应对水平。通过学校的"生涯适应力学习活动"对学生准备程度和应对水平的提升，其作用的实质即落实学生的核心素养的发展。

我们从以学生为本的视角出发，根据中考改革中有关学生综合素质评价内容的变化，将生涯适应力学习分为三个板块：自我认识力、生涯理解力、生涯规划力。

（一）自我认识力学习

核心素养"自主发展"这一方面，强调学生能有效管理自己的学习与生活，认识和发现自我价值，发掘自身潜力，有效应对复杂多变的环境，成就精彩人生，成为有明确人生方向、有生活品质的人。生涯适应力学习三大板块中的自我认识力课程旨在针对我校学生特点,试图帮助学生提升对自我特质和未来机会的了解,降低学生心理健康问题发生的风险,提高自信,提升自我管理能力,从而为当前与未来的生涯规划提供基础和保障。这一学习活动的实施为学生发展核心素养中的自主发展这一方面提供了课程的支撑。

(二) 生涯理解力学习

生涯适应力的增强不仅需要自我认识力的提高,还需要对外部环境的变化、要求有更多理解,有针对性地发展相关的知识和技能。生涯理解力学习内容的开发与实践正契合学生发展核心素养中"文化基础"以及"社会参与"这两方面。

"文化基础"强调习得人文、科学等各领域知识和技能,掌握运用人类优秀智慧成果,涵养内在精神,追求真善美的同时,成为有深厚文化基础、有崇高精神追求的人。生涯理解力学习中一个板块的主要任务是学科课程渗透生涯教育的课堂教学改进,将重心放在挖掘不同学科中的生涯教育资源,使学生在学习学科知识、技能的同时,学以致用,明确学习的目的和意义,提高生涯适应力,其实质是为学生发展核心素养中的"文化基础"这一方面提供课程的支撑。

"社会参与"强调能处理好自我与社会的关系,养成现代公民所必须遵守和履行的道德准则和行为规范,增强社会责任感,提升创新精神和实践能力,促进个人价值实现,推动社会发展进步,成为有理想信念、敢于担当的人。"生涯微体验"综合实践活动系列活动,融合学校原有研拓课程,开展以职业学校考察探究为主体的生涯研学活动,以社会服务为核心的志愿者服务课程,结合设计制作的创新实验室课程等系列活动,这些都为"社会参与"提供了很好的课程支撑。

(三) 生涯规划力学习

从实际表现来讲,核心素养指个体面对复杂、不确定的现实生活情境时,能够综合运用特定学习方式所孕育出的跨学科观念、思维模式和探究技能,以及人生观、价值观在内的动力系统,来分析情境、提出问题、解决问题、交流结果的综合性品质。我们的生涯规划力学习主要是自我认识力、生涯理解力的综合和应用,即将在自我认识力和生涯理解力学习活动中习得的知识技能具体应用到自己学习生活、家庭生活的规划当中。通过这一学习活动中的各种基于现实情境问题的活动载体,能够将学生核心素养的发展进一步落在实处。

学校为不同群体的学生量身定做适合其发展的生涯发展路径,帮助不同层次学生学会认识自我,进而在适合自身的生涯通道上实现"有戏"教育的目标。我们认为:学校对于生涯适应力学习内容的建设不仅契合学校生源结构的成长需求,而且从实际出发,帮助学生找到自身发展归属,提升学生学习和发展中价值感、目标感,成为促进学生多元发展的重要途径,同时也是学校落实学生发展核心素养培育的重要途径,成为丰富"有戏"校园、"有戏"学生内涵的重要载体。

三、形成"有戏"教育的整体方案

虹教实验中学经过生涯适应力学习三个阶段的思考和实践,已经形成了以校为本的"有戏"教育的整体方案,包括具体的学习理念、目标、内容与结构、实施、评价及管理与保障等,完成了"有戏"教育学习设计与实施的阶段性目标。

(一) 学习理念

"有戏"教育的整体规划设计上试图体现综合性、生活性、实践性、发展性理念，以能全面促进学生的身心发展。

1. 综合性

"有戏"教育的综合性体现在目的的综合性和手段的综合性上。"有戏"教育不是一种单一的知识和技能，而是一种综合素养，是个体有关自我、环境的知识、技能、价值观念综合作用的结果。要培养这样一种综合素养，不能只靠某门单一的课程，而要通过德育课程、学科渗透、综合实践活动等协同推进。因此，"有戏"教育在整个学校教育体系中，既有自身的独立性，又和其他课程交叉融合。

2. 生活性

生涯不等于职场，而是指人的全部生活，包括家庭生活、学校生活和未来的职场生活。相应地，生涯适应力也不仅仅是对职场生活的适应，而是对全部生活及其变化的适应。"有戏"教育是基于对生涯的这一认识，在学生的生活中，为了学生的更好生活开发实施的学习活动。它不仅指向学生未来适应职场生活能力的准备，也着眼于当下学生家庭生活、学校生活适应能力的提升。

3. 实践性

"有戏"教育习致力于学生自我认识力、社会理解力和生涯规划力的提高，这种提高不仅依靠相关知识、技能的学习，还依靠真实的家庭生活、学校生活中的问题解决实践。这是一种反思性的实践。它不是学好理论、技能后应用于实践，而是参照实践要求学习理论、技能，在活用理论、技能的过程中改善实践。

4. 发展性

"有戏"教育从短期来看，是和当下初中学生的发展需求和变化联系在一起的，从长期来看则与高中、大学乃至继续教育阶段的可持续成长联系在一起。因此，"有戏"教育实施是动态的，而不是一次性完成的,要不断根据学生群体、个体的变化做出调整。当然,由于初中生身心发展的特点和初中生涯教育的定位相对稳定,仍有相对固定的、基本的内容框架。

（二）课程目标

结合新时代立德树人的总要求和我校校情,我们确立了"让孩子的人生更'有戏'"的育人目标,试图培育"有梦想,有本领,有信心,有担当"的虹教学子。作为学校教育的有机组成部分,"有戏"教育最终也指向这一目标,但又在其中承担着独属于自己的任务。

具体而言,通过"有戏"教育,学生将:(1)能够逐步树立恰当、正确的生涯观念和生涯价值取向;(2)能够关注自己的当下生活和未来发展,逐步形成当下和未来生涯方向的选择;(3)能够确立起对于自身发展需求的主体意识,以积极的态度,带着自信去探索如何建构自己的未来;(4)能够逐步深入、客观地认识自我和周围环境,并与自身的人生规划结合起来;(5)能够初步掌握生涯规划的技能和工具,并应用于当前的生活、学习规划当中;(5)能够识别实现自身生涯规划过程中的有利因素和阻碍,有意识地利用有利因素,克服或规避阻碍。

（三）学习内容与结构

以"生涯适应力"学习活动为载体,依据生涯构成的四要素——生涯关注、生涯控制、生涯好奇和生涯自信,结合通行的生涯教育内容三范畴——自我认识、社会理解和生涯规划来构建内容框架,形成由自我认识力、生涯理解力和生涯规划力构成的学习架构。此外,尽管对自身兴趣、能力、价值观等的认识和对社会环境的理解,对于生涯适应力的发展同等重要,但考虑到初中阶段学生正处在生涯的成长期和探索期,对于自我的认识是这一阶段尤为重要的任务,在学习内容中所占比重较大,因此在内容规划中,本课程又将生涯认识力学习分为内在关联又各有侧重的两部分，从而形成由四个板块组成的课程结构（如图 8 所示）。

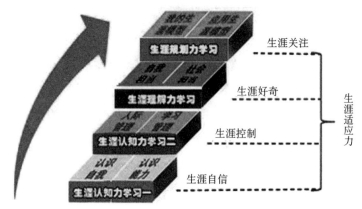

图 8 "生涯认识力"学习结构

"生涯认识力"将由四个板块的课程内容组成。分别是：认识自我、认识能力、人际管理和学习管理。这一板块关注学生在生涯自信和生涯控制方面的成长，旨在提升学生对自我特质和未来机会的了解，提高生涯自信和生涯控制，破除生涯障碍，提升自我管理能力，为当前及未来的生涯规划提供基础和保障。

"生涯理解力"对应生涯适应力理论中生涯好奇的部分，好奇会促使个体进行更多的生涯探索，能够使得青少年比较实际地探索教育和职业的选择，进而实现未来目标。这部分课程的开发和实施主要围绕两个板块进行："自我担当"和"社会担当"，目的是帮助学生扩大生涯体验面，提高对相关知识、技能的理解和掌握，内化生涯使命感，未来成为"有担当"社会公民。

"生涯规划力"板块主要是对自身的学校生活和家庭生活的抉择和落实。是生涯认识力课程、生涯理解力课程的综合和应用，即将在这两个板块中学习到的知识技能具体应用到学习生活、家庭生活的规划当中，不同的年级按照自我认知力、生涯理解力、生涯规划力,有不同的学习内容设置。

表 2 "生涯适应力"学习内容列表

年　　级	生涯认识力	生涯理解力	生涯规划力
六一八年级	认识自我、认识能力、人际管理、学习管理	自我担当、社会担当	我的生涯规划模型、应用生涯规划模型

在生涯适应力学习中,"生涯认识力"、"生涯理解力"和"生涯规划力"三类学习内容既彼此独立,又相互联结,共同形成了一个完整的生涯适应力学习活动体系。这不仅体现在每个部分的内容设计都依照初中学生的身心发展状况和现实需要情况所制定,还体现在三个部分的学习内容之间也彼此关联,层层递进,可以帮助学生多维学习和巩固学习成果。

(四) 实施路径

生涯适应力校本综合学习不是孤立存在的,而是和学科课程、德育、综合实践活动等其他课程存在大量交叉、互补,这既是生涯适应力学习的综合性决定的,也是其作为学校课程体系有机成分所要求的。因此,生涯适应力学习的实施,既包括一些相对独立的活动的开展,也包括借助或与其他课程结合进行实施。具体而言,生涯适应力学习的实施主要通过如下几种途径:

1. 学科渗透

学科课程不仅承担传授本学科知识技能、方法态度、情感价值观的任务,还承担更为广泛的育人职责,理应参与到学生生涯适应力培养中来;生涯适应力学习的实施也离不开学科育人这一主阵地,通过学科渗透能够扩大生涯适应力学习活动实施的覆盖面,为学生提供视角更为多样的生涯教育内容。学科渗透生涯适应力教育要求教师提高生涯教育意识,挖掘学科教材中蕴含的生涯教育资源,立足课堂教学,将课程内容中的生涯教育资源与学生的自我认识、社会生活进行有效连接。

2. 德育活动

德育与生涯教育在目标、内容上有很多重合之处。德育涉及的道德行为规范、公民思想政治、人生观、世界观、价值观、心理健康等,也属于生涯适应力中自我认识、生涯理解的范畴,因此很多德育活动的开展,本身即是生涯适应力学习实施的一部分。反过来,将生涯适应力学习的内容引入德育活动,也可以使得德育更加贴近生活现实,更好地和学生实际联系结合,避免德育过于说教灌输,脱离学生、生活现实,实效性欠佳的弊端。

3. 综合实践活动

综合实践活动既是一门国家课程,也是一系列学习活动方式,主要包括考察探究、社会服务、设计制作和职业体验。这些学习活动方式对于生涯适应力学习,特别是其中的生涯理解力学习而言尤为适用。通过开展以职业学校考察探究为主体的生涯研学活动,以社会服务为核心的志愿者服务课程,结合设计制作的创新实验室系列活动等,可以拓展学生对社会生活和现有职业的了解,也可以借此增进学生对自我的认识,有助于学生逐步完善自身的价值观、生涯观,并掌握一定的实践知识和技能。

4. 基于项目的学习

基于项目的学习(PBL)是以学生为主体,围绕现实生活或情境中的问题,依托小组合作和教师指导开展的,旨在解决问题的探究性学习活动。生涯适应力学习致力于帮助学生学会处理学生学习生活中的实际问题。通过以学生的校园生涯为主要背景,围绕学生学习生活的现实问题,用基于项目学习的方式对自我价值、人际关系、学习管理、公民素养等主题进行探讨和应用,是达成这一意图的重要途径。

（五）学习评价

1. 学习效果评价

学习效果评价即对学生学习后生涯适应力发展情况进行的评价。课程效果评价由三部分构成,第一部分是学生在活动中参照评价表,通过自我评价调节自己的学习活动;第二部分是根据教师在上课过程中对学生的表现进行观察的过程性评价;第三部分是根据学习成果(小论文表达)来衡量学习活动的达成度。通过对最后的学习成果,进行优秀作品评比、制成展报,在学校走廊橱窗上进行展示、分享,激励学生努力去出色完成学习,收获学习成果。

2. 学习实施评价

学习实施评价即对学习实施的过程,特别是对教师的指导情况进行的评价。学习实施评价由三部分构成,第一部分是学生学习后对教师进行评教的反馈表;第二部分是教师的自我反思和评价;第三部分是通过邀请专家对教学进行指导和评价。此外,还通过生涯教育公开课,教师指导学生学习规划与执行情况调查等方式搜集实施过程资料,既为教师搭建展示平台,又激励教师加强生涯教育方面的研究与实践。

3. 学习方案评价

学习方案评价即对学习整体设计及其文本呈现情况进行的评价。学习方案评价主要通过内部评价和外部评价两个途径进行。内部评价指的是由校内人员根据对学习活动实施过程中搜集的各种资料,对学习方案的合理性进行评判并提出改进意见的过程;外部评价指的是校外人员,如专家、家长等在了解学习方案及其实施情况基础上,对学习方案合理性进行评判并提出改进意见的过程。两者通常结合进行,共同作为学习内容整体设计不断改进和发展的中介。

(六) 学习管理与保障

1. 组织管理

成立由领导小组、协调小组和实施小组组成的学习内容开发管理架构。

领导小组是生涯适应力学习开发实施的管理决策机构,由校长任组长,负责制订学习内容开发实施的方案和具体实施计划,制订和不断完善各项规章制度,指导学习开发实践。

协调小组负责计划、执行、检查和评估生涯适应力学习各单元的教学工作;落实各项管理措施,执行《生涯适应力学习纲要》,审议各单元纲要,检查、监督其实施状况。

实施小组由学校课程工作室负责人及任教教师组成。直接参与"生涯适应力"学习的落实、贯彻和实施。

2. 学习资源挖掘利用

充分利用学校现有校内资源,原有红色场馆资源,开发新的场馆资源及校外职业体验基地、研学基地等校外及社区资源,聘请相关院校教授作为指导教师和学生的校外辅导老师,提供支持。

3. 师资队伍建设

实施师资队伍建设种子计划,组建三个既彼此独立又密切联系的种子团队:由党支部书记、校长全迅领衔的"种子计划管理团队",聚焦顶层设计、实施路径规划等基础性、引领性工作,协调生涯适应力学习在整个学校课程体系中的位置和关系;区教师进修学院德研员徐娟带领的"种子计划德育团队",重点关注德育工作与生涯适应力学习的融合;学校课程工作室负责人梁菁菁带领的"种子计划课程团队",关注落实"生涯适应力"系列校本学习内容的开发和实施,积极开展学科渗透生涯教育的教学实践研究。同时,学校围绕"开发提升学生生涯适应力学习所需要的能力与素养",积极利用教工大会、教研组活动等常规学习时间,组织面向全体教师的生涯教育普及培训。

四、"有戏教育"研究实践的成效

1. 对学校"生情""学情"等重要因素有了全面了解。之前我们在设计学生教育活动的时候,大多情况是凭借他人或个人的经验和习惯选择学习内容,开展教育活动,但对学生、学生家长甚至教师的深层次心理需求及限制发展的客观因素缺少必要的调查。本项目通过科学、严谨、客观的调查研究方法,全方位且细致的了解孩子的学习情况、心理特点、家庭情况等;了解教师的教育心理、教育困惑等;了解家长的实际需求、存在困难等,并结合教育理念进行深刻的反思,分析,让"有戏"教育有的放矢,从根本上提升学生对自我价值的认知。

2. 架起了学生寻找自我价值的桥梁。"生涯适应力"学习系统的构建,给了学生一个由浅入深、由己及他的有效的探索自我价值的"拐杖",学生们可借由这一"拐杖"逐渐走出自我认知的"低洼",树立"一切美好皆可创造"的信心。以六年级学生为例,我校教师通过课程反馈、个人访谈等方式了解到,学生们的收获主要集中在情绪调节能力和人际能力的两个方面。具体说来,表现为:在情绪调节能力方面,学生们表示:"在考试失败之后,我不再自暴自弃,而是揪出每一个难点,告诉自己 I can do it! Just do it!"遇到挫折时,告诉自己"我能行,情况会好转",而非单纯一味地惴惴不安;在人际沟通方面,学生们的反馈主要集中在亲子关系和同伴关系上:"我和妈妈因为成绩的事,有了很多分歧,经常吵架。后来,我按照老师的方法,给妈妈写信表达了我的看法和感受,也表示了自己对和她争吵的愧疚之情,妈妈也接受了我的道歉,也不再把成绩看得那么重要了,改变了自己的想法,我们之间的矛盾也就慢慢没有了。""对我来说帮助最大的,可以说是与朋友的关系了。本来之前我和朋友因为一些事儿不开心,一直有矛盾,但自从上了那节与朋友有关的课后,我和朋友都慢慢放下了之前的不愉快,试着按照老师说的来改,最后我们和好了,变回了当初的样子。"由此可见,这些更良好的感受和成功经验,能帮助学生们进一步建立对自我能力的确认和信任,从而提升他们的自我认知和自我效能感,并最终对其生涯适应力的发展产生积极而深远的影响。

3. "有戏教育"成为了教师专业发展的新动力。在开展"有戏教育"的研究实践过程中,老师们通过"生涯适应力"学习内容的研发实践,学会了观察,学会了思考,更学会了反思。比如在以往设计学习活动的时候,很多老师只是说哪里好哪里不好,而现在研讨时都会说为什么这样做?有什么改进的具体办法?理论支持是什么等等,各层级教师均在项目的持续推进中看到了自己的不足,找准了今后努力的方向。

4. 形成了团结、合作、信任的团队精神。学校教育的发展离不开一个团结、奋进、相互帮扶的环境,每个人都有自己的智慧与特长,汇集起来的力量是不可估测的,"有戏教育"的实践研究就营造了这样一种氛围,增进了大家共同交流的机会,老师们会从失败中共同寻找原因,从成功里分享快乐。大家在相互学习、相互鼓励、相互支持中成长,在培育"有戏"学子的同时成为"有戏"教师。

五、我们的思考

1. 有共同的愿景,才能凝聚人心,形成合力。共同的愿景该如何形成呢?首先,研究的问题应该是学校教育急需解决的问题;

其次,研究的方式是大家都乐于接受,可操作的方式。通过群策群力,不断地学习、研讨、交流、碰撞,才能凝聚全校教师,变各年级各学科的单打独斗为形成合力。

2. 拓展教育时空,创新学习模式。从学校到家庭,从个体到群体,从单一到多元……时空的延伸,形式的多变赋予了"有戏教育"更强的生命力,使学校教育更为充分发挥其在人的发展中的主导作用。

参考文献:

[1] 梁梅,谢明明. 中学生生涯规划教育的价值研究. 现代教育科学(6),98—99.(2014).

[2] 倪建娟. 初中生物教学中渗透职业生涯教育的实践探索. 中学生物学,33(7),68—70.(2017).

[3] 饶宁,陈怡. 以情境体验激发生涯成长自觉——中学生"生涯领导力"研学活动的实践探索. 教育科学论坛.(2018).

[4] 王正军. 义务教育阶段职业生涯教育实施状况研究. (Doctoraldissertation,吉林农业大学). 2011.

第二章　有戏教育之生涯适应力学习活动

　　教育对国家和民族来说,利在当代、关乎未来,培养社会主义建设者和接班人是学校教育工作的核心任务。在新时代的背景下,学校应深刻理解立德树人的根本任务。人才培养是育人和育才相统一的过程,而育人是本。学生是国家的未来,学校应谋划并实施培养社会主义建设者和接班人的综合素质教育活动。"综合素质"源于针对学校教育中片面追求分数和升学率这一现象,提出学生个体的道德品质、公民素养、学习智慧、审美、身心发展等诸多方面的有机结合,其外延包含传统纸笔考试所考察的诸多知识与能力。

　　《上海市初中学生综合素质评价实施办法》(以下简称《实施办法》)明确了学校为学生综合素质评价实施的责任主体,学校须在发展学生综合素质方面早谋划早布局。传统的初中教育受升学压力牵制,学生在"身体心理成长、综合能力培养与知识广泛学习"方面的需求往往无法得到满足,也导致学生对生涯的狭隘认知。《实施办法》明确提出,"对学生成长过程中的主要经历和典型事例做客观记录和写实性描述,关注学生成长经历。在修习课程与学业成绩方面重点记录基础型课程成绩、拓展型课程和探究型课程的学习经历。在创新精神和实践能力方面重点记录学生参加探究学习、科技活动等方面的过程和成果"。

"成长经历""学习经历""过程和成果"这一系列评价转型促使学校在综合素质教育实践上投入研究，课程是教改的重要载体，我校考量了评价的纵向发展性，认为将"生涯适应力"纳入到"有戏"教育的学习项目设计，是实现"高质教育培养"目标的现实手段。

第一节　生涯适应力学习活动研究综述

生涯适应力（career adaptability），原指个体在应对不可预测的生涯发展任务、生涯转换和生涯问题时的因应准备程度。我们认为研究项目必须牢牢遵循正确的政治方向，真正做到为党育人、为国育才。

随着时代发展和教育改革，即便是初中生，所面对的学习、生活以及未来生涯发展问题也日益复杂。我们从学生为本的视角出发，将本研究的核心重点放在"生涯适应力学习活动"——学校为发展、提升学生的生涯适应力设计、实施的一系列不同类型、不同侧重又相互关联的活动及学生从中获取的经验，以期通过帮助学生更好地了解自我，增强对社会的理解，提高合理选择未来发展道路，规划当前学习生活，提升综合素质，走上多元发展之路。

一、开发初中生涯适应力学习项目的意义

（一）中小学阶段推行生涯教育已成为国际趋势

国外（特别是发达国家）在生涯教育的研究、实践上比我国起

步早。美国早在 1971 年,时任教育部长的 Marland 就提出从义务教育到高等教育以及继续教育的整个过程都要开展生涯教育。2004 年,美国生涯发展协会(National Career Development Association,NCDA)发布"国家生涯发展指南框架"(National Career Development Guideline Framework),从领域、目标、指标三方面确立美国生涯教育的总体方向。英国则在 2003 年颁布"7—19 岁生涯教育法定框架",描述了 11 岁之前、14 岁之前、16 岁之前和 19 岁之前四个阶段的生涯教育目标。此外,我国香港和台湾地区生涯教育的研究和实践也已较为成熟。而我国大陆地区近两年急起直追,在相关研究和实践上也取得了一定进步。

近年来,生涯教育在我国日益受到重视,人们逐渐认识到生涯教育不仅仅是职业院校或大学的任务,基础教育阶段,包括初中阶段,也应根据学生的特点和需求开展生涯教育。初中阶段的职业生涯教育是我国义务教育阶段的重要内容和补充。2011 年,教育部在《教育部关于推进中等和高等职业教育协调发展的指导意见》中首次以官方文件的形式对初中生职业生涯教育工作提出了要求。2018 年《上海市教育委员会关于加强中小学生生涯教育的指导意见》提出,要从自我认识、社会理解、生涯规划三个方面开展中小学生涯教育。

综合国内外已有研究情况可知,从全民教育、终身教育的角度理解生涯教育,在中小学阶段大力推行生涯教育已成为国际趋势,是以学生为中心,未来取向教育的重要组成部分。但在我国大陆地区,生涯教育主要还是在大学阶段开展较多,近几年高中阶段的生涯教育也受到重视。初中阶段的生涯教育仍很薄弱,缺少系统研究,亟待加强。另外,我国现有的生涯教育仍尊奉旧有的生涯发展理论,以"规划"为导向,亟须转向帮助学生更好适应多变时代的

"适应"导向的生涯教育。因此,这些都促使我们选择初中阶段生涯适应力课程开发作为研究项目,特别是在我国的教育文化背景下,结合理论支撑和国际经验,进行体系化、本土化的生涯适应力课程开发和实践,具有深远的社会意义。

（二）我校开展初中生涯适应力学习活动的现实意义

结合新时代立德树人大背景下对"培养什么人"问题的思考和我校生源实际,我们确立了"打造'有戏'校园,促进综合素质发展"的办学理念,探索学校如何能够贴近自己学生的现状,满足学生发展的需求,培育有梦想,有本领,有信心,有担当的虹教学子,帮助每一个在校学生都能根据自己的能力、兴趣等因素找到合适的发展道路,促进学生综合素质发展,让每个学生的未来都"有戏",使学校真正成为老百姓"家门口的好学校",坚持在立德树人上下功夫,出色地完成培养社会主义建设者和接班人根本任务。

当代教育理论发展和教育综合改革的重要方向之一,是打破唯分数论、唯考试论的束缚,尊重学生兴趣、潜能的多样性,促进学生多样化、个性化发展。近年来,我校生源结构发生变化,学生的多元性特点突出。超过45%的学生来自于外来务工人员家庭,学生间个体间差异大,自信心不足;受制于升学政策,超过半数的学生在七八年级就必须作出重要的人生抉择:回户籍地就读亦或者在上海就读中职院校? 这些都加剧了他们所面临的生涯挑战。而学校现有的课程体系虽包括回应学生成长需求的研拓课程、特色课程,但仍缺乏系统性、针对性,且主线不突出。

本研究的生涯教育针对薄弱初中的情况,是在分析我校生源特点、评估现有课程和校内外资源、专家咨询的基础上,明确以学生生涯适应力发展为主线,落实系统的生涯适应力课程开发,从而为我校学生的综合素质发展提供切实的课程支撑。尤其2018年

7月,学校被列入上海市加强初中建设实验校之一,它给予的各个方面的政策倾斜,为生涯适应力学习活动的内容建设提供了坚实的资源支持。

二、初中生涯适应力学习活动的目标确定

(一) 生涯适应力目标确定及理论基础

生涯适应力研究的代表人物 Savickas(1997)将其界定为"个体对于可预测的生涯任务、所参与的生涯角色,与面对生涯改变或生涯情境中不可预测之生涯问题的因应准备程度"。生涯适应力概念的提出针对的是传统的生涯成熟度概念的不足。生涯成熟度概念将个体的生涯发展看作是由其成熟程度决定的,比较适用于相对稳定的工作环境;但时代发展使得工作环境不断变化,个体的生涯发展至少已不仅仅取决于成熟程度,更和个体因应工作环境变化的能力有关。20世纪末期生涯混沌理论(chaos theory of career)进而指出,面对全球化、信息化时代人们生涯形态的变化,人们的生涯越来越具有不确定性、非线性、难以预测性,呈现出开放、弹性、多变、自主等特征。

针对生涯适应力形成问题,Savickas(1997)提出,生涯适应力可通过自我和环境探索、生涯计划态度和生涯决策来界定。

综上所述,基于相关政策导向、综合有关生涯发展理论研究成果,可得出:生涯教育具有终身性,覆盖教育全程,**生涯适应力**其主要内容涉及自我认识、社会理解、生涯规划三个方面。

(二) 初中阶段生涯适应力目标

舒伯(Super)是生涯发展理论方面的里程碑式人物,他将一个人的生涯发展划分为成长阶段(出生至14岁)、探索阶段(15—24岁)、建立阶段(25—44岁)、维持期(45—64岁)、衰退期(65至死

亡)五个阶段,每一个阶段都有一些特定的发展任务需要完成,每一阶段需达到一定的发展水平或成就水准,而且前一阶段发展任务的达成与否关系到后一阶段的发展。大量实例也表明,各生涯阶段式并非单线开展,而是"滚雪球式"推进,即不同学段的生涯教育对"自我认识、社会理解、生涯规划"三方面均有涉及,只是实施重点不一样。小学是学生认知萌发,自我探索的阶段主题;初中是选择高中还是高职的第一个抉择期,也是自我觉察走向生涯探索的过渡期,自我探索和生涯探索在初中的生涯教育中都是重要角色。而高中的三方面的探索更为直接而深刻。

根据初中阶段学生自我概念进一步发展、能力建设依然是主调、开始试探性自我规划等特点,我们确立了初中生涯适应力课程目标:促进受教育者的自我探索、自我规划、自我发展,逐步提高初中生的生涯适应力。帮助学生了解自我,形成积极、现实的自我概念,提高学生的生涯自信,破除生涯障碍,丰富学生的生涯体验和对相关知识、技能的了解,明白学习与未来的关系,对意向职业的能力要求有基本的了解,提升学生的生涯规划能力。具体三维目标如下:

1. 情感、态度和价值观

通过生涯适应力学习活动,使学生具有自我意识、生涯意识和生涯规划意识;使学生认识到自我的重要性,增强自信心,接受自己的独特性;使学生具有对未来世界的好奇心和正确的人生价值观;使学生认识到学业、职业准备和生涯规划的重要性;使学生具有自我管理的责任感和解决生涯问题的自信心。

2. 知识与技能

通过生涯适应力学习活动,使学生了解和掌握人格独特性、发展多样性、生涯阶段性、生涯发展规划性等中心概念;了解和掌握自我与周围环境之间的关系、学习与职业之间的关系、个人成长与社会需求和社会功能之间的关系;使学生了解和掌握自我认识、自我管理、职业探索、生涯规划等技能。

3. 过程与方法

通过生涯适应力学习活动,使学生学会分别从自己和他人的视角认识自我;使学生提高对相关知识、技能的理解和掌握;使学生学会和掌握对不同阶段的生涯角色、任务、重要性进行分析和判断;使学生学会和掌握对自我管理以及对学习生活、家庭生活的规划的制定、展示、评价。

三、初中生涯适应力学习活动的开发

在深入理解相关政策导向基础上,综合有关生涯发展理论研究成果,初中学生生涯心理发展特点及我校生源特点、课程建设情况,经过反复论证,确定了课程开发的基本内容:一是编制《初中生涯适应力学习内容纲要》;二是开发《初中生涯适应力学材文本》;三是设计《初中生涯适应力综合实践活动》;四是形成《初中生涯适应力学习活动评价指南》。

以上前三项基本内容将在三个子课程展开:

（一）自我认识力学习

发展生涯适应力首先需要学生更加全面、深入地认识自己的兴趣、性格、能力,为辨别、选择适合自己的生活、学习乃至职业奠定基础。初中阶段的学生在生理上经历快速发展;认知上逐步过渡到以形式逻辑思维和辩证逻辑思维发展为主;但在自我同一性和情绪发展方面较为混乱,较容易出现对自我认识、管理上的起伏、摇摆、迷茫。自我认识力课程的开发与实施即针对这一情况,试图帮助学生提升对自我特质和未来机会的了解,降低学生心理健康问题发生的风险,提高生涯自信,破除生涯障碍,提升自我管理能力,为当下与未来的生涯规划提供基础和保障。其开发和实施的内容主要包括:在生涯适应力测评基础上重构情绪力课程;"认识你自己"系列主题班会;"我的未来我做主"系列亲子工作坊(家校合作);围绕相关主题的社团活动,等。

(二) 生涯理解力学习

生涯适应力的增强不仅需要自我认识力的提高,还需要对外部环境的变化、要求有更多理解,有针对性地发展相关的知识和技能。初中学生对于生涯发展还处在能力建设和探索阶段,一方面还在接受义务教育,社会接触面有限,但本身已经开始对自身生涯发展感兴趣,并渴望去探索周围环境中的工作、生活和学习机会;但初中阶段学生的核心身份仍是学生,其最主要的生涯发展任务仍是积累相关的知识和技能,能够为未来生涯发展做出的最重要努力仍然是提高自身的能力素养。生涯理解了课程的开发和实施回应这一阶段的需求,试图帮助初中学生扩大生涯体验面,提高对相关知识、技能的理解和掌握。结合现有学校课程结构,生涯理解力课程开发和实施主要围绕两个板块进行,一是"生涯微体验"综合实践活动系列课程,融合考察探究、社会服务、设计制作和职业体验,开展以职业学校考察探究为主体的生涯研学活动,以社会服务为核心的志愿者服务课程,结合设计制作的创新实验室系列活动等;二是学科课程渗透生涯教育的课堂教学改进,挖掘不同学科中的生涯教育资源,使学生的学习学科知识、技能的同时,学以致用,明确学习的目的和意义,提高生涯适应力。

(三) 生涯规划力学习

根据系统生涯规划的思路,深入了解自己(生涯认识力),认识外部世界(生涯理解力)最终是为学会自己作抉择和行动落实服务的,即实际开展生涯规划。对于初中阶段的学生而言,尽管可以对职场有初步的了解和体验,但毕竟主要生活在校园和家庭当中,因此,这里的生涯规划主要是对自身的学校生活和家庭生活的抉择和落实。生涯规划力课程的开发实施以此为出发点,应是自我认识力课程、生涯理解力课程的综合和应用,即将在自我认识力和生涯理解力课程中学习到的知识技能具体应用对自己学习生活、家庭生活的规划当中,例如运用情绪力课程中学习到的知识技能识别、管理自己的情绪,做自己情绪的调节师;运用生涯理解力课程中获得的经验、能力规划假期生活等。

四、初中生涯适应力学习的评价

生涯教育,虽然没有外部的评价要求,但是学校自身希望通过课程评价,一方面不断地诊断和完善学校课程;另一方面有助于学生提升生涯适应力,促进综合素质的发展。生涯适应力课程评价,从以下两方面进行:

（一）描述性评价

结合对《上海市初中学生综合素质评价实施办法》的学习解读,学校制订"生涯适应力学习综合素质评价方案",并采用学生主题叙事、成长体悟,教师观察记录、教学后记等资料,观察和记录学生在学习过程中对自己未来生涯发展想法与态度、行为的转变。

（二）问卷评价

以过程与结果、定性与定量相结合为指导思想,学校与专业力量合作,采用文献查阅、经验访谈、量表测量等方式,综合数理统计结果和青少年发展情况制定出《虹口区教育学院实验中学青少年生涯适应力测量问卷》。问卷共包括5大维度,共37题,包括生涯关注（5题）,生涯控制（8题）,生涯好奇（10题）,生涯自信（8题）,生涯阻碍（6题）五大方面,共同考察青少年生涯适应现状。

对学生入校初和三年后的同类数据进行比对,以此作为评价依据,衡量学生发展状况,间接地反映学校生涯适应力课程的实施效果。

本研究是虹口区教育学院实验中学推进"强校工程"的核心项目,整合德育、综合实践活动课程、学科课程,打通学校、家庭、社区三方,进行课程资源的全面挖掘和利用,不断对生涯适应力学习进行丰富和完善。

主要参考文献

[1] 赵小云. 国外生涯适应力研究述评. 心理科学进展,2010(9):1503—1510.

[2] 刘鹏志、金琦. 生涯教育新理念:轻规划,重适应. 中小学心理健康教育,2015(18):10—12.

[3] 姜飞月. 生涯混沌理论:心理学理论的新视角. 南京师大学报:社会科学版,2007(4):104—108.

[4] 李敏、潘晨. 美国纽约州小学和初中阶段生涯教育研究. 河北师范大学学报(教育科学版),2015(6):83—87.

[5] 张华. 体现时代精神的综合实践活动课程:理念与实践. 人民教育,2017(11):40—43.

[6] 朱凌云. 生涯适应力:青少年生涯教育与辅导的新视角. 全球教育展望,2014(9):92—100.

第二节　生涯适应力学习活动的实施方式

作为学校层面的课程建设,必须考虑课程的实施方式问题,即课程可能通过哪些方式落实到学校教育教学中。为此,对生涯教育课程实施方式的相关研究进行了系统回溯,发现除专门的生涯教育课程外,生涯教育在学校层面主要通过学科渗透、综合实践活动和项目化学习等方式实施。

一、学科渗透方式

生涯教育常常被认为是心理健康课程的内容,是心理健康教师应承担的任务。心理健康教师也的确在实施生涯教育上有自己独特的优势,特别是在帮助学生探索"自我"方面,心理健康教师可以充分利用自己的专长。然而完整的生涯教育并不仅止于帮助学生探索"自我",还要帮助学生理解职业世界和社会环境,并结合两者进行生活、学习和工作规划。在这个方面,各基础学科课程大有用武之地,各学科教师通过在所教课程中通过学科渗透实施生涯教育是其中一条重要途径。

（一）学科渗透实施生涯教育的独特优势

通过学科渗透实施生涯教育,即学科教师从课程育人的角度出发,挖掘任教学科领域中的生涯教育资源,在日常教学过程中融入并落实生涯教育理念。

学科渗透是实施生涯教育的重要途径之一。Hiebert 早在1993 年就指出,应在所有年级和所有科目中注入或整合生涯概念,无论科学、健康还是数学,学生都必须了解到,提出有关人们参与的工作性质的问题是自然而重要的。我国台湾地区在 1998 年9 月公布的《九年一贯课程总纲纲要》中确立"生涯规划与终身学习"为成人十大基本能力之一,提出要"将生涯教育观念融入到各科的教学,配合课程设计活动"。学科渗透也是英国中学阶段生涯教育实施的重要途径。盖茨比基金会(Gatsby Charitable Foundation)2014 年发布的《优质生涯指导》(Good Career Guidance)是英国生涯教育改革与质量提升的重要参考和依据。其中提出的 8 条基准便包括"将课程学习与生涯教育相联系",指出所有教师都应当将两者结合,并特别指出 STEM 教师应当强调 STEM 学科与广泛的未来生涯路径的相关性。从实践情况来看,英国学校已经有意识地将生涯教育渗透进学科教学中。2018 年的一项调查显示,在英语学科中纳入生涯教育的学校占 35.7%,数学学科中纳入生涯教育的学校占 36.2%,科学学科中纳入生涯教育的学校占 38.6%。所以,特别强调通过学科渗透实施生涯教育,因为这种途径有如下两方面独特优势:

首先,拓展了生涯教育的课程空间。巫灿烨指出,由于学校通常不具备开发校本化生涯规划课程的师资力量,且课时分配时难以为生涯规划课程留一席之地,因此在学科教学中渗透生涯教育思想更"接地气"。汪文龙认为,即便生涯教育在学校中已经成为一门独立课程,但生涯教育课程所要达到的目标宏观且高远,仅靠这一门课程和有限的课时难以达成,必须把生涯规划"引渡"到学科教育的主阵地上来。可见,独立设置生涯教育课程虽然看似分量更重,但一方面未必每所学校都具备校本开发生涯教育课程的实力,另一方面,即便具备这样的实力,在日益拥挤的学校课程体系中,仅靠一门课程实施生涯教育,其成效也未必彰显。而将生涯教育融入作为学校教育当仁不让之主渠道的学科课程中,可以大大拓展生涯教育的课程空间,使生涯教育广泛弥散在日常教学工作中,反而使其效益最大化。

其次,使学科教学和生涯教育相得益彰。借助学科育人实施生涯教育,不只是学科教学为生涯教育服务,两者实能相得益彰,"在学科育人主阵地上各个学科如果能够形成合力,有'仰望星空'意义的生涯规划发展才能'脚踏实地',有切实的收获""学科育人优势的彰显又离不开学生生涯规划意识的增强与生涯发展能力的增长,因为一个有着良好的生涯规划的学生才有求知探索的内驱力,反过来促进学科的学习"。一方面,生涯教育固然受益于学科渗透,借助学科课程的主阵地地位获得更大实施空间。另一方面,生涯教育如果实施得当,更可激发学生学习的动机,引导他们明确学习目的。对于广泛存在的学生学习动力不足,"苦学""厌学"情绪严重等现象有缓解,甚至解决之功效。

(二) 学科渗透实施生涯教育的途径

从国内外的发展现状来看,采用学科渗透实施生涯教育具体有三种途径:一是将生涯教育融入心理健康教育课程,二是通过挖掘各种基础学科课程中的生涯教育资源实施生涯教育,三是通过开展与学科课程有关的实践活动实施生涯教育。

其一,生涯教育融入心理健康教育课程。心理健康课程中包含的有关自我发展、身心调适等方面的内容,具有实施生涯教育的天然优势。俞国良、曾盼盼指出,生涯规划源于职业辅导,最初只关注个体的择业行为及相关的信息提供,此后则日益注重个体的心理特质与心理过程。正是在这一过程中,生涯规划概念逐渐进入心理健康的视野,并与心理健康形成相互依存的关系。如果一个人能更好地认识、了解、调节自我,无疑对其生涯发展有益;反过来,心理健康出现问题也往往和生涯发展中遇到障碍有一定关系,毕竟环境适应如何本身就是心理健康的重要组成部分。生涯教育与心理健康教育的关系由此可见一斑,在心理健康教育课程中融入实施生涯教育因而也是题中应有之义。

作为生涯教育的发源地,美国较早开始重视生涯教育与心理健康教育的密切关系,并从多方面系统推进两者的融合。例如,美国心理协会在关于心理健康的标准中纳入了有关生涯教育的内容,如能充分运用自己的天赋,能确立合理的人生目标,能自我思索、自我抉择,能全力投入工作,能寻求乐趣等;美国国家学校心理学学者协会(NASP)和美国心理协会(APA)网站上都提供了与生涯有关的模块;美国学校心理健康教育工作者资格认证标准中也都包含对生涯教育能力的具体要求;学校心理学会提出的全国统一的心理健康教育实施模式中也融入了生涯教育。可见,美国已经建立起从标准,到师资,进而到实施的完整的生涯教育与心理健康教育融合机制。

在我国,两门课程的融合"主要是通过心理教师将生涯教育融入心理健康教育,设定以自我追寻、体察环境、目标引领、生命展现为课程设计理念,以回答'我是谁'、'我到哪里去'、'我怎样到达那里'为主要目标,再围绕主要目标分别设计课程的具体内容。"一些学校从校情出发,尝试构建自身的生涯教育与心理健康教育融合实践。如浙江省绍兴一中分校采取心理测评和问卷调查结合,加强学生自我认识,通过人生规划课、心理咨询、心理社团对学生加以引导,两相结合的方式推进生涯教育与心理健康教育的融合。上海七宝中学则将心理健康课程拓展改造为生涯心理课,将其置于学校生涯发展导航系统课程体系之中。

尽管心理健康教育和生涯教育有诸多相同、重合之处,但两者也有明显区别。生涯教育除了要求学生了解、把握自身,还要探索和接触广阔的社会,并在一定的价值导向指引下,结合两者尝试规划生涯。其中,价值导向、社会环境和规划技能等并不是心理健康教育课程的重点。这也是生涯教育既要积极融入心理健康教育,又不能局限于心理健康教育的原因。

其二,挖掘基础学科课程中相关资源实施生涯教育。各学科课程除了本学科知识、技能等主体内容外,所蕴含或隐含的科学史、相关职业、专业前沿、名人经历等内容,通常都是学科渗透实施生涯教育的可行结合点。这些资源有些以现行方式存在于学科教材中,如物理学科人教版的"科学漫步""STS"等栏目,化学学科中"化学史话""化学与生活"等栏目;有些则以隐性方式存在,对其捕捉很大程度上依赖于教师的生涯教育意识及敏感性。这些资源的合理利用既有助于帮助学生理解所学学科知识的意义和用途,将其与专业、职业联系起来,同时又帮助学生拓宽对职业世界和周围环境的理解,潜移默化中发挥了生涯教育的作用。

在关于学科课程渗透生涯教育的具体操作方面,一些学科教师进行了尝试和实践。巫灿烨以生物学科为例,提出挖掘教材中的生涯教育资源要利用教材的"边角料",比如,人教版高中《生物》教材"与生物学有关的职业"栏目,介绍了与生物有关的职业,部分还详细说明了就业单位、主要任务、工作方式、学历要求、需具备的素质和职业乐趣等;"科学前沿"栏目则介绍了生物学发展的前沿知识及其应用前景,可为学生选择进一步深入学习生物学相关专业提供参照;教材中的科学史内容,特别是其中对一些生物学科领域重要人物及其经历的介绍,可以帮助学生了解作为一名生物学专业人员的工作状况,激发他们从事生物学相关工作的兴趣。除了教材资源的挖掘,还可以通过建立与学科有关的学生社团,开展有关的社会实践活动来帮助学生拓展视野,增加职业体验,发展相关的能力。

汪文龙则以阅读作为切入点,从"人文素养""公民人格"的内在要求出发,精选四大母题——"做一个什么样的人""做人需要的道德与智慧""法先贤、法自然""正确认识当今社会",其下再分若干主题,依据每一主题提供阅读材料。例如母题"做一个什么样的人"下设"祖国利益与个人发展""做一个勇敢的坚守者""做人当有境界"等主题;"做人当有境界"下再提供《庄子的"三无"境界》《达尔文的境界》《子罕拒玉》《齐白石的"两笑"与马寅初的"两噢"》《梁思成保护日本京都与奈良》《五台山的云游僧与托尔斯泰》和《无偿捐献国宝的张伯驹》等阅读材料。

中国台湾地区初中阶段在实施生涯教育时采取的重要途径之一是"融入教学"(Infusion of the lessons),即把生涯教育思想渗透进学科课程的开发、设计、实施和评价环节,但不改变学科结构和本质任务,从而对生涯教育与相关学科或交叉学科进行综合开发。具体有两种形式:一为课程融入,即在语文、数学、英语等学科中采用单元式融入设计,渗透生涯教育理念;二是在综合活动课程和社会课程中采用主题式探究,跨学科统整经验、知识予以实施。

从综述的范围看,课程融入更接近学科渗透。融入策略包括:①在语文、英语等拥有丰富人文素养类素材的学科中,挖掘其中的生涯课题并运用于学生的感悟体验中。例如,借助描写清道妇敬业精神的《那默默的一群人》一文,引导学生体验、学习无声的奉献精神和坚持的毅力,以及关注身边默默奉献的从业者。②在训练学生学科技能时融入生涯教育要素。例如,在英语课《你能告诉我该怎么做吗?》(Can You Tell Me What to Do)中,引导学生利用主题词汇,说出"九年级学生最担心的五个问题",并讨论如何解决,便是将生涯教育内容、英语听说技能训练和自我认识、规划结合起来。

其三,开展与学科课程有关的实践活动。这是学科渗透实施生涯教育中有待加强,同时又极具潜力的又一条路径。课堂教学无疑是学科教学的主渠道,但并不是唯一的渠道。而生涯教育与学生个人成长紧密结合的特点,也决定了仅仅局限于在课堂教学层面渗透的生涯教育是不完整的,与学科结合的一些实践活动也应当是学科渗透实施生涯教育的重要途径之一。

英国学校十分注重通过与学校课程密切关联的课外活动来实施生涯教育。这类活动通常由学校教师、雇主组织、雇员、教育培训提供者、社区等共同参与,采取校友会面、模拟面试、生涯俱乐部、STEM 俱乐部、技能展示会、雇主主导的技能工作坊等形式开展。我国台湾地区在这方面做出了一些实践探索。例如,有学校在语文课文言散文《习惯说》的教学中,在课前预习环节引入创意活动,请学生以"平日的我"为主题采访家人,了解个人平日的好习惯、坏习惯,并整理出"个人习惯资产负债表"于课堂上分享。这既增加了课堂教学的趣味性,又不落痕迹地传授了自我认识和反省的途径方法。又如,在九年级整个学期要求学生以教材为中心,以"忍耐"、"自信"、"热情"、"勤奋"等为主题,搜集整理并适度拓展相关的成语,制成"主题成语书",从而把语言积累运用与自我认识结合起来。

尽管国内外经验已经证明,学科渗透是实施生涯教育的重要途径,但其落实过程仍面临一定困难。首要的困难是学科教师在生涯教育中参与不足。梁茜对上海市 5 所普通高中的调查显示,目前上海市普通高中参与生涯发展规划与指导的人员中,66％是班主任,31％是心理教师或其他专业机构教师,31％是外来专家、社会人士、校长或教务主任,而科任教师仅占 16％。此外,学科教师在参与生涯教育过程中也面临一定困难。刘阳针对生物教师的调查表明,学科教师在生涯教育渗透方面遇到的主要问题包括:缺乏职业生涯教育理论知识;渗透生涯教育的方式不够规范;仅对职业信息进行简单分类,没有结合职业前沿发展信息做系统的教学设计等。解决这些问题是发挥学科课程中生涯教育潜能的关键。

（三）结语

通过以上综述可以发现，不同学科在开展渗透式生涯教育方面具有各自的优势。心理健康教育在帮助学生提升了解、认识、规划、调节自身心理和行为方面得天独厚，各基础学科在帮助学生理解有关职业和专业的现状、前景、要求等方面独擅胜场，而通过与学科课程有关的拓展性实践活动可增加学生对学科中生涯教育内容的体验和应用。不同性质的学科课程在生涯教育中可发挥的作用也不一样。如偏文科的课程在价值奠基、人文熏陶方面更加适宜，偏理科的课程在有关职业状况、条件要求等方面更有空间，技能类课程则可直接和生涯任务结合，帮助学生既锤炼技能，也体验生涯。

二、综合实践活动方式

综合实践活动是国家规定的、与学科课程并列设置的、义务教育阶段必修的跨学科实践课程。它注重引导学生在探究、服务、制作、体验中学习、分析和解决现实问题，以培养学生的综合素质。2001年《基础教育课程改革纲要（试行）》中，确立了综合实践活动的必修课地位，内容包括信息技术教育、研究性学习、社区服务与社会实践以及劳动与技术教育。在总结已有改革经验的基础上，2017年教育部颁布的《中小学综合实践活动课程指导纲要》确立了综合实践活动课程主要采用考察探究、社会服务、设计制作和职业体验四种实施方式。

与传统学科课程相比，综合实践活动课程直面生活和社会，实施方式注重实践、体验的特点，与中小学生涯教育中注重生涯探索（career exploration）、理解环境和体验式学习的特质高度契合，因而成为生涯教育实施的重要途径。

（一）利用职业体验活动实施生涯教育

职业体验，指学生在实际工作岗位上或模拟情境中的见习、实习，体认职业角色，获得对职业生活的理解，发现自己的专长，培养职业兴趣，形成正确的劳动观念和人生志向，提升生涯规划能力的过程。职业体验是综合实践活动课程中和生涯教育关联最为直接和密切的活动方式，是国内外生涯教育中应用最广泛的综合性生涯教育路径。

职业体验活动之所以在生涯教育中被广泛采用，是因为学生无法仅凭信息获取或讲座介绍就能深入了解职业，更要接触实际的工作场所和人员，通过体验式学习才能完成生涯和职业探索。英国盖茨比基金会颁布的《优质生涯指导》八条基准便包括"接触雇主和雇员"、"工作场所体验"，要求每个学生都应当有充分的机会从与雇主的接触过程中了解工作与就业，学习工作场所看重的技能；每位学生都应当通过工作访问、见习或工作体验等活动获得第一手经验，通过这些经验帮助学生探索生涯机会，并扩大他们的社会关系网络。在操作时，这些基准主要是通过所谓"与工作相关的学习"（work-related learning）活动来落实。即利用工作情境发展对工作有用的知识技能。在中学阶段，主要包括工作体验、见习、工作场所参观、兼职工作、志愿服务等，其中以工作体验、见习和工作场所参观最为常用。日本高中学校自 2003 年起将职业体验活动纳入学校课程，实施"双轨制学习体系"，即学生在一定时期内，每周至少有三天时间在企业实习，剩余两天在学校学习文化课；这一规定在 2005 年进一步下移到初中，称为"职业生涯开始周"或"体验启动周"，要求初中生在一定时期内，要有五天以上时间参与岗位体验活动。美国则在小学阶段即通过与职业相关的游戏增强学生的职业体验，培养生涯意识。其涉及的职业较为广泛，包括商业和办公、通讯与新闻媒介、建筑业、旅游娱乐、私人服务业、消费和家政等 15 大类。可见，职业体验活动几乎已成为国外生涯教育实施的"标配"。

与国外相比，我国的生涯教育虽然起步晚，但近年来在政策、研究及实践层面也日益重视职业体验活动的开展。教育部 2017 版《中小学综合实践活动课程指导纲要》不仅将"职业体验"活动列为综合实践活动的四种基本实施方式之一，而且为不同阶段的"职业体验"活动开展推荐了可供参照的主题。初中阶段推荐主题如表 1 所示，包括农业、餐饮业、法律、信息技术等主题。《纲要》的发布和主题推荐基于我国十余年的探索研究，是综合实践活动课程本土化的新成果、新方向，为我国中小学综合实践活动的深化推进，包括职业体验活动的开展提供了切实的指引和参考。

表 1 7—9 年级职业体验活动推荐主题

主题活动	活动要求
1. 举行大队建队仪式	成立初一少先队大队，集体参观爱国主义教育基地，学习和了解抗战和祖国发展历史，增强民族自尊心、自信心、自豪感，增强少先队员的责任意识和爱国意识。
2. 策划校园文化活动	调查学生对校园文化活动的想法，结合需求策划一次校园文化活动，如科技节、艺术节、读书节、体育节等；在学校或班级中开展校园文化活动；在校园文化活动中承担志愿服务工作，树立主动参与学校管理、积极为同学服务的意识。
3. 举办我们的 315 晚会	收集身边侵害消费者权益的事件和案例；走访当地消费者协会；参与消费者维权活动；在此基础上设计并举办一场 315 晚会，展示同学们参与消费维权活动的成果，提高依法维权的意识和能力。
4. 民族节日联欢会	通过文献检索和对身边不同民族的人进行访谈，获得相关民族节日的资料；调查学生对不同民族节日的了解程度；举办联欢会，进行民族服装展示、美食制作，或各种民族节日庆典、习俗表演，展示不同民族的习俗与风情。加深对各民族文化的理解和尊重，促进民族和谐。

（续表）

主题活动	活动要求
5. 中西方餐饮文化对比	查阅文献,到中西餐馆考察、采访,收集相关资料,比较中西方文化差异,通过讨论、辩论、表演中西方用餐礼仪等多种方式,加深对中西方多元文化的理解和尊重,能够包容文化的多样性和差异性。
6. 少年团校	学习党团发展历史、共青团员权利义务、团的基本常识,了解入团的程序和团员标准,在高年级团员同学带领下学习共青团的性质、任务,激发向上向善的决心。
7. 举行建团仪式（14岁生日）	告别少先队,迎接共青团;举行新团员集体宣誓仪式;参观爱国主义教育基地。通过离队建团仪式,做好团队衔接,树立理想信仰,争当"中国梦"的筑梦者。
8. 职业调查与体验	了解或亲身体验父母、亲戚所从事的职业,大致了解职业分类;选择某个职业进行体验,感受职业生活的辛苦与快乐,初步尝试制订自己职业生涯规划,增强自我规划意识,为自己将来选择和规划职业生涯奠定基础。
9. 毕业年级感恩活动	通过参观等活动了解国情党史,感受社会温暖,理解体会父母恩、老师情;开展为父母和母校制作毕业礼物等活动,重温历史,懂得感恩,立志艰苦奋斗,培养回报社会的情感和社会责任意识。
10. 制定班规班约	自主学习《中学生日常行为规范》、学校规章制度等;基于纪律、学习、卫生、礼仪、安全以及班级特色等,提出本班同学需要遵守的班规班约及实施办法;全班同学参与讨论,确定班规班约;一段时间后,检查同学们对班规班约的执行情况,并针对问题做出调整,增强遵守规则的意识,提高自律能力。
11. 军事技能演练	通过投掷、攀登、越野、远足、制作航(船)模、识图用图、无线电测向等军事活动的技能训练以及听革命传统故事,培养机智勇敢、坚忍不拔的精神,提升综合国防素质。
12. "信息社会责任"大辩论	了解信息的概念及特征,认识信息与信息媒体的区别与联系;理解信息技术的概念,体验信息技术在社会发展中的重要作用和对人类生活、工作、学习的影响;了解信息技术学科的前沿发展状况,知道影响网络安全的因素和基本安全防护策略;认真思考应遵循的信息道德规范,养成健康、安全的网络行为,增强信息意识与信息社会责任。

（续表）

主题活动	活动要求
13.走近现代农业技术	在教师指导下,参观动物饲养场,学习一种常用饲料的配置方法;采集农作物病害标本,捕捉常见农业害虫,向农民和农业技术人员请教病虫害的特征和防治方法,小组合作进行简单生物治虫试验;学习无土栽培技术,学会人工配制一种培养液,尝试用水培、基质栽培等方法种植植物;合作制作简易的节水灌溉装置或人工温室装备,尝试进行日光温室种植蔬菜、花卉试验;了解当前几种先进的农业技术及其发展趋势,体会现代农业技术高效、节能、生态的优点,培养与技术相联系的经济意识、质量意识、环保意识等。

在研究层面,有研究者依照我国的《职业分类大典》,将可供体验的职业分为7大类,包括国家机关、党群组织、企业、事业单位负责人,专业技术人员,办事人员和有关人员,商业、服务业人员,农、林、牧、渔、水利业生产人员,生产、运输设备操作人员及有关人员和军人,并根据大卫·库伯的"体验学习圈"模型提出由具体体验、反思观察、抽象概括、主动检验四个环节构成的职业体验活动实施模式(见图1所示)。

在实践层面,我国香港和台湾地区均在职业体验活动设计与实施方面积累了较为丰富的经验。香港中学课程要求为学生提供五种关键学习经历——德育及公民教育、智能发展、社会服务、体艺发展和与工作有关的经验。其中,"与工作有关的经验"就是以职业体验为主的一种学习经历。我国台湾地区则通过技职参访策略加强学生的职业体验,即通过调用家长资源,附近的技术类、普通型高中资源,建立校企、校研(研究机构)的联系,为学生创设更多的职业体验平台。在具体实施时则充分考虑不同年级学生的需求及学段之间的联系。如我国台湾省新北市某校在七年级组织家长入班,开展"职业达人讲座";八年级参访社区职业学校,了解不

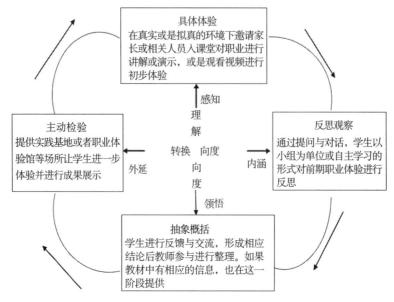

图 1 基于体验学习圈的职业体验活动模式

同职群的状况并亲身体验;九年级则开设技艺教育课程,为参访职业学校后有一定择业倾向的学生提供去高职上课、学习相关技术的机会。大陆地区尽管在这方面起步略晚,但奋起直追之下也涌现出一批在透过职业体验活动实施生涯教育方面初具雏形的学校。如山东省青岛市嘉定路小学通过将学校打造成涵盖文化类、餐饮类、国防安全类、服务类四个职业群构成的小社会来开展职业体验活动。

　　值得注意的是,除学校外,实践中还出现了在区域层面组织开展职业体验活动,实施生涯教育的尝试。如上海市在 2014 年首次开展了"走进一所学校、体验一个项目、了解一门职业、感受一种文化"的"学生职业体验日"活动,5 万名中小学生走进 62 所职校,接受职业启蒙教育。香港工商界也通过地区教育局的"商校合作计划",为中学生提供与工作相关的活动,包括讲座、小组学习、工作场地参观、职场影子计划及工作体验计划等。仅 2016—2017 学年,参与该计划单位即超过 270 家,举办工作体验活动超过 1500 项,受益中学生达 26 万人。区域层面职业体验活动的开展通常都需借助诸多校外机构的力量。区校联动模式能够有效地整合资源,扩大活动的受益面。

除此之外,善加利用一些专门面向儿童的职业体验机构和场所,也能弥补学校职业体验资源的限制,助力学生职业体验的延展。如,世界上第一家面向儿童设计的职业体验公园趣志家(Kidzania),其职业划分涵盖汽车制造业、文化、教育、娱乐、环境、健康等;又如我国的麦鲁小城,涵盖餐饮服务、文化教育、民生服务、创意工业四大类 70 项职业;酷贝拉,涵盖国防教育、中华文化、公共事业、制造产业、娱乐传媒、饮食休闲、商业服务 7 大类别。

(二) 多元方式整合实施生涯教育

除了职业体验活动外,综合实践活动课程的其他三种实施方式(社会服务、考察探究、设计制作活动)都蕴含着丰富的生涯教育价值。例如,社会服务包括公益活动、志愿服务、勤工俭学等,学生以自己的劳动满足他人需要,并在其中获得成长发展的活动。通过社会服务活动的开展,可以"帮助学生把在服务中学与学会服务结合起来,把培养学生成为主动的学习者与负责任的公民两种目的化为一体。"而且,四种基本活动方式之间本身就难以截然分开,融合在一起,共同发挥作用。因此,一些生涯教育活动实际上是整合多种方式来实施的。又如,我国香港在中五、中六学段设置了"应用学习课程"选修课(见表 2),课程内容与香港地区的专业和职业有关,可帮助学生提早获得相关职业体验,了解其要求,为学生未来做出符合自身兴趣志向的生涯选择打下基础。从中不难看出设计、制作、服务、探究等的结合。

表2　香港高中应用学习课程范畴及其划分

学习范畴	课程组别	课　程
创意学习	1.设计学	展示及首饰设计;时装形象设计;室内设计
	2.媒体艺术	电脑游戏及动画设计
	3.表演艺术	舞出新机—舞蹈艺术;由戏开始,剧艺纵横
媒体及创意	4.电影、电视与广播学	电影及超媒体
	5.媒体制作与公共关系	创意广告;杂志编辑与制作;公关及传讯
商业、管理及法律	6.会计及金融	电子商务会计
	7.商业学	商业数据分析;中小企业创业实务;市场营销及网上推广
	8.法律学	香港执法实务
服务	9.食品服务及管理	甜品及咖啡点营运;西式食品制作
	10.款待服务	酒店服务营运;酒店营运
	11.个人及社区	幼儿发展;幼儿教育;美容学基础
应用科学	12.医疗科学及健康护理	动物护理;中医药学基础;健康护理实务
	13.心理学	应用心理学;实用心理学
	14.运动	运动科学及体适能;运动及体适能教练
工程及生产	15.土木、电机及机械工程	建构智慧城市;电机及能源工程
	16.资讯工程	电脑鉴证科技;物联网应用
	17.服务工程	航空学;铁路学

中国大陆也有一些机构与学校合作,开展综合性生涯教育系列活动。如,上海远播教育研究院融合考察探究、社会服务、设计制作和职业体验,规划以"生涯领导力"为主题的中学生研学项目,共包括了五期活动,"通过生涯拓展课程的互动学习、知名高校的

参访体验、一流企业的参观交流、城市文化探索以及定向徒步越野等活动,帮助全体学员树立生涯意识,增进自我认知,提升多元文化意识,发展社会情感能力,拓展创新思维,激发决策行动力"(见表3)。

表3　"生涯领导力"研学课程内容

时间	参观或学习内容	课程主题
第一期—生涯起航		
上午	开营仪式,团队融合	开启研学之旅 & 团队建设;生涯领导力体验
下午	生涯能力拓展,学职探索课程	团队领导力拓展;学职群探索
第二期—城市探索		
上午	文化素养课程	视觉呈现与表达;传统手工艺人探访
下午	定向越野	15 公里徒步毅行
第三期—大学探索		
上午	大学参访	学校介绍与招考政策宣讲
下午	校园探索	任务式参观校园与社团活动体验
第四期—企业探索		
上午	企业参访	参观自动化生产流水线;企业 HR 面对面
下午	学职探索	绘制学职地图
第五期—生涯建构		
上午	职场情境模拟	职业角色定位与团队问题解决
下午	生涯方格建构	梦想剧场与生涯方格

　　整合多元方式实施生涯教育的实践在国外并不少见。日本文部科学省于 2003 年制定了"职业生涯教育综合计划",其中,从小学到高中阶段的"新体验计划"强调要向学生提供与职业、工作有关的体验活动,具体可依据年龄采用现场体验、实习、职业人访问、服务活动、地区职业调查等多种形式。美国纽约州小学和初中的

生涯教育也十分注重多种实施方式的综合应用。如"带我去球场"活动中,学生有机会和当地的建筑师、承包商接触并共同设计球场;"社区之旅"活动中,学生深入社区,走进企业,对真实的工作世界和从业者进行观察采访。这些活动都具有将考察探究、设计制作等多种形式结合起来实施生涯教育的鲜明特征。

(三)结语

虽然并非每个国家、地区都设置有综合实践活动课程,但在生涯教育开展过程中,都几乎不约而同地采用了职业体验、社会服务、考察探究、设计制作等方式。究其原因,与这些活动方式的社会性、实践性同生涯教育要求的体验性、现实性高度契合不无关系。在这些活动方式中,职业体验活动和生涯教育的关联最为直接,因而是生涯教育活动开展的首选载体;但由于职业体验活动与其他几类活动常常相互交融,即便单单借助职业体验实施的生涯教育活动,也常常包含其他各种活动的要素,更有综合性的生涯教育计划,实际上把几种活动方式结合在一起,帮助学生获得丰富全面的生涯觉察和探索。

三、基于项目化学习

基于项目的学习(project-based learning,PBL),指的是一套赋权于学习者去做研究,理论与实践结合并应用知识解决问题的教学策略。具体而言,是以学生为主体,在教师的组织引导下,运用多种资源,通过广泛的协作活动解决一系列真实问题或完成一系列真实任务,形成一定的作品、成果并进行展示交流,从中学习关于某一主题的系统知识技能的学习活动。由于生涯教育的最终目的是帮助学生解决自身面临的实际生涯问题,发展学生的生涯问题鉴别、分析和解决能力,这一过程和基于项目的学习的实施过程基本一致。因此,将基于项目的学习运用于生涯教育实施能够帮助学生在"做中学",在实践中提高生涯准备度和适应力。

(一)　基于项目化学习与生涯教育的关系

基于项目的学习通常由四个要素——内容、活动、情境、结果构成。其中,内容即现实生活和真实情境中的各种问题;活动指学生为解决问题运用一定的技术工具和研究方法进行的探究行动;情境系支持学生探究的实体环境和/或虚拟环境;结果是学生在学习过程中学会的知识技能,发展的能力。研究发现,基于项目的学习有助于学生在如下四个方面得到发展:获得知识并应用(搜寻、过滤、分类、消化数据;发现相关性和相互联系;应用及转化应用知识),交流(交流知识和观点),协作(与其他成员合作)及独立学习(计划及监控个人工作;知道何时寻求帮助)。这些都是生涯规划和适应所必须具备的能力。

实际上,基于项目化学习最早应用于医学教育,已经被全世界的医学院和高等教育机构广泛采用。有研究比较了基于项目的学习与传统课程对学生的影响,发现在知识水平方面没有差异,但基于项目化学习可能会增加学生合作和自主学习。因此,基于项目化学习的支持者们认为,基于项目化学习是职业教育领域最重要的创新,它能让学生有机会整合不同学科的知识,同时学习解决问题的关键技能。在将基于项目化学习纳入医学课程后不久,其他职业包括护理和工程也开始采用基于项目化的学习教学法。尽管根源于高等医学教育,但近几十年,基于项目化学习已广泛应用于K-12教育的方方面面,成为教育改革,特别是课程与教学改革中越来越受到重视的教与学的新方式。

将基于项目化学习应用于生涯教育,除前述生涯教育的最终目的与基于项目化学习实施过程基本一致这个原因外,还因为基于项目化学习作为一种学习方式和教学策略,对于学生未来生活、工作所需的一系列重要能力的发展,如创造力、批判性思维和问题解决能力、反思性思维、交流合作技能及自主学习能力的提升均有积极效果。此外,也有研究表明,运用基于项目的学习有助于提高学生的职业兴趣。例如,拉福雷(LaForce)等人对来自全美范围内3852名高中生的调查数据进行分析后发现,学生对基于项目化学习的评分与从事STEM职业的兴趣、对科学的内在动机以及学生对科学和数学能力的信念有关,从而强调了基于项目的学习在提高学生对STEM的态度和对未来STEM职业的兴趣方面的重要潜力。有学者也指出,在高职生的职业生涯课程中,基于项目化学习模式具有多方面的教学价值,包括有利于整合教学目标,有利于提高教学的实效性,有利于师生和谐关系的建立。整体来看,尽管基于项目化学习应用于生涯教育的研究和实践目前还不多,但确实是一个非常具有潜力的方向。

(二) 基于项目化学习设计与实施的步骤和特点

作为一种不同于传统课堂讲授的教学方式,要想恰当地将基于项目化学习应用于生涯教育,首先要掌握其与传统课堂教学模式的差异及其设计方法。

已有研究指出,基于项目化学习的设计需经历四个步骤:①确定学习目标。明确学生在项目学习后应该知道什么、能做什么;②设计问题。提出能吸引学生,引发学生思考,最好具有一定开放性的问题;③设计评价计划。项目学习的评价以形成性评价为主,需综合采用多种评价方式,贯穿项目开始前、中、后;④设计学习活动。在以上四个步骤之间:确定学习目标是基础,问题设计是灵魂,评价设计是风向标,学习活动设计是兴趣源。还有学者将基于项目化学习的实施分为六步,分别是:选定项目、制定计划、活动探究、作品制作、成果交流和活动评价。在选定项目时,要注意主题是否和学生的日常生活相关,学生是否有能力开展学习,以及学校是否有能力对该项目学习进行检测;制定计划的内容则包括详细的时间安排和活动计划;活动探究涵盖围绕项目开展的调查探索以及信息搜集、分析的整个过程;随后运用所获得的知识技能完成一件作品的制作,作品的形式可以是多种多样的;继而各学习小组围绕各自制作的作品进行展示交流;最后由专家、学者、教师、同伴以及学习者自己共同对基于项目的学习结果和学习过程进行评价。此外,随着信息化、互联网时代的发展,当前基于项目的学习的设计也越来越注重数字媒体和网络资源的融入。

尽管不同学者提出的基于项目化学习的设计与实施的步骤有所差异,但其共性也十分明显。有学者将其概括为:①学习情景真实而具体;②学习内容综合而开放;③学习途径多样而协同;④学习手段数字化、网络化;⑤学习收获多面而有个性;⑥对学生的评价连续且方式多样。这些共性特点同时也代表了基于项目的学习与传统课堂教学方式的不同点。

(三)　基于项目化学习在生涯教育中的应用

基于项目化学习作为一种学习方式和教学策略,其运用并不局限于某类课程,而是可以和与生涯教育有关的各类课程结合使用。具体而言,运用基于项目化学习实施生涯教育的途径,包括在专门的生涯课程中运用基于项目的学习,在学科教学中运用基于项目化学习开展生涯教育,还有线上线下结合运用基于项目化学习等三者实施生涯教育方式。

一是在专门的生涯课程中运用基于项目的学习开展生涯教育。

这一方式适合单独开设生涯教育课程的学校。龚丹将基于项目化学习在高职职业生涯课程中的运用分为四个阶段:首先,教师创设问题情境,情境应具有针对性,能够激发学生的学习兴趣,诱导学生展开探究;其次,学生组建学习小组,分工合作对问题进行探究;第三,学生小组根据探究结果形成作品,以 PPT、图表、书面报告等形式在课堂上进行展示,小组成员可就展示内容相互补充,其他组则可参与进来共同做进一步探讨;第四,评价与反思,各小组、小组间进行自评、互评,教师参与点评各组表现。

　　加拿大不列颠哥伦比亚省将生涯教育作为一门独立课程贯穿整个 K-12 年级,其实施也十分注重基于项目化学习的应用。例如,在面向 6—7 年级学生的"志愿精神研究项目"中,教师围绕五个问题引导学生探究志愿服务及其与学生个人的联系。这五个问题分别是:在你所在的社区中有哪些人充当志愿者? 志愿者都做些什么? 人们在什么时候、在哪里、为什么提供志愿服务? 在回答以上问题的基础上,教师和学生一起开展六项活动。包括:①识别机会。教师指导学生认识地方、国家乃至全球层面的志愿者组织,以及各种志愿活动涉的领域。学生在探究的时候可以使用平板电脑(iPads)等个人设备,还可以选择地方报纸、杂志、电话簿等材料。学生以小组形式分享所获得的信息,并用彩色记号笔在学习单上做记录,张贴在教室中。各组轮流观看、评论,用彩色记号笔写下评论,完成一次信息汇总意义上的"集体合作"。②理解原因。即理解人们为什么要提供志愿者服务。教师解释并非所有社区都开展志愿者服务,但在加拿大它却有着很长的历史。并要求学生思考志愿服务的益处和挑战,参与志愿活动可以发展哪些硬技能和软技能。③识别个人的优势和兴趣。教师要求学生和同伴一起进行思考—配对—分享活动,找出自己的长处和兴趣。④找出所需志愿者角色。教师用当地俱乐部举办的滑雪比赛系列照片,帮学生找出规划、举办赛事过程中可能需要的志愿者角色。⑤选择。邀请学生选择一个他们可以提供志愿服务的领域或组织。⑥学生在教师组织下讨论、准备并采用角色扮演的方式模拟志愿者招募面试。

二是在学科教学中运用基于项目化学习开展生涯教育。

基于项目化学习既可用于专门的生涯教育议题,也可以成为生涯教育和其他教育活动相互渗透、结合的媒介。如有教师在高二学生学习了化学教材中"营养均衡与人体健康"一课后,利用中秋、国庆假期,布置了一项要求学生独立制作四菜一汤的"化学 & 生涯"作业,要求荤素搭配,每道菜注明富有创意的菜名、原料、简要制作步骤,并邀请品鉴者予以评价,从而把化学知识的学习和生活技能、体验巧妙地结合了起来。

信息技术是当今信息化社会从事任何职业及日常生活都须具备的技能,对于生涯教育有着特殊意义。有实践研究显示,在初中信息技术课程中采用基于项目化学习教学模式,对学生信息技术的掌握和应用,及其生涯适应能力的发展有益。如,山西省电化教育馆运用基于项目的学习改革初中信息技术课程教学,取得了很好的成效。其一般的项目设计和实施程序包括:根据应用软件的属性特点确定项目主题;选择适宜的情境设计驱动问题;根据主题特点预设多样的项目成果;设计恰当的评价提升项目实施水平;最后实施项目任务,完成项目反思。根据初中信息技术课程包含的九个知识模块——信息与信息技术、网络基础与应用、文件管理、文字处理、图像处理、多媒体作品制作、动画制作、电子表格、计算机基础,设计了 11 个项目主题,包括如"网淘电脑"(结合硬件及网络相关知识,借助专业网站模拟组装计算机),"达人秀"(利用微视频制作向全班展示分享自己的特长、才艺),"交通安全宣传短片"

（利用动画制作软件，制作一个交通安全短片）。达芳在一所初中的信息技术课程中分别采用传统的合作教学模式和基于项目的学习合作教学模式，比较后发现，基于项目的学习在改善初中学生的学习态度，提升合作水平，增强合作意识等方面具有更加显著的效果。

三是线上线下结合运用基于项目的学习实施生涯教育。

有学者在综述大学生职业生涯规划课程教学改革情况时指出，在未来相当长的一段时间里，大学生的职业生涯规划课程教学方法的改革趋势是越来越强调学生的主体参与性，越来越强调在"用"中学，越来越关注网络教学手段的运用。因而，随着信息技术、网络技术在教育中的应用日益广泛，在生涯教育及其相关领域，线上线下结合运用基于项目化学习实施生涯教育的尝试开始出现。

有研究者探索在网络环境下采用基于项目化的学习教学法，以大学生未来职业生涯规划中面临的实际问题为突破口，运用多媒体超链接、视频点播等技术，建立"在线问题咨询中心"，开设网络社团等方式推动生涯规划课程实施，形成师生线上线下互动，课内课外指导结合的生涯教育综合体。在职业教育领域，也出现采用"项目式学习＋慕课资源"方式实施课程，提升学生职业岗位能力的实践。其实施分为课前咨询、计划、决策实施，课中方案实施和过程检查评价及课后能力评价和拓展提高三部分。在课前，教师通过微信公众号、超星学习通手机 APP 下发任务书，学生通过观看网上课程资源预习相关知识，并构建项目实施方案；课中借助实操验证、完善方案，解决问题；课后完成作业和在线测试，了解学生知识和技能掌握情况，弥补短板或拓展提高。

尽管目前线上线下结合运用基于项目化的学习的方式主要发

生在大学、职业院校的生涯教育和课程实施中,但其在中小学的应用前景显然非常广阔。线上线下结合的优势主要体现在可以有效拓展生涯教育时空,使生涯教育更易个性化,能大大扩充生涯教育资源,更贴近中小学生的日常生活方式等。

(四) 结语

基于项目的学习是一种不同于传统课堂教学模式,注重以学生为主体,围绕现实问题解决和作品制作展开的学习方式和教学策略。基于项目的学习是一种非常适合生涯教育的教学模式,学生能够发展问题解决能力、团队协作能力、创新能力、实践能力等诸多对于生涯发展而言非常重要的能力,同时也能有效激发学生对学习内容和相关职业的兴趣。尽管目前基于项目的学习在生涯教育中的应用主要集中在普通大学和职业院校,应用于中小学的尝试还不多,但它对于中小学生涯教育的适用性和应用前景则是毋庸置疑,值得期待的。

参考文献:

[1] 蔡璐.日本中小学职业生涯教育研究.(Doctoral dissertation).2017

[2] 陈四光.自我同一性理论对职业生涯规划的启示.学理论(14),51—52.(2015).

[3] 戴腊梅,李小龙.团体辅导在初中生涯教育中的尝试.中小学心理健康教育(15),21—23.(2014).

[4] 董珉,向丽,祝文慧.基础教育阶段推行职业生涯教育的问题与对策——以武汉市为个案的调查与分析.教育发展研究(3),52—55.(2007).

[5] 沈蓓莉.激发初中生自我内驱力开展生涯教育的实践与探索[J].现代教学(20):50—52.(2018).

[6] 巫灿烨.谈生涯教育思想的学科渗透——以人教版高中《生物》为例[J],教学与管理,2014(11):63—65.

［7］汪文龙.发挥学科育人主阵地优势,促进学生生涯发展［J］.基础教育参考,2012(11):20—22.

［8］俞国良、曾盼盼.心理健康与生涯规划［J］.教育研究,2008(10):63—67.

［9］肖汉、邬强.生涯教育视域下美国高校心理健康教育与启示［J］.天津中德职业技术学院学报,2016(5):79—82.

［10］李阳、韩芳.香港高中应用学习课程及启示［J］.西北成人教育学院学报,2019(4).

［11］张留娣.台湾初中生涯教育模型建构研究——基于新北市 A、B、C三校的实践分析［D］.上海:华东师范大学,2019:63—65.

附：生涯适应力专题研究

基于学生成长中五个重要事件的
生涯教育探索实践

谈　晴

内容摘要： 初中生的生涯探索都基于自身的生活经历，本文就如何通过演讲活动来帮助学生建立生涯理解，从而提升生涯控制力进行了具体论述。介绍了如何运用演讲活动的背景、具体过程和活动意义，并从中找出适用于提高初中生生涯控制力的普遍方法以及可行性。

关键词： 学生成长　　重要事件　　生涯探索

一、主题内容

（一）活动背景

通过课前演讲的方式，在特定时间内，形象生动的和大家分享并剖析一个亲身经历的事件，并且明确生涯概念涉及四个方面：生命、生存、生活、生涯。四个概念互相制约、缺一不可。其中，涉及到家庭背景、先天因素，还有复杂的社会经历。

（二）活动目的

将演讲主题定位在引导他们关注家庭背景和个人经历上，从这个点上启发他们来关注自己的生涯，以达到提高自己的生涯控制能力的目的，并且同时能训练提高他们的综合知识，演讲本身的理论和经验，又需要运用哲学、逻辑学、心理学、语言学和写作能力等学科的能力，使得学生可以开阔眼界，陶冶情操，积累知识，加强修养,锻炼口才等。

当然,这是我个人的设计初衷,能够达到这个效果,就需要边实践,边调整了。我把这个活动定义为:生涯认知和生涯控制的探索实践。

(三) 活动要求

经过对生涯理论的再次研读,结合对学生的了解,我想让他们有一个没有大的难度,又比较有内容的开始。于是以生涯规划教育的序列为基础定下了《成长中的五个重要事件》为主题的演讲内容。

演讲要求:一是做简单 PPT,若时间不够用,可选择在 WORD 中打出五个事件名称;二是要讲清事件经过,并说出这些事情中对你有影响的关键人物。三是这五件事是从记事至今,记忆排名前五的事件,不论好坏,是否有价值或有意义。

演讲时间控制在 10 分钟之内,如果 10 分钟不够,可以留到午自修或者作业辅导课上继续讲完,也可以用多节课的课前时间来进行。

每个学生讲完,我会引导学生进行简单讨论,这些事件有没有共性,或者其中哪个事件跟我们现在认识的这位同学的性格有着最大的关系,最深的影响等。尽量引导学生关注到自己为什么会记住这五个事件,以及这五个事件和现在的自己的关系,甚至这五个事件会不会跟未来的自己有关系。

二、活动回顾

课前演讲不仅锻炼学生的口语表达能力,也有益于培养学生对生活的感知能力,让学生对生活多些观察与思考,这对于学生的语文学习,尤其重要。脱离育人理念的课堂演讲,只会让演讲成为一种形式。如何让学生课前愿意讲、讲得好，讲有所获，是我们在做课前演讲时应思考的地方。

从任教语文学科以来，我一直坚持让学生做课前演讲的分享，演讲形式从最初的读稿子，后来的脱稿讲，再到配合 ppt 演示。演讲主题主要从"阅读分享""兴趣爱好介绍""我关注的社会现象"三大块入手。多年的实践经验，让我更加坚信，课前演讲不仅有益于教师的语文教学，学生的语文学习，更有益于学生的成长。

基于近年来，我两次参与生涯教育有关的培训，以及学校强校工程发展机遇，我试着尝试在学生的身上实践我学习到的一些生涯教育理念。

对于我的学生来说，可能小学阶段从没有接触过生涯，所以引导学生认识生涯，必须先引导学生认识一些相关概念。但语文学科不是专门的生涯指导课，并不适合理论灌输。所以需要找到合适的载体去进行概念渗透，演讲就是一个比较好的形式。我第一想到的就是课前演讲活动。一个好的学习活动，承载着明确的目的，才能有的放矢。

那么，我可以在演讲活动做哪些调整和设计，让我的学生认识生涯，并开始关注生涯呢？

在这一轮活动中。许多的学生讲出了家庭的伤痛和校园生活中遭受到老师的不公正待遇，记忆犹新。

有一位学生讲得很长，无数次出现这样一句话"我真的很讨厌我的幼儿园老师"，并讲述了老师在他迟到后如何拎着他的衣领，让他站在教室门外，在发现他偷偷扔掉不喜欢吃的肉丸后，逼他吃掉十个肉丸并让同学给他加油，睡不着午觉让他罚站等。因此，他从小就害怕老师，讨厌老师，对学校充满厌恶。

有一次班级中的大队长在分享小时候的家庭经历时，说起父母在厨房用菜刀互相威胁，这一经历让他在人多的地方就感到害怕，颤抖到想哭，也真的会哭到崩溃。很多学生在讲到自己家庭经历的时候都哭得泣不成声。每到这时候，课前演讲氛围总会突然变得静默，许多同学在默默流泪。

然而也有不少同学分享的是快乐的经历，有关家庭，也有关集体和伙伴。

班级中一名男生说起自己小时候有一次出门迷路，后来找到父母后，父母表示关切，考试不理想，擅自改分数，被父母识破后受到挨打教育。言语中体现着父母的关心，又在分享自己带领学校足球队夺得联赛冠军时，满脸自豪。

在整个分享过程中，我发现学生们的成长重要事件，更多的是关于家庭，其次是老师，还有小伙伴和偶遇的陌生人等。这和我们对学生心理成长上更为关注学生的原生家庭因素比较符合。

通过全班的分享，发现我们所有看似随意的重要事件记忆，无不深刻地在我们的潜意识中留下深深的痕迹，每一件事都是自己这颗生命之树年轮上的花纹，这桩桩件件形成了一个"现在的我"。意识到这一点，学生就看到了自己的生命和自己的家庭、自己的基因、自己的生长生活环境之间的关系。这就是生涯认知的开始。

在一系列课前演讲中，渐渐明白，虽然我们不能改变过去，但在回忆过去时，可以在直面过去的过程中发现现在的自己是怎么形成的，我的过去和我的性格缺陷、个性优点有什么关联，我如何用当前的认知水平弥补过去经历中带给我的人格缺失。如果自己目前的能力无法修补，但意识到问题的存在，我们依然可以通过学习与生活去寻找自己需要的能量，可能是知识，可能是朋友，可能是家人和师长。只有发现自己的问题，我们的将来才能扬长避短。

关于生涯规划教育的课前演讲活动带给教师很多的思考,以及促成教育教学方法调整。课前演讲,在帮助学生认知自己的过程中,也在帮助教师更真实地了解学生,帮助学生获得有意义的支持。

比如,在一次与其他科任老师交流过程中,了解到新转来的小n同学有点怪,但我记得他在演讲中讲起自己小学时父母频繁争吵,终于在他三年级时离婚,但他在自己人生灰暗时结交了一位游戏网友从中获得了很多安慰和力量,他在课前演讲中所分享的事情也让我能够更好地帮助到他,也帮助他获得来自其他老师的理解和耐心。

还有我的语文课代表一直以来就比较内向少言,演讲中她说因为她的父母偏爱弟弟,一直以来她的自我价值感极低。课前演讲给了我更好认识她的机会,我试图改变自己对她的看法,发现她的长处,不断给予她鼓励与支持,这也使她这一学期的语文学习成绩不断进步。其实,不论演讲中暴露的问题也好,看到的优势也好,都能让我们共同去思考,如何在原有基础上去提升学生的生涯控制力。

首先,这种能力要来自教师更多的理解和帮助,也就是我们古已有之的"因材施教"的概念。因为更加了解学生,我们更能用适合学生的方式去交流,让学生"亲其师,信其道",有更好的教育效果。

其次,班集体同学在彼此打开心扉的演讲后,能更深入了解彼此,对创建一个更和谐、温暖的集体是有促进作用的。来自现实生活中的同伴的支持帮助能帮助大家建立生涯自信,有更多的硬件支撑和精神支撑后,生涯控制力也能得到提升。

第三,很多学生在暴露了自己的缺点、弱点之后,会更产生对老师和同学的信任感,同时也会更多关注生活中是否会有更多同样的问题存在,这些问题也能从演讲后的理论指导中获得自我解决问题的一些能力,主观上提高自己的内生涯的能力。

三、活动小结

一轮演讲耗费的时间其实挺多的,早读、午自修、作业辅导课,有时候也会用阅读和写字课,做练习以及复习默写也可能会相应减少一点。但我们一直都说学诗写作是"工夫在诗外",学语文工夫也该在语文书本之外。其实,初中阶段的生涯规划的启蒙并不算早,但自我认知一定是内生涯的第一步,正确认识自我,才能发现自我优越性,建立自我价值感,避免陷入自我误区,建立更好更合理的自我价值感,从而树立学习信心。在这个过程中,集体之间、师生之间的互相理解融洽氛围也能得到更好重建,这也是一个良性循环。

以班会课为载体的生涯教育创新探索

虹口区教育学院实验中学 金艳雯

摘 要:中学阶段是学生人生的关键发展阶段,是世界观、人生观和价值观的形成时期。目前中学生存在一种令人担忧的现象:对自己的未来非常迷茫,对于学习无意识、对于未来规划无意识,只是被家庭和学校推着走。生涯教育是义务教育阶段帮助学生更好地了解自己的重要环节,是帮助学生知道自己是谁、要成为谁、知道自己在哪里、要去向哪里的有效途径。初中开展以班会课为载体,针对学生困扰的问题进行生涯教育的创新探索可以有效地帮助学生把在校的学习和未来的生涯发展联系起来,使他们目标更明确,视野更开阔,提高自我管理能力。

关键词: 生涯教育　主题系列班会课

一、生涯教育的重要性

"生涯规划"这一概念最初在上世纪 70 年代的美国实施并推广。随后,西方各国各类学校中也开始初步尝试生涯规划教育。在我国,台湾、香港地区最先开始研究这一领域并且取得了不小的成就。近些年大陆也开始关注如何发展学生核心素养,学生在校真正要掌握的是能够适应终身发展和社会发展需要的必备品格和关键能力,生涯教育由此开始得到了教育工作者的广泛关注。

人的一生中会面临各种各样的事情,如何看待和处理这些问题反映了个体的人生态度。初中生正处于人生中最重要的发展时期。中学生的人格发展一般处于第五阶段。第五阶段为青春期(12—19 岁),这一时期是最重要的时期,学生会在这一时期了解自我、悦纳自我,逐步完成自我同一性。生涯教育能在这一时期帮助学生塑造健全的人格、树立自信、同时深入了解社会各类职业并学会思考各类职业的内涵及深层意义。因此对于初中生涯教育的探索对于学生的健康成长与发展是至关重要的。

二、班会课:生涯教育的有效途径

班会是以班级为单位的全体学生的会议或活动。它是德育的重要途径之一,也是开展生涯教育辅导的有效途径之一。一方面,生涯教育本来就是一个长期的、贯穿整个初中学段的重要内容,班会课的时间固定,能够提供一个长期、完整的开展生涯教育的条件,有针对性、目的性地解决班级问题。另一方面,在学校里,班级就是一个"家"的角色。以班级开展生涯教育实践也能够锻炼孩子的自我组织能力,给学生创造一个展示自己才能的平台,使学生在班会课上受到良好的教育。

三、以班会课为载体的生涯教育探索实例

初中生涯教育目前还处于摸索前进的阶段,要作为独立的课程其教学课时及教学空间都是非常有限的。班会是班主任实践生涯独立课程的重要阵地。以下是笔者在虹口教育实验中学初一(3)班开展的一节以生涯教育为主题的班会课探索实例:

片段 1:课前调查,发现问题

疫情期间学生在家度过了一个超长假期,网课期间班级有部分同学发生了一些变化,有一部分原来在学校表现不错的孩子突然出现了作业马虎、偶有缺课的现象。原来学习主动性就不高的同学这段时间更是难督促。针对这一现象,在回校上课后,笔者在班级里开展了一个小调查。

根据调查结果发现,全班共 23 人,有 20 位学生在假期里会选择打游戏作为娱乐活动且打游戏的平均时间在每天 4 小时左右,其中有学生表示打游戏时间最长的一天花了 14 个小时。有 3 位同学在暑假里学习了新的技能(视频剪辑、吉他以及装扮自己)。有 10 位同学表示有帮助家长做过家务劳动。有 13 位同学通过各种方式关注过疫情发展。

通过调查笔者发现学生沉迷游戏的现象比较严重,学生有这样的情况发生是因为他们对未来没有过多地考虑和规划,也没有仔细想过游戏在他们生活中的是什么样的角色,对于电竞行业有

许多憧憬,但是理解过于片面。因此,笔者针对这一现象在班级中开展了一节主题班会《疫情期间》。目标是通过分享疫情期间学生在家的活动选择来帮助学生树立正确的价值观,从电竞行业的职业发展讨论让学生对于电竞游戏有更正确全面的理解,对于兴趣爱好的培养和生涯规划之间的关系有一定的认识。

片段2:抛出问题、引出讨论

在分享调查结果之后,笔者引出电竞这个话题。由学生疫情期间的生活引入,容易引起学生的好奇心,学生对此话题非常感兴趣,并且对于14小时这个时长也表示很震惊。电竞行业作为新兴行业是很多学生心中的憧憬,这个行业引起了学生的生涯好奇,但是对于整个电竞行业的业态学生并没有全面认识,因此在接下来的环节里笔者有意引导学生深入去剖析这个行业的业态。

师:现在电竞行业兴起,有很多男生心里都有一个电竞梦。那么大家对电竞这个行业是不是有了解过?

学生1:现在有电竞专业的。

学生2:打得好可以打职业联赛,奖金很丰厚。

学生3:可以一天到晚打游戏,很开心。

……

从学生的回答中可以看出,他们所了解的都是比较片面的、表面的做电竞职业选手的益处。在生涯准备阶段,学生对于各种职业进行探索与了解,只有全面的了解才能帮助学生做出最适合自己的生涯规划,并且接受自己的选择所带来的结果。

段3:主动提问、层层深入

师:好的,大家对于这个行业还是有一些了解的。那么这里我们谈几个问题。第一,你知道电竞行业的最佳年龄是多少?

(学生在底下窃窃私语,有猜各种年龄的。)

师:电竞行业的最佳年龄是 13,14 岁左右,也就是你们现在这个年龄。很多职业选手这个年纪已经是职业队的一员了。

师:第二,电竞选手只要会打游戏就行了么?

学生1:当然不是,要学习打法的。

学生2:要有战术战略。

学生3:要有钱。

……

师:是的,那仅靠选手就可以打比赛了吗?

学生1:还要有团队的。

师:对了,还需要有幕后团队的支撑,包括管理、运营、公关等等。那么一个职业选手一天的生活是如何的呢?让我们来看一看他们怎么说。

片段4:举例引证、共同总结

(播放 PPT 上的新闻报道内容,请学生来总结电竞选手的一天)

师:大家看一下职业电竞选手的一天,有同学能总结一下他们一天的生活吗?

学生1:他们一天花在训练上的时间要 12 到 13 小时,基本除了吃饭睡觉就是打游戏。

师:是的,他们可以自己随便选择想打什么就打什么?

(学生在下面回答不能)

师:让我们来看看他们自己怎么说。(播放电竞职业选手采访片段)

师:电竞选手每天训练的内容也是基础重复的,一个简单的动作可能需要练习数千遍才能形成肌肉记忆。那么我们现在来总结一下,作为一名电竞选手需要些什么条件?

（学生回答，老师列表：

电竞选手：年纪小、能接受枯燥单一的团队训练生活、能找到团队支持、除了游戏需要学习理论知识）

这一部分通过实例让学生自己总结一个电竞选手需要具备的素质与能力以及电竞行业的工作性质，实例能增加课堂的说服力，学生通过这个环节也能够感知到电竞行业并不是他们所看到的那么轻松快乐，电竞选手也有艰苦的一面。

师：大家可能已经发现了，真正的电竞和我们平时所说的打游戏是不同的。即使你满足了所有的条件，有多少的选手可以成为职业联赛上的出场队员？

（有学生在下面说：很少的）

师：是的，非常少。那么我们现在再回来看，我们有同学花 14 个小时一天来打游戏，这个时间堪比职业选手，但是由于你的时间只是打游戏，不是系统专业的训练，因此你并不可能成为一个职业选手。那么职业选手是有奖金工资的，你花了职业选手的时间最后没有成为职业选手，那么没有收入，我们靠什么去养活自己呢？

片段 5：提出问题、引发新思考

（思考时间段：教师留下 2 分钟给学生思考这个问题）

思考的过程是非常重要的。选择是一种能力，当学生选择一天花 14 小时游戏的时候，他们放弃了许多其他的选择。在上一个环节中学生认识到单纯的打游戏带来的是愉悦，但是系统的职业训练可能让人觉得枯燥，这与学生内心的憧憬是背道而驰的。认识到这点后，笔者开始引导学生思考另外的可能。

师：好的，那我们现在再来想一下，有同学说道假期里有去花时间学习一门新技能，有没有同学能跟大家分享一下？

学生 1：我暑假里学了吉他。

师:每天花多少时间呢?

学生1:2小时左右吧。

学生2:我学了画画。每周两次,每次2小时。

学生3:我在外面补了课。每周3次,每次2小时。

……

师:好的,那我们试想一下,如果我学吉他,以后会给我增加哪种可能?

学生4:可能成为音乐老师。

师:那画画呢?

(有学生喊美术老师)

师:还有吗?

学生5:设计师。

师:补课呢?

学生6:成绩会上去。以后也可能当老师。

师:是的。那么大家想想当我选择每天花四五个小时去学画画时,我是不是就不可能再去学吉他,因为你还会有学习、运动、吃饭睡觉等其他事情占据剩余的时间。那么同样地,当我们选择花时间去打游戏时,我们也不能再去补课或者学画画,这告诉我们什么道理呢?

学生7:我们能选择的活动有限。

学生8:如果我选择画画,以后可能会变成美术老师,但是我可能就不能成为数学老师。

师:是的,无论是美术老师还是数学老师,都是未来我们职业的一种可能。我们每种选择都会影响以后的人生道路。我们现在的选择可能会开拓我们未来的多种可能。但是当你选择花时间去做一件事情的时候,你同时必须放弃另外一种可能,因为我们的时间是有限的。那么我们现在回到原先的问题上，如果再给你一次机会来安排疫情期间的时间，你会做出什么样的改变呢？

（2分钟讨论）

片段6：重新规划、探索新可能

在学生对于电竞业有个正确的认识以及学生意识到选择的意义和重要性后，让学生重新审视他们疫情期间的时间安排，此时学生的考虑会更加全面。

学生9：我会适当缩短游戏的时间，比如一天1—2小时，那么多出来的时间我想学吉他。

学生10：我可能会增加运动时间，其他爱好我暂时没想到。

师：是的，运动也是对健康的一种投资。我们对自己的时间投入到哪里必须有自己的计划，也要去思考这个时间投入和我们未来的关系和对未来的影响。认识到这一点后，老师相信你们能更好地认识到游戏这件事情。希望通过今天的课堂大家能够对于电竞行业以及自我时间分配有一个新的认识。

四、班会课中有效实施生涯教育

班会课是生涯教育的良好载体。通过本次班会课的实践探索，笔者在课后也进行了反思与总结。

联系实际、班情出发

目前校内开展的生涯教育课程基本上是以教材为主体、按单元进行授课的。虽然这样的模式比较系统，但是很难非常有针对性地去解决班级问题。教师平时多观察、针对班级现象进行调查，从小的切入点入手、从班级出现的现象去分析是非常有效的生涯教育手段。这些事件和现象是发生在学生身边的，因此他们更容易有代入感。

学生主体、客观讨论

以班级问题为话题会使学生更愿意参与讨论。对于游戏这种话题,在班级里老师是不喜欢听到学生谈论的。但是游戏已经成为了很多学生生活中的重要部分,与其避开游戏,不如把它与电竞行业相联系好好与学生讨论一下。当学生参与讨论时,大部分的学生还是可以以客观的角度去思考的。因此,面对一些比较特殊的话题,不谈论不意味着不存在,班会课可以成为一个良好的讨论场合。通过教师的引导,可能会有很好的效果。

系列话题、深入探索

班会课前期调查包含三个部分:疫情期间的活动、家务劳动和疫情关注情况。本次班会课针对疫情期间活动与学生进行了探讨,而家务劳动可以与家庭角色相联系、疫情关注可以与社会角色相联系展开另外两节主题班会形成《疫情期间》的系列班会课。教师可以从班级本身出发,留心观察,组成系列生涯教育班会课。

参考文献:

[1] 吴增强. 初中生心理辅导指南[M]. 上海科技教育出版,2004.

[2] 侯岩峰. 论中学生的自我同一性心理危机干预[J]. 现代教育科学,2012.

[3] 周羽全. 我国台湾地区中小学生涯教育研究[D]. 上海师范大学,2011.

[4] 朱凌云.《中小学生涯教育理论与方法》[M]. 北京师范大学出版社,2015.

第三章 "有戏"教育之德育路径

教育对国家和民族来说,利在当代、关乎未来,培养社会主义建设者和接班人是学校教育工作的核心任务。在新时代中国特色社会主义教育的背景下,学校应该深刻理解立德树人根本任务,牢牢遵循正确的政治方向,培育与践行社会主义核心价值观,真正做到为党育人,为国育才。

第一节 以生为本的目标导向

虹口区教育学院实验中学从学生为本的视角出发,将开展"有戏"教育活动融入学校德育,以提升和发展学生的生涯适应力为目标,设计实施一系列不同类型、不同侧重又相互关联的课程及实践体验活动,让学生从中获取经验。以期帮助学生更好地了解自我,增强对社会的理解,合理选择未来发展道路,规划当前学习生活,提升综合素质,走上多元发展之路。

一、精准分析生情,确定德育方向

学习以德育视角开展了 SWOT 分析,具体情况如下:

优　势	劣　势
• (上戏旧址,保护建筑)历史传统悠久和文化底蕴醇厚。 • 戏剧艺术教育(京剧艺术教育)特色在区域内有声誉。 • 校园环境优美(戏剧墙)2013 年,"实验戏剧百花园"景观获上海市普教系统十大校园文化新景观提名。 • 艺术课程内容丰富。曾开展《"有戏"的校园,精彩的人生——初中艺术教育课程开发与实践研究》课题研究,获上海市教科院第五届教育科研成果一等奖。 • 学校与"上海百老讲师团"保持着非常密切的联系,曾多次到校为学生做报告和讲座;并参加少先队主题活动;率先成立李白中队,长期坚持红色传统教育。 • 学校办学目标:打造有戏的校园,铸就精彩的人生。围绕"营造和谐、开启智慧、培育公民"的办学理念推进校园文化环境的建设,着力培养"懂是非、讲进取、会学习、能合作、善表达、有素养"的具有初步"现代公民"特征的合格初中毕业生。针对不同年级的学生,紧扣公民教育的四大主题(民主、规则、责任、参与)开展学生自主管理、自我教育和自觉服务教育实践活动,促进了学生文明行为习惯的养成。	• 学生数量大、差异性大,60%的学生来自外来务工人员家庭(中预 62%) 广中 5、随班就读(智障 5)、特殊学生多(心理问题、行为偏差) 低保 23、免费午餐 25(一方农业户口)学生流动性大,给德育管理(班级、年级)带来困难 初三时仍留学校 50 名左右学生,符合中考条件个位数,参加随迁考试 45% 50%外地学生混到毕业。 家庭多元,特殊家庭多,意外事件发生频率高。 • 多数学生在社会经济文化背景方面处于不利地位,学校需要在正常的教学工作过程中对学生进行知识补偿教育,在正常的管理工作过程中对学生进行行为习惯养成和矫正。 教师平均年龄 42,中高级教师 19.6%、研究生学历占比 16%。 师生比高,工作量大,使教师无法切实关注学生个体差异。教师处于专业发展的高原期,适应性创新能力和教改活力明显不足。 20 个班级,班主任队伍 50 岁以上 2 人,40%为二级青年教师(20 位中 8 位) • 各级各类骨干教师比例偏低。获得二级心理咨询师 7、家庭教育指导师 1、生涯规划师 7。 • 学生生均面积少,除教室外功能教室、活动场地有限,硬件设施老化或无效。 • 校本课程缺少系统性架构,不能满足新形势下学生全面成长的要求。 • 戏剧人文精神推进公民教育上全面深入还缺少顶层设计和项目的系统性。
• 中考制度改革与教师如何转变教育思想观念、变革育人方式,以及如何适应教育新常态存在矛盾。 • 教师的育人能力与学生规划学习生涯、家庭教育指导的需求不匹配。 • 学校如何保持和发扬传统(艺术育人)优势与如何优化德育管理体制有机结合,如何切实落实校本学生综合评价制度存在挑战。	• 学校加入复兴教育集团,并被列入上海市"强校工程",给学校发展创设更多的机会、提供更多的支援。 • 各类专家资源为加速培养一批名教师,总结出一些好的教育思想和经验。 • 各类优质课程资源,以及现代信息技术的应用,为丰富学生体验助力。
挑战	机遇

　　鉴于以上的现实问题,学校召开了多个层面的德育工作研讨会,在反复的讨论和研究中,我们对"从何开始""如何引导"的疑问逐渐明朗。

　　如何让学生正确认识自己的知识、技能和才干? 如何面对复杂的家庭、社会环境带来的挑战,主动调整心态,在不可预测与不确定的环境中能够寻找更多自我发展的可能和路径? 如何有目的、有针对性地建立实现自我人生设计的信心,获得自我成长与发展的掌控感? 这里有一个重要的起点,那就是"生涯适应力"。生涯适应力是个体对于可预测的生涯任务、所参与的生涯角色、面对生涯变化或不可预测的生涯问题的准备程度与应对能力,突出了个体和不确定的现实环境之间的交互作用。生涯适应力与综合素质在本质上不谋而合,都凸显协调和适应、应对环境变化的能力和品质。

　　学生生涯适应力的培养是学校教育可以做好的一项德育与智能相结合的教育工作,将有效促进初中生综合素质的全面提升。目标具体表现为四个可操作、可评估的方面:(1)让学生对未来的人生(生涯)有关注,有期盼;(2)让学生对可能的未来自我有好奇,有希望;(3)鼓励学生创造条件,具备为达成期望未来有更好自我能力的准备;(4)激励学生拥有不断强化对实现更好未来的自我(生涯)自信心。

二、强化顶层设计,规划"有戏"人生

（一）确定总体目标

　　学校通过分年级分层次的生涯适应力德育课程的学习,培养具备积极健康的人格和良好心理品质的社会主义建设者和接班人。

总体目标概括如下:引导学生能够认识自我,有梦想,逐步树立恰当、正确的生涯观念和生涯价值取向;理解自我,有自信,能够确立起对于自身生涯的主体意识;以积极的态度,带着自信去探索如何建构自己的生涯,提升能力,有真实本领;能够关注自己的当下生活和未来生涯,挖掘并发展自身潜能,逐步形成当下和未来生涯方向的选择;规划人生,有担当;能够逐步深入、客观地认识自我和周围环境,并与自身的生涯理解和规划结合起来;初步掌握生涯规划的技能和工具,并应用于当前及今后的生活、学习规划当中。

(二)规划分层目标

分年级的生涯适应力德育课程由感性到理性,由外延到内涵,由自身到他人及社会,逐步提升认识层次和认知深度,直接触及社会主义核心价值观教育,强化理想、信念和追求。

为了更好的落实这一课程体系,学校制定分年级的生涯适应力教育目标。其中,六年级:以认识自我为重点,侧重生涯好奇,引导学生习惯养成、环境适应、了解自我;七年级:以理解自我为重点,侧重生涯关注,指导学生情绪管理、人际交往、探索自我;八年级:以树立自信为重点,侧重生涯自信,帮助学生发现兴趣、方向定位、发展自我;九年级:以规划学涯为重点,侧重生涯控制,提升学生自我效能、抗压能力、完善自我。

在实施途径上,学校还探索专门课程之外的其他路径,根据生涯适应力课程的综合性特点,尝试通过德育活动、学科渗透、综合实践活动和基于项目学习(PBL)的四种途径实施生涯适应力课程。例如,在进行核心价值观教育、行为规范教育的过程中,学校将这些在目标上与生涯适应力课程高度一致的基础德育活动,纳入已有的生涯适应力课程体系;在毕业年级专门设置生涯规划课程,以指导不同需求的学生选择最适合自身发展的生涯路径。同时,学校还组织老师按学科组定期研讨,如何在基础型课堂中渗透生涯适应力教育。

三、"生涯适应力"学习实施途径

自 2019 年开始,学校尝试将生涯教育课程与学校其他课程一起,共同放置在学校育人目标及课程方案的大背景下,架构形成具有整体性的"有戏"课程。根据生涯适应力课程的综合性特点,蕴含德育,我们尝试通过思想政治课教育、学校德育活动、各个学科渗透、综合实践活动和基于项目化学习的德育(PBL)等五条途径实施生涯适应力课程。

途径一:加强思想政治教育和传承红色基因。

生涯适应力课程中有诸多德育成分,比如,自信、励志、理想、追求等,可以与思想政治课融合,也可以与"有戏"校园建设相结合,保证德育为首,为学生的"出彩"人生打好底色。这必须强化政治思想教育,依靠传承红色基因,开展红色教育。在这个方面,学校的工作经验包括:加强思想政治课教学,建立红色教育常规、扩展红色教育范围、完善红色系列实践活动。进入 2020 年以后,学校根据新时期红色教育的需要,结合学四史教育,努力用好周边丰富的红色场馆资源,发掘其中所承载的理想、信念、态度与价值观。通过挖掘生涯教育元素进行校本综合实践活动系统开发,让生涯教育的基本元素与学校原有的红色教育传统充分融合。

途径二:学校德育与生涯教育的高度并轨。

学校德育与生涯教育具有高度的内在一致性,可以高度并轨。一方面,帮助学生形成积极、健康的人生观、价值观和行为规范,既是学校德育的根本任务,也是生涯适应力发展的深层基础。另一方面,将生涯教育内容融入学校德育可以增强德育的切身性和体验感,使学校德育与学生自身生活、学习和未来发展紧密结合。例如,在进行核心价值观教育、行为规范教育的过程中,可以将这些与生涯适应力课程高度一致的基础德育活动,纳入已有的生涯适应力课程体系。目前,学校已经形成了一系列"一课两用"的典型课程模块。

途径三:学科课程教学注重渗透生涯教育。

生涯适应力课程在学校课程体系中,既有自己相对独立的部分,又需要与其他学科渗透结合。这既是生涯适应力课程的整合性所决定的,也是学科育人本身的要求。在学科课程中渗透生涯教育的课堂教学改进,有助于挖掘不同学科中的生涯教育资源。使学生在学习学科知识、技能的同时,学以致用,明确学习的目的和意义,提高生涯适应力。目前,我校"道德与法制""综合理科"等都已经就学科渗透生涯适应力课程进行初步尝试。其中,谈晴老师结合自己在语文课上实行的课前演讲,对学生进行生涯启蒙教育,起到了较为积极的教学效果。

途径四:注重开设综合实践活动系列课程。

综合实践活动是国家课程标准规定的内容,注重引导学生在探究、服务、制作、体验中学习、分析和解决现实问题,以培养学生的综合素质。生涯适应力的增强不仅需要自我认识力的提高,还需要对外部环境的变化、要求有更多理解,有针对性地发展相关的知识和技能。初中学生对于生涯发展的认识和理解还处在能力建设和探索阶段。我们试图帮助初中学生扩大生涯体验面,提高对相关知识、技能的理解和掌握。课程主要包括:"生涯微体验"综合实践活动系列课程、生涯适应力课程的云端拓展以及完善红色系列实践活动。其中,"生涯微体验"综合实践活动系列课程,融合了考察探究、社会服务、设计制作和职业体验,开展以职业学校考察探究为主体的生涯研学活动,以社会服务为核心的志愿者服务课程,结合设计制作的创新实验室系列活动等。2020 年,学校开展生涯适应力课程的云端拓展,以回应新冠肺炎爆发的挑战。老师们将课堂拓展到线上,精心设计了《小当家养成记:劳动最光荣》《居家学习小能手》《防"疫"心路,轻松前行》等多堂网课。通过把居家学习所面临的真实问题和生涯适应力学习结合,大大丰富了生涯适应力课程和"有戏"校园建设的内涵和外延。

途径五:基于项目的化学习的德育(PBL)。

在学校生涯适应力课程建设中,基于项目化学习通常以学生为主体,围绕德育主题,在教师的组织引导下,运用多种资源,通过广泛的协作活动解决一系列真实问题或完成一系列真实任务。在此基础上,学生会以个人或者小组为单位形成一定的作品、成果并进行展示交流,其他同学也可以从中学习关于某一主题的初步知识和技能。生涯适应力课程的最终目标是帮助学生解决自身发展中面临的生涯问题,发展学生的生涯问题鉴别、分析和解决能力。例如,曲倩倩老师根据学生在学习、考试、生活中经常会遇到挫折,有时因不能妥善应对,容易产生灰心、失望等负面情绪的问题,和学生一起开展了以"抗挫力"为主题的项目学习活动,让他们能够自主的参与到这个生涯适应课程中。

第二节　建设德育课程,对准核心价值

随着时代发展和教育改革深入,即便是初中生所面对的学习、生活以及未来生涯发展问题也日益复杂。校本德育课程必须牢牢遵循正确的政治方向,对准社会主义核心价值观,培养新时代的建

设者和接班人,建设具有校本文化特色的德育课程,提升初中生在面对复杂的学习、生活以及未来生涯发展选择和问题时的准备程度和应对水平。

从学生为本的视角出发,我们在学校已经开展的心理情绪力课程的基础上,继续保留对学生有很大帮助的自我认识及人际沟通技巧等内容。同时,结合国家对中学生德育和生涯适应力发展的要求,进一步开发符合我校学生特点的"生涯适应力"校本化课程,以期待为学生们提供更好的生涯发展支持,引导他们对自我有全面认识,对生涯发展有科学理解,对自我的生涯规划感兴趣、有热情,对应对未来生涯挑战有信心。

一、完善课程体系,全方位多途径

经过不懈的探索和实践,生涯适应力教育逐步深入到学校老师和学生们的心里,随着《上海市初中生综合素质评价实施办法》(以下简称《实施办法》)正式出台并实施,我们发现生涯适应力课程理念与《实施办法》中的要求有很多契合的地方。因此,学校立刻组织骨干团队,基于之前的实践经验并结合《实施办法》中的具体要求,设计并完善我校生涯适应力课程体系。最终确定依据生涯构成的四要素和三范畴,来构建生涯适应力专题课程。生涯构成的四要素包括:生涯关注、生涯控制、生涯好奇和生涯自信;生涯教育的三范畴包括:自我认识、社会理解和生涯规划。

2020年2月,面临新冠肺炎疫情爆发的挑战,我们的生涯适应力课程探索并未停止,老师们将课堂拓展到线上,精心设计了《小当家养成记:劳动最光荣》、《居家学习小能手》、《防"疫"心路,轻松前行》等多堂网课,把居家学习的面临的真实问题和生涯适应力学习结合,大大丰富了生涯适应力课程建设的内涵和外延。

二、三个维度展开,分层递进开展

在深入理解相关政策导向基础上,综合有关生涯发展理论研究成果,初中学生生涯心理发展特点及我校生源特点、课程建设情况,确定我校生涯适应力课程按照生涯认识力课程、生涯理解力课程和生涯规划力课程三个维度展开。

提升和发展学生生涯适应力,前提是需要学生更加全面、深入地认识自己的兴趣、性格、能力,为辨别、选择适合自己的生活、学习乃至职业奠定基础。生涯认识力课程的开发与实施即针对这一情况,试图帮助学生提升对自我特质和未来机会的了解,提高生涯自信,破除生涯障碍,提升自我管理能力,为当下与未来的生涯规划提供基础和保障。生涯适应力的增强不仅需要自我认识力的提高,还需要对外部环境的变化、要求有更多理解,有针对性地发展相关的知识和技能。初中学生对于生涯发展还处在能力建设和探索阶段,我们试图帮助初中学生扩大生涯体验面,提高对相关知识、技能的理解和掌握。

结合现有学校课程结构,生涯理解力课程开发和实施主要围绕两个板块进行:一是"生涯微体验"综合实践活动系列课程,融合考察探究、社会服务、设计制作和职业体验,开展以职业学校考察探究为主体的生涯研学活动,以社会服务为核心的志愿者服务课程,结合设计制作的创新实验室系列活动等;二是学科课程渗透生涯教育的课堂教学改进,挖掘不同学科中的生涯教育资源,使学生的学习学科知识、技能的同时,学以致用,明确学习的目的和意义,提高生涯适应力。

对初中阶段的学生而言,尽管可以创造场景,对职场有初步的了解和体验,但毕竟主要生活在校园和家庭当中。因此,我们认为生涯适应力的养成主要是指对自身的学校生活和家庭生活的抉择和落实。生涯规划力课程的开发实施以此为出发点,是自我认识力课程、生涯理解力课程的综合和应用,即将在自我认识力和生涯理解力课程中学习到的知识技能具体应用对自己学习生活、家庭生活的规划当中。例如,运用将生涯适应力课程中学习到的知识技能识别、管理自己的情绪,做自己情绪的调节师;运用生涯理解力课程中获得的经验、能力规划和安排好假期生活等。

三、推进三方联动,助其成长赋能

学校、家庭、社会对学生分别在不同的时空对学生的成长起着巨大的影响,三方教育相辅相成,密不可分,缺一不可。只有互相配合,紧密联系,互相支持,才能更有效地对孩子的成长与成才进行成功的教育。

为了帮助学生在更大的舞台的成就自己,学校积极推进"三育融合"。一是凝聚社会力量,充分利用周边优势教育资源,学校先后与中共四大纪念馆、李白纪念馆、邮政博物馆、左翼作家联盟会址纪念馆等红色场馆,职业体验等签约成为学校的校外教育实践基地。学校德育因此让课堂延伸到社会大课堂,强化了实践体验学习活动。二是优化家庭环境,学校由虹口教育学院德研室徐娟老师领衔成立"种子计划"德育团队,在对家长生涯教育意识、生涯教育态度、生涯教育行为和生涯教育需求进行全面调查和访谈的基础上,开发各类实效的家庭教育指导内容和方式,定期组织家长学习体验,促进家长生涯意识的觉醒、生涯指导能力的提升。三是学校牵手家庭,强化引领和指导,编撰了家庭教育指导系列特色成果《有戏的荟生涯》德育精品系列。

两年多来的摸索与实践,让我们积累了不少经验,促进学生多元发展的初中生涯适应力课程开发与实施还在继续。我校秉持打造"有戏"校园,培养有梦想、有本领、有信心、有担当的"有戏"的虹教实验学子的初心。挖掘学生潜能,点燃学生智慧,使学生的校园生活"有戏",奠基他们未来精彩的人生。学校为不同群体的学生量身定做适合其发展的生涯发展路径,帮助不同层次学生学会认识自我,进而在适合自身的生涯通道上实现"有戏"的目标。我们认为:学校对于生涯适应力课程的建设不仅契合学校生源结构的成长需求,从实际出发,帮助学生找到自身发展归属,提升学生学习和发展中价值感、目标感,成为促进学生多元发展的重要途径,同时也是学校落实学生发展核心素养培育的重要途径,成为丰富"有戏"校园、"有戏"学生内涵的重要载体。

四、"生涯"教育起航,建设"有戏"课程

学校着力以"生涯适应力"课程为抓手,依托已有的戏剧教育传统和周边优良的文化教育环境,以综合素质培养和生涯教育为导向,确立为学生搭"台",让他们的人生更"有戏"的育人目标而重构的校本课程体系。

校本化的生涯适应力课程已经作为学校整个课程体系的组成部分,从认知力、理解力、规划力的三个维度架构课程,通过激发学生的生涯关注和好奇,提升学生的生涯自信,增强学生的生涯控制力,让学生对未来多一份自信,多一些发展可能,成就"有梦想,有本领,有信心,有担当"的虹教学子。

学校注重对生涯适应力课程的顶层设计,一方面,努力把该课程放在学校育人目标及大课程、大德育、大教学融合的背景下,处理好与其他课程的协同关系,提升课程与人的质量和水平。另一方面,致力于对该课程进行系统架构,全面阐明理念、目标、内容、

实施、评价及管理,为有效实施提供指引,全面构建学生品行、学业、特长发展的成长通道,促进"有戏"学生的多元发展。

比如,由于外来生源不能在上海考高中,每当初二、初三之际,学生"大逃亡",回到家乡去读书,原班留下不多的学生,全班学习情绪更加低迷。学校面向外来学生组织了独立编班的"生涯启航班",以德育引导为主,激励学生的读书志向和对读书"期盼",触及学生实现个人梦想的心灵,鼓励他们担负起自己的责任,勇敢追求幸福生活,在为实现中国梦而不懈奋斗中书写自己的"出彩"人生。积极而有效的德育打消了"读书无用论",激发了学生学习、上进的心愿,学生整体表现焕然一新。

2020年冬春,新冠肺炎爆发,"生涯适应力"校本课程同步上线学习。《小当家养成记:劳动最光荣》《居家学习小能手》《防"疫"心路,轻松前行》等多堂网课融入思想品德教育、心理健康教育、劳动教育。在云端教学中,师生们积极互动,积极分享,加入生涯适应力课程建设。学生们自主适应居家学习和生活,提升自我认知能力,激发生涯规划潜能,成为名副其实的学习之星、劳动之星。

"生涯适应力"课程的开发和实施,大大丰富了学校"有戏"校园建设的内涵和外延,线上授课模式的探索与尝试,卓有成效。通过"生涯适应力"课程,端正学生"三观"认识,引导理想信念,为"有戏"学生的"出彩"人生奠定更为坚实的基础。

第三节   推进德育活动,打造"有戏"校园

虹教实验中学周边有丰富的德育场馆资源,李白烈士纪念馆、中共四大纪念馆、鲁迅纪念馆、左翼作家联盟会址纪念馆等。学校

充分利用红色场馆资源,精彩开展学生德育实践活动,打造精彩的"有戏"校园。

一、传承红色基因,深化德育活动

虹教实验中学创建"李白中队"至今已 25 年,已经是我校德育的一面旗帜和一个特色。在开展向李白烈士学习活动中,"李白中队"建设起到了以面带点、以点促面的作用。比如,第一届"李白中队"的班主任老师经常受邀参加李白中队的主题班会活动,还为同学们讲述"今天我们问李白烈士学什么"和"当年为什么会创建李白中队"等。2003 年,中央关工会、全国妇联、共青团中央、教育部在湖南韶山举办纪念毛泽东同志"向雷锋学习"题词 40 周年活动,"李白中队"受共青团上海市委的指派,我校李白中队的代表和黄浦区一所学校的黄继光中队的代表到湖南省韶山市出席了纪念大会,这给了我们学校和李白中队极大的鼓舞。

学校把开展向李白烈士学习活动作为红色教育范例。邀请老教师周兆良撰写《永不消逝的电波》汇集烈士李白的故事,成为德育校本教材,成为对学生开展红色基因教育的课本。电影《永不消逝电波》的创作者来校为少先队员介绍烈士李白的生平;学校创编红剧《永不消失的电波》,让学生们通过角色体验,塑造红色艺术形象,真切体验革命先烈心系国家,献身革命的壮举。

2009 年建国 60 周年,李白烈士被评为全国"双百英雄"。在迎接中国共产党成立九十周年之际,学校将周兆良经过修订补充的《永不消逝的电波》再版印刷,特将此书献给为解放上海、建立新中国而献身的先烈们。虹口区委宣传部、教育局、区关公会与我校联合召开了赠书仪式,我们将新书全部捐赠给全上海的青少年。

2010 年是李白烈士诞辰 100 周年,湖南省长沙市委宣传部、浏阳市委宣传部联合召开大型座谈会以此纪念,我校党政工团受邀至浏阳市与会,并向大会每位代表赠送了新书《永不消逝的电波》。随后,我们到李白家乡参加了李白烈士故居暨生平事迹展览的落成典礼,将《永不消逝的电波》赠与李白中学的师生们,受到李白中学全体师生的热烈欢迎。

因上海市、虹口区关工委关心,2019 年 5 月,我校学生参加上海市举办的纪念李白烈士牺牲 70 周年活动。同年,虹口区委老干部局陈东局长、"李白"故居名誉馆长吴德胜等走进校园,与师生共同纪念李白烈士,探寻周恩来、鲁迅、瞿秋白、茅盾等一大批革命先驱和左翼文化名人的足迹。

如今,学校根据新时期红色教育的需要,结合四史教育,充分利用我区的红色资源,围绕可挖掘生涯教育点进行梳理。利用寒暑假组织学生开展红色足迹寻访活动、缅怀英烈祭扫活动、诵读"四史"讲好红色故事、追寻"红色记忆"定向越野活动等。如同当年的"永不消失的电波"辐射着爱国主义教育、革命传统教育,蕴含着理想信念,传承着红色基因,培育着新时代中国特色社会主义的建设者和接班人。

二、戏剧文化教育,营造"有戏"环境

虹教实验中学与戏剧教育有不解之缘,以京剧为代表的戏剧就是中华优秀传统文化的瑰宝。学校精心打造艺术环境氛围,处处景语皆情语。校园内,展现办学理念的"和·韵"浮雕墙、各种"艺"字书写体的"艺墙";展示中华优秀地方剧种的"中华戏曲文化墙";"中国古典戏曲"、"中国古典名曲"、"中国民族乐器"和"西方戏剧"的楼道文化……如一个个"活动场""交流场"和"文化场",带给师生潜移默化的影响,校园戏剧文化环境熏陶着师生的身心

情操。

学校有计划、有组织地开展灵活多样、丰富多彩的艺术活动：每月邀请艺术家来校讲座，如，上海沪剧院知名演员赵玥《乡音乡曲，永恒的魅力——沪剧艺术浅谈与赏析》，上海京剧院国家一级演员赵群《分享京剧艺术》等。师生们在倾听艺术家故事中启迪人生智慧。

每学期至少两次开展艺术校园活动，传承中华优秀传统文化，搭建艺术活动的舞台，让学生展示才能、用丰富的艺术形式勇敢地表达情感、用课堂里的知识储备阐述对于作品的理解。如获邀参加第18届中国上海国际艺术节艺术教育板块"向大师致敬"——上海市中小学戏剧嘉年华展演活动等。

2017年，中央电视台拍摄《隐蔽战线英烈记》纪录片，摄制组来学校整理收集李白烈士事迹。得知李白中队师生将要祭扫李白烈士墓，就跟随拍摄了祭扫活动的全过程，对同学们最后颂唱的京歌《我是一个中国人》给予了很高的评价。

学校整合已有的有特色课程资源和区青少年活动中心"送课上门"的课程资源，围绕课程核心素养培育的目标，以感知美、欣赏美为主线，结合公民素养教育，推出精品课程及整合类微课程。如《京韵》课等，促进学生全面发展，同时满足学生个性发展，成就教师的专业成长。

学校与上海戏剧学院、上海京剧院颇有渊源。他们对我们的孩子、老师进行点拨、指导，师生受益匪浅，学校成为"上海市中华优秀文化研习暨非遗进校园优秀传习基地"；学生在潜移默化中接受非物质文化遗产熏陶，自觉成为中华优秀传统文化的传承者；我们的老师很有担当，以系列微课的形式辐射至区域内的其他学校和社区，区域联动，扩大影响，推动学校戏剧艺术教育纵深发展。

三、落实"垃圾分一分,校园美十分"

已经无法考证这是谁说的一句自律名言,却流传在民间,口口诵读:"顺手捡起的一片纸,纯洁的是自己的精神;有意擦去的一块污渍,净化的是自己的灵魂。"这句名言歌颂着心灵美,环境美的实践者。

自 2019 年开始,在各级政府的周密规划和精细组织下,全社会实施垃圾分类,公民环保教育更为深入,社会垃圾污渍得到妥善处理,生态环境整洁优美,日常生活健康科学,精神文明进步提速。"垃圾分一分,校园美十分",虹口区教育学院实验中学师生以自己的实践成效对这句充满文明哲理的话语体验更为尤深。

改革开放四十年,中国人民从站起来,到富起来,又从富起来到强起来,生活水平发生了翻天覆地的变化。然而,无意之中让人发现,因为生活富足带来些许后遗症,玷污了美好生活。比如,在各个角落的生活垃圾越来越多,让人们不甚烦恼。西方发达国家多有"垃圾围城"的奇妙"景观"发生,已经向人们发出警告,对环境污染具有不可逆性。简单的垃圾填埋方式贻害无穷,不可持续。正是在这样的背景下,北京、上海等一线城市开始率先在全社会实施垃圾分类处理。

在虹口区教育局、虹口区绿化和市容管理局的支持和关心下,虹教实验中学领导并不就事论事抓垃圾分类工作,而是把这项工作提升到学校文明、教师表率、学生德育的高度来真抓实干,尤其是作为落实"关心下一代",培养新时代接班人的重要举措,成为学校常规性的重头工作之一。

垃圾产生于我们每一天的生活中,垃圾分类也是每天日常要做的事情。在这一过程中,会遇到许许多多的问题。比如,人们的垃圾分类意识不强,对垃圾分类工作不理解,甚至抵触不配合。还有因法律法规的不完善,导致垃圾分类工作中的权责不明确,产生"踢皮球"现象。针对这些认识性的问题,学校从制定制度、纪律、规则开始,强化指导思想,明确工作目标,落实主要任务。

按照国家和上海市委、市政府的总体部署及虹口区教育局有关文件精神,为加快建成美丽宜居的生态之城,培养学生"垃圾分类,从我做起"的环保理念,进一步提升全体师生的环保意识、环保能力,根据虹教实验中学实际情况,制定工作方案,助推垃圾分类工作规范化、制度化,助力全校师生切实养成垃圾分类的好习惯,共同为保障上海生态安全,提升城市文明程度,促进卓越的全球城市建设添砖加瓦。依据既定的指导思想,在教育引导学校师生员工充分认识普遍推行垃圾分类制度的重要意义的基础上,学校实行"三管齐下",并驾齐驱的工作方针,自上而下,全面强化。

一是开展垃圾分类环境科学教育活动。仅仅讲一番环保意义的大道理,不一定会有人耳入脑的效果,还是要结合学校实际工作,融入教育教学过程,开展有意义的教育活动,

形成教育合力。将垃圾分类教育与学校健康教育、德育工作、环保教育相结合,让师生了解和掌握生活垃圾分类处理的方法,提倡校园垃圾减量,促进学生良好行为规范的养成。

强化师资培训。将生活垃圾分类相关知识分别纳入校长任职培训、环保师资培训、卫生人员岗位培训,以课程实施能力和指导能力为重点,培养一批骨干力量,组建专业师资团队。

纳入创建活动。将生活垃圾分类教育和实践活动开展情况纳入社会实践评估指标之中,充分发挥示范引领作用。

鼓励自主创新。结合中小学科技、艺术活动,鼓励学校、学生自主创新、推广生活垃圾分类与减量的科技发明,鼓励学生开展废

物利用的创新项目和艺术创造。

形成教育合力、强化师资培训、纳入创建活动、鼓励自主创新等四项举措,全面渗透到学校各项工作中,覆盖到每一位师生员工,这样的引导和约束是最直观、有效的公民环保教育。

二是实施生活垃圾分类收集与处理。践行垃圾分类工作的过程,环环相扣、循序渐进,互为影响、不可分割。学校从四个方面加以精细落实,不仅强化环保责任,并作为提升文明素养的"必修课"。

编制分类指引。依据市教育局、市城管委、市垃圾分类领导小组相关指导,落实学校垃圾分类工作。

完善分类标准。按照上海生活垃圾分类标准及校园垃圾产生实际,我校实行"可回收垃圾、有毒有害垃圾、湿垃圾、干垃圾、医疗废弃物垃圾"五类分类方式。

严格分类处理。全校师生员工必须将不同的垃圾放入相对应的垃圾箱内,按要求分类投放处理。在社会"抗疫"的特殊时期,产生的口罩、防护服等医疗废弃物,使用双层专用黄色垃圾袋,白色扎带封口,送至社区卫生服务中心,统一处理。

合理配置设施。在校园公共场所、主干道、教室、办公室、食堂等场所合理设置足够的生活垃圾分类收集容器,满足实际分类需要。

做好垃圾分类工作须坚定"三心":久久为功的恒心,破旧立新的决心,事无巨细的耐心,坚持不懈地推进垃圾分类工作。这也是虹教实验中学努力的真功夫。

三是开展志愿服务和社会实践活动。学校是教育的"神圣殿堂","传道授业解惑",教育学生,教化社会,自然是不容推卸的责任,为此,学校积极开展基于垃圾分类的志愿服务和社会实践活动。

组织"小手拉大手"活动。学校、家庭、社区三结合多形式、多途径开展以垃圾分类为主要内容的宣传互动活动,带动身边的家庭成员和社区成员参与、践行垃圾减量与分类收集,让垃圾分类成为生活习惯。

组织开展志愿行动。鼓励学生主动履行生活垃圾减量和分类的责任与义务,积极参加生活垃圾分类和减量公益活动,动员广大师生加入市垃圾分类和减量志愿者服务队。

组织参观体验活动。组织学生实地参观垃圾焚烧发电厂、餐厨垃圾处理厂等生活垃圾处理场所,组织学生开展"城市美容师"环卫体验活动,促使广大学生增强生活垃圾分类意识并积极参与生活垃圾分类活动。

一头牵着民生,一头连着文明,垃圾分类是我们不得不打的一场"家园保卫战"。通过"大手牵小手"等各项社会活动,达到"教育一个孩子、带动一个家庭、文明整个社会",这就是我们的教育目的。

自开展垃圾分类工作以来,虹教实验中学领导和师生员工不断实践、总结、创新,取得了初步的成绩和成效,校园更加美丽。上级领导和外省市团队常来学校检查和考察,既给我们带来压力,更加带来荣誉。推进垃圾分类工作如同逆水行舟,不进则退,唯进步才能不止步。我们变压力为动力,促进广大师生进一步形成"分类"意识,学会"分类"方法,养成"垃圾分类"习惯,修炼道德品格,努力让"有戏"的校园更加精彩。

在中国,一项起始于在繁华的国际大都市的"垃圾分类"工作,正在延展到各个城市、各个乡村。这是一件平凡而体现伟大的业绩,又一次践行着习近平总书记"绿水青山就是金山银山"的发展理念,已经化为生动的现实,成为千万群众的自觉行动,再一次体现着新时代中国特色社会主义制度的无比优越性。

四、合力共建德育,奠基"有戏"人生

(一)联手社会家庭,开拓德育新路

1. 凝聚社会力量

上个世纪 90 年代,学校党政经过认真规划,实验中学与"李白"故居成为共建单位,建立了上海市第一支少先队"李白"中队。邀请虹口区老干部局副局长李恒胜(李白烈士的儿子)担任关工委副组长和校外辅导员。他常常来校为学生讲述父亲战斗一生,最后光荣牺牲的革命故事。学校充分利用周边优势教育资源,先后与中共四大纪念馆、李白纪念馆、邮政博物馆、左翼作家联盟会址纪念馆等红色场馆,签约成为学校的校外教育实践基地。学校德育因此让课堂延伸到社会大课堂,与相关部门合作开展了"寻访川北红色文化""从石库门再出发""悦读'四史'创意作品制作",学习党史国史、传承红色基因、争做时代新人、强化了实践体验学习活动。

2. 优化家庭环境

家庭是学生德育的前沿阵地,家长是学校教育的共同体。学校各部门非常重视与学生家庭的沟通,通过家委会、家长会、学校开放日、告知书等多种渠道宣传学校的办学理念,指导家长树立科学的教育观念,反馈学生在校的思想、学习、生活等情况。学校还借用区家庭教育资源优势,组织特殊家庭家长参加区家庭教育指导培训,转变家长育人理念,推进家校合力育人。

"向日葵青年班主任工作室"主持人杜亚娟老师领衔的市级课题《班主任与初中学生家庭的亲子沟通策略研究》于 2018 年 11 月

立项,正在有序推进中,初步完成了校本家庭教育素材包"我对家长说"的编纂工作。

3. 建设保障机制

学校认识到,要积极培育和践行社会主义核心价值观,落实"立德树人"根本任务,必须形成全员、全过程、全方位育人格局。将校本研修师德素养板块课程确定为:"学科融合德育渗透,提升全员育德能力",通过专家讲座、交流研讨、外出参观、撰写体会等形式,明确办好家门口的好学校,应以德育为先。学校鼓励教师深入挖掘学科教材内的德育因素,并将其巧妙融于自身课堂教学和各种校园活动及社会实践活动中;利用身边人或者事,把德育知识激活,在实践中加强学生德育。在学校党支部的组织下,党员教职工们率先与有需要的学生进行一对一结对,成为他们的导师。学校要求导师们做有心人,全方位地掌握与自己结对学生的实际情况,在生活上、学习上、情感上与学生多交流、多沟通。详细了解学生的所见、所闻、所想,及时找出接受指导学生在思想、学习、生活中存在的问题,并施以援手,力求最大限度地提升全员育人效果。

(二) 开拓德育新路,夯实"有戏"未来

通过学校、家庭、社会"三育融合"的教育形式,学校走出一条校本德育新路,形成了有特色的德育平台,全面地带动了学生"三爱"精神(热爱党、热爱祖国、热爱人民);引导学生通过亲身实践体验而继承革命传统,认同中华文化,弘扬民族精神,积极理解基本的社会规范和道德规范,努力成为新时代的建设者和接班人。

2019 年 9 月在,我校学生在复兴教育集团三周年庆典上表演红剧、展示京剧、武术等才艺,大获好评。学生们通过角色扮演更加感同身受地体会革命先烈心系国家、从小立志的感受和行为,对学习的方向和目标有了更加深刻的认识,为未来的职业生涯"出彩"奠基。

近年来,学校全体教职员工持之以恒,心怀"学生为本"的朴素愿望,一心想着为"关心下一代"担当责任,为学生"有戏""出彩"尽职尽力。先后获上海市中华优秀传统文化研习暨非遗进校园第六批优秀传习基地、上海市关心下一代工作委员会先进集体、全国关心下一代工作委员会先进集体等称号,现在,大家的心愿是"百尺竿头更进一步",努力把学校办成均衡、优质的区域名校。

虹口区教育学院实验中学充分利用红色资源,实践生涯适应力课程,开展戏剧文化教育,打造"有戏"校园,夯实学生"出彩"人生基础,走出了一条德育新路。学校荣获上海市和全关心下一代工作委员会先进集体等称号。

参考文献:

[1] 沈蓓莉. 激发初中生自我内驱力开展生涯教育的实践与探索[J]. 现代教学(20):50—52.(2018).

[2] 文丹凤. 青少年自我同一性与生涯发展研究述评. 社会心理科学(z2),2015.

附:德育专题研究

现代班主任团队"生涯适应力"
教育素养提升的需求探索

王丽丽

内容摘要: 虹口区教育学院实验中学建构以"生涯适应力"为主线的德育课程体系。班主任是参与学校德育课程开发和实施的主要力量。基于这一认识,学校开展了《现代班主任团队"生涯适应力"教育素养提升的实践研究》。

关键词: 班主任 教育素养 课程设计 育德能力

虹口区教育学院实验中学立足校本学情,聚焦"强校工程"对学校德育工作提出新的期望:围绕中考改革有关学生综合素质评价内容,建构以"生涯适应力"为主线的德育课程体系。班主任是学校德育工作的中坚和骨干,是使学校内部各种教育资源形成合力的纽带,也是参与德育课程开发和实施的主要力量。基于这一认识,学校开展了《现代班主任团队"生涯适应力"教育素养提升的实践研究》。

一、研究背景解读

(一)"生涯适应力"德育课程的发展需求

我校于2018年逐步启动了围绕自我认识力、生涯理解力、生涯规划力三个维度的生涯适应力德育课程的校本化推进。生涯适应力是美国生涯心理学家Savickas提出的生涯建构理论中的核心概念,指的是个体在应对不可预测的生涯发展任务、生涯转换和生涯问题时的准备程度和应对能力。

在"强校工程"和"中考改革"的双重背景下,我校德育课程的发展需要班主任团队在"生涯适应力"教育素养上的快速提升。基于此,项目组通过班主任校本培训课程的设计加以推进,体现教师专业发展和学校德育课程改革需求导向。学校通过提供灵活多样、新颖实用、针对性强的课程,确保班主任持续有效的专业学习,解决实际问题,提升育德能力。

(二)现代班主任教育角色定位的转变

基于我校学生身心发展特征及学生生涯发展所面临的困境,需要班主任提升对学生开展生涯适应力教育的能力与素养,为学生提供更好的生涯发展支持,引导他们成为对自我有全面认识,对生涯发展有科学理解,对自我的生涯规划感兴趣、有热情,对应对未来生涯挑战有信心的青少年。

以提升班主任专业素养和教育境界为核心,针对班主任对学生进行生涯适应力教育需要掌握的技能和方法,借力校外优质教育资源,学校建立了班主任校本培训课程设计的长效机制,促进班主任教育角色定位的转变。

二、培训需求的调查分析

以我校 20 名班主任为调查对象,开展了班主任对学生进行生涯适应力教育培训需求的调查。调查发现,25%的老师热爱班主任工作,55%的老师喜欢班主任工作,20%的老师觉得一般。所有的老师都觉得自己的班主任工作是称职的。从心理接受度来看,我校班主任工作的主观能动性很强,工作热情较高,自我认识力较高,这为班主任对学生进行生涯适应力教育奠定了良好的基础。

调查统计数据还显示,班主任们认为他们期望从培训中获得的提升,包括:教育观念的转变(68%),生涯适应力教育内容的学习和拓展(72%),组织学生落实生涯适应力相关活动的方法(65%)及育人方法的灵活多样(56%)。

总结来说,我校班主任的自我认同度较高,工作主观能动性很强,为班主任工作开展奠定了良好的基础。班主任们对生涯适应力相关理论的学习及运用有较高的愿望,需要结合班主任们的实际需求,通过设计相关课程,加强培训,不断探索促进班主任推进生涯适应力德育课程的有效途径。

三、课程的框架设计

学校结合区域德育工作及学校"强校工程"建设对德育提出的要求,围绕自我认识力、生涯理解力、生涯规划力三个维度,建构班主任校本培训课程(参见表1)。与此同时,学校非常重视课程的有效落实,通过优化培训过程尽量满足班主任的发展需求,努力达成班主任队伍建设目标。

表 1 班主任培训专题的模块化课程

课程培训维度	模块(专题)举例
自我认识力(认识自我、认识能力、人际管理、学习管理)	1. 情绪力课程通识培训及校本学材体验分享活动。 2. 青春期心理健康教育。 3. 以亲子沟通为基础的家庭教育指导。 4. 班主任自我成长、自我规划。 5. 学生学习管理能力的指导。
生涯理解力(自我担当、社会担当)	1. "生涯微体验"综合实践活动的设计与开展。 2. 学生社会责任感相关活动的设计与开展。 3. 指导学生开展生涯研学活动。 4. 学科渗透生涯教育的探索。

（续表）

课程培训维度	模块（专题）举例
生涯规划力	1. 提升学生人际交往能力的方法指导。 2. 学习效率和学习成绩的提高。 3. "做好情绪的主人"系列心理健康教育。 4. 引导学生完成未来职业可能性的探索与规划。

四、培训课程的实施

根据前期调研，我们发现班主任对于每种培训方式的期待程度存在差异：实践观摩、考察学习（60%），个案诊断、案例分析（55%）及交流讨论，实践体验（46%）。基于这一调查数据，我们决定以研究为生长点，提升班主任团队"生涯适应力"教育素养的实践智慧。

（一）问题研究

培训中，我们引领班主任针对生涯适应力教育中存在的家校沟通、心理疏导、偶发事件的处理、生涯指导的方法等问题、困惑，进行自我追问、反思。例如在《有效的沟通》专题培训中，班主任们相互追问的核心问题包括：如何与学生相处？如何与家长沟通？这样处理问题的方法合适吗？还有哪些方法？更有效的策略是什么？通过对特定问题进行分析、诊断、探讨，促进了彼此之间的相互审视和积极反省，彼此跟进，不断改进、优化教育行为。

（二）案例研究

基于班主任专业发展的主客观需求，我们开设了《生涯适应力教育背景下的案例研究》专题培训模块，以德育活动的设计为例，将生涯适应力理论和学校德育活动有机结合，突破传统，注重创新，邀请有关专家通过专业的理论和丰富的案例诠释研究的重要性和必要性。

(三) 情境研究

培训中,我们也组织了现场观摩、实地考察等专题内容,包括带领班主任去生涯教育特色的兄弟学校,走进真实的环境,了解经典的生涯教育活动的实施。同时,借助虹口区初中德育郑臻宇团队的优质资源,在区德育种子团队领衔人徐娟老师的专业引领下,通过开展团队拓展活动,进行同伴合作、小组交流,提升教育经验,发展教育智慧。

参考文献:

[1] 陈娟著. 九年一贯制学校生涯教育校本课程开发研究——以成都高新新科学校为例.(Doctoral dissertation,四川师范大学). 2013.

[2] 戴腊梅、李小龙. 团体辅导在初中生涯教育中的尝试. 中小学心理健康教育(15),21—23.(2014).

[3] 郭莲花. 中学生生涯规划教育现状调查. 中国教育学刊(12),92—95.(2014).

[4] 梁梅、谢明明. 中学生生涯规划教育的价值研究. 现代教育科学(6),98—99.(2014).

[5] 饶宁、陈怡. 以情境体验激发生涯成长自觉——中学生"生涯领导力"研学活动的实践探索. 教育科学论坛.(2018).

[6] 钱静峰. 我的生涯笔记,上海交通大学出版社(2016).

在传承红色基因活动中培养
学生生涯适应力的探索

陆 贤

内容摘要:传承红色基因是习近平总书记对所有学生的殷切希

望;上海市德育规划明确规定在中小学教育中要渗透生涯教育。本文通过走进红色场馆进行相关活动来培养孩子的生涯能力,从而提高孩子们的生涯适应力,为树立正确的人生观和价值观奠定基础。

关键词: 培养学生　红色基因活动　生涯适应力

一、把握好传承红色基因与生涯适应力发展的关系

习近平总书记在全国第八次少代会上要求青少年从小培养热爱党、热爱祖国、传承红色基因,培育时代新人,为实现中华民族伟大复兴的中国梦时刻准备着。红色基因是信仰根基,青少年时代是人生的开端和奠基之时,也是理想信念开始树立的时期,是道德情操和行为习惯养成的时期。崇高的理想信念、高尚的道德情操、良好的行为习惯会成为人生路上的指明灯,照亮前进的方向,促进孩子健康成长。所以,应该从孩子抓起,让他们了解一些党史、新中国史、改革开放史、社会主义发展史,向革命先烈、英雄模范学习,树立正确的人生观和价值观,从小在他们心里种下"红色"种子,使红色基因渗进血脉,

生涯适应力被视为衡量青少年"生涯准备"成功与否的核心指标,是个体应对生涯中的任务、问题、转折,甚至是重大事件时的心理资源,也是个体在快速变化的现代社会中获得生涯成功的关键能力。从生涯适应力的内涵来讲,这是一种个体在面对不确定事件时对其生涯计划的调整。生涯教育理念符合当今时代的特征,特别是面对成长中的中学生,他们更需要应付令人困惑不解的各种选择。

要把握好传承红色基因与生涯适应力发展的关系。传承红色基因既是传承红色经典、弘扬民族精神,更是青少年树立世界观、

人生观和价值观教育的重要资源。青少年时期正值人生发展的关键时期,该阶段发展的主要任务是自我认知和生涯探索,即为未来的生活做准备,通过红色基因活动的学习和实践让青少年感受奉献精神、坚忍不拔、直面挫折、团队精神等,从而潜移默化地根植积极向上的价值观。有研究发现,青少年的生涯适应力水平与他们面对生涯转换过程中的规划、探索、自信和决策质量都有正相关关系,这也就更能让青少年面对复杂多变的社会,培育其生涯的适应能力。

二、在传承红色基因的活动中培养学生生涯适应力

在新时代背景下,立德树人是学校教育的立足点和终极目标,以红色资源为载体进行的德育活动,可以让学生自我觉察,认识自我,提高合作能力,培养生涯自信等,从而确立积极向上的价值观。

（一）了解红色:对生涯发展的启迪

以历为鉴、资政育人,红色经典不仅刻下了时代的印迹,更承载着光荣与梦想! 青少年是红色基因的传承者、实践者,同学们利用观看红色电影和朗读红色经典作品了解红色岁月,从而产生生涯关注、生涯好奇、生涯自信等,提升生涯适应力。

来自中预（1）班的小潘同学观看了红色电影《三毛从军记》后,对主人公三毛印象深刻。她说,虽然三毛只是一个生活在社会底层的无家可归的孩子,但他没有自怨自艾,放弃生活,而是保有了积极乐观的天性,还毅然的选择参军,为抗战做出了一个普通人的应有贡献。小潘说,三毛对自己的人生选择给了鼓舞和启发,新时代的年轻人应该接过老一辈的旗帜,继续为中华民族的复兴奋斗。我们这一代人生活太过优渥,没有真正的吃过苦,面对艰巨的考验,我们也许会退缩,但是我相信有了正确的信念,我们每个人都

不会后退。所以要更加要珍惜现在的幸福生活,认真努力学习功课,为自己未来的人生抉择积攒能量!

在朗读红色经典作品的活动中,小朱同学说,烈士李白从小立志要成为有用的人,要打倒地主,翻身做主人。因为革命的需要,他成为了一名无线电通讯员,从一字不识变成了一个既懂汉字又懂英语的人。被捕之后,坚贞不屈,为了心中的理想,光荣牺牲了自己的生命。我们青少年要学校李白烈士,当外界环境发生变化的时候,能不断更新自己内在的生涯观念,有目的的学习与适应,创造性改变自身和环境。比如,在当前中考制度面临改革的情况下,应当能结合自生的实际情况,主动关注并作出调整,为生涯适应,做出正确的选择。

(二)体验红色:生涯角色的初探

对学生而言,走访红色场馆就是一个发现、探究、内省、求证的过程。每位学生在红色场馆中的所见所闻,所思所想,都是其生活世界与红色资源在跨时空境遇中相互碰撞的产物。学生对历史越敬畏、对生命越敏感、体验越深刻,他们的收获就会越丰富,学生的人生观、价值观也就会在这个过程中慢慢发生深刻的变化。

在这种体验式活动中,学生更多的是通过自主观察、自我感悟、从而提高自我认知水平和进行生涯角色的初探。例如,雏鹰假日小队到红色场馆——四大纪念馆、李白故居进行雏鹰假日小队活动。在活动前,小队提倡适当组合、自主原则和安全原则。在组建队伍时根据同学们的兴趣爱好、亲近关系就近组合;在队伍的筹建过程中,充分发挥孩子们的自主能力,要求他们自愿组建团队——自取队名、自选队长、自设队标,自己制订小队活动计划,制作小队活动方案,制定好活动目标、具体任务、撰写活动总结。小队中,人人都有分工和职责,活动中,有自己的定位和角色,有总协调总负责——小队长、有联系场馆的公关队员、有负责摄影拍照的队员、有负责撰写活动小结的队员等。青少年个体因认知和社会性的发展还尚未成熟,对外部世界的探索相对不足,通过参观展览、寻访调查、红色研学、采访等形式让同学们通过角色初探来进行生涯初探,从而培养他们的生涯适应力。

（三）演绎红色:生涯角色的定位

微演就是"重现经典",让学生们变身电影或书籍中的人物,真情实感地去体验和感受他们的人生经历。小张同学说,一个个英雄人物、一件件英雄事迹,让奋斗、担当、奉献、传承、深深留在我脑海中,不断提醒我,在将来的学业上乃至以后的人生道路上,不忘先辈楷模,弘扬时代精神,传承红色基因。

通过角色表演活动,让青少年更理解先辈们在艰苦的岁月中为何能做出如此伟大从容的人生选择,启发和激励青少年更高远的看待自己的未来。小沈同学表演完《沙家浜》阿庆嫂这一角色后,深深地被这一革命人物的内心变化所打动,既佩服她为党为国的坚定信念,也感动她的聪明才智,说长大后要报考上海市戏剧学院表演系。之后,除了努力学习文化知识外,还在外学习演讲等基本功,后来凭借自己的表演被我区戏剧特色的高中学校录取,自此离她自己的生涯目标近了一步。

初中阶段是培养生涯适应力的关键阶段,不仅可以避免中学生在成长道路中求学、择业的盲目性,亦可以促进其全面发展、健康成长。革命先烈为国为民抛头颅洒热血的革命精神是滋养青少年健康成长的宝贵养料。在给人启迪的红色经典中,感悟信仰之力、理想之光、担当之要,不断汲取开拓前进的强大勇气,更是一种知、信、情、意、行统一的教育,它就是要在个人经验、历史世界、现实生活之间建立清晰的联系,同时发展学生的智力、情感、道德与行为,最终引导学生在更高层面上把握自己、把握世界。

参考文献:

[1] 赵小云,郭成. 国外生涯适应力研究述评[J]. 心理科学进展,2010,18(9).

[2] 刘夏亮,顾超. 职业生涯从认识自己开始,成才与就业(2009).

[3] 郑艳春. 高中生生涯适应力的影响因素及培养策略. 江苏教育(2019).

聚焦亲子关系本源　关注孩子生涯发展

杜亚娟

内容摘要: 人际交往是生涯教育的内容之一,亲子关系是各种人际关系的重要基础。家庭教育的主要目标之一,是让亲子关系更健康更融洽。如何建立有效的亲子关系,如何营造融洽的亲子关系,进而对孩子进行有效的生涯指导和规划,是家长的必修课。家庭教育的关键问题之一,是要努力建立起有效的亲子沟通,形成温馨和谐的亲子关系。进一步陪伴孩子探寻自己的兴趣爱好,对生涯发展一起进行合理的规划。

关键词: 亲子关系　有效沟通　生涯发展

一、密切亲子沟通贵在共同成长

上海市教育委员会《关于加强中小学生涯教育的指导意见》指出,开展家庭教育指导,将生涯教育融入家校共育,指导家长了解生涯教育的理念与方法,引导家长尊重学生的个性特长、成长规律和发展需求。

《中小学生涯教育理论与方法》一书中指出,生涯教育的内容应该有自我认识与发展、人际交往、人生态度、学习与发展、探索社会、生活管理、生涯决策、生涯管理八大方面。其中人际交往这部分包括亲子交往、师生交往、同伴交往、社会交往四个方面。亲子关系是其他关系的基础,所以我们家庭教育的主要目标之一,是想方设法让亲子关系更健康更融洽。

随着孩子的成长,特别是进入初中之后,家长们常常会有一种感觉,原来温馨的亲子关系好像离自己越来越远了,孩子和家长的共同话题慢慢变少了,或者说孩子好像开始叛逆了。如果孩子出现了叛逆行为,而家长又没有做好充分准备的话,家长和孩子的沟通可能会出问题,亲子关系可能会受到破坏。

个体一生要担任很多个角色,最难的是父母这个角色,没有人教我们怎样做父母。日本学者伊坂幸太郎说过,一想到为人父母,居然不用经过考试,就觉得真是太可怕了。仔细想想,这个话讲得非常有道理。我们为人父母都是自学成才的,孩子可以说都是我们的小白鼠。

孩子是在成长在变化的,家长是不是跟上了孩子成长的步伐呢?现实告诉家长,必须要与时俱进,不断提高自己为人父母的能力,协调和孩子的关系,优化孩子的成长环境,进而提升家庭的生活品质。所以,如何建立有效的亲子关系,如何营造融洽的亲子关系,进而对孩子进行有效的生涯指导和规划,是家长终生的必修课。

有效的亲子沟通就是亲子双方能够心平气和地表达自己真实的感受、想法和需求,同时倾听、理解、接纳对方真实的感受、想法和需求。对这样两句话想做到想做好却非常难。家长能否心平气和地表达自己,能否倾听孩子和理解孩子的想法,能否接纳孩子的现状,都是需要家长们经常思考的问题。家长们经常用恨铁不成钢的方式表达自己对孩子的期望,但是"恨"是不可能让铁变成钢的,必须要有一定的技术含量,做合格的父母也是要技术指导的。家长和孩子之间的沟通要取得实效,要形成温馨的亲子关系,需要把握很多原则和技巧。

二、亲子有效沟通必须要把握的技巧

第一,接纳孩子的成长和变化,是亲子关系融洽的重要起点。

接纳和赞同是两个概念,接纳那个事实,不赞同的可以采取恰当的方式去改变。如果你不接纳,方法也不对的话,那就什么也做不成,什么也改变不了。

初中的孩子正处在青春期,这是一个半幼稚、半成熟的时期。有学者称之为心理狂飙期,也有人称之为心理断乳期,这个阶段的孩子情绪不是很稳定。也不是很好交流。他们往往表现得不是很配合,也比较敏感,甚至喜欢挑战权威,首先挑战的就是父母亲和老师了。这就是他正在长大的表现,就是我们常说的开始叛逆了。叛逆不是坏事情,意味着我们的孩子长大了,要独立了。只要我们接受青春期孩子的叛逆是正常的,现实的,真实的,那我们就不会那么焦虑了,更容易接纳孩子的变化。接纳了,很多问题就好解决了。

孩子叛逆是一个信息,告诉我们有些东西需要改变了。这并不代表只有孩子需要改变,我们大人的教育方式也需要改变。我们不能以教育幼儿的方式去教育少年,同时又要求这个少年有应该有的担当,这是矛盾的。

初中阶段的孩子和家长的困惑程度几乎是差不多的。家长们觉得烦恼,孩子们也同样困惑。也许他们面临的烦恼比家长还要多一些,因为他们是这个成长过程中的主角,家长都是配角。同时,他们又是孩子,很多事情还不会恰当处理,很多情绪还不知道如何调整。

可以这样说,青春期的烦恼人人都曾有,而强烈的叛逆行为却不是每个人都有。如果孩子从小到大和父母的沟通都是有效和顺畅的,就不太会出现强烈的叛逆行为。就算有所谓的叛逆行为也都会在家长眼皮底下发生,不是背着家长做一些让家长不放心的事情。

据说西方教育鼓励男孩子挑战父亲,当儿子战胜父亲了,就意味着儿子长大了。东方教育不允许男孩挑战父亲,如果想挑战父亲,结果就是可能面临更加严峻的挑战。当孩子敢于挑战父母的权威时,只要我们恰当处理,孩子就逐渐成熟。家长要记住孩子是主角,自己都是配角。配角不能抢了主角的台词,不能抢了主角的戏,家长只是陪伴孩子成长的,不是代替他成长的。所以家长要更多的听听孩子怎么想怎么说。

第二,运用同理心倾听孩子和自己,是亲子有效沟通的重要保证。

在平时和孩子的互动中,听和说是比较常用的沟通形式。听,有时候比说更为关键,因为没有正确的听就不可能有恰当的说。我们经常会遇到孩子不能澄清自己真实想法的情况,面对比较武断主观的父母,孩子们有时候就更不知道怎样表达自己内心深处的真正感受和需求。我们要通过细心倾听,引导孩子说出心里关于问题的全部,要让孩子敢于和我们讲真话。

父母的角色习惯总是让我们特别喜欢说。恨不得把自己的经验直接安装到孩子的大脑里。最让孩子吃不消的就是我们太啰嗦，其实，啰嗦的背后深藏着对孩子的不放心不信任。对孩子不信任是对孩子的一种伤害。其实，孩子很多时候都可以做我们的老师。我们有两只耳朵一张嘴，应该多听少说的，但耳朵经常被我们遗忘。

倾听过程中很重要的一点，就是要有同理心，有共情能力、共感能力。同理心包括四个方面：接受他人观点、接受他人观点的能力、认同他们的观点，对他们的事实不加评论。最后一条特别要注意，我们大人特别喜欢评论。

当我们带着同理心倾听孩子时，就会接纳孩子的感受，理解孩子的想法，然后再去沟通和引导。那样的话，我们带给孩子的就是温暖力量，孩子就会发展得更理想，而不是无奈和压力。当孩子内心充满力量时，就会更加有能力尊重自己的内心，也会更清晰自己的未来，更愿意家长参与自己的成长。

第三，关注彼此的情绪，是亲子关系融洽的关键所在。

据统计，两个人的沟通，70％是情绪，30％是内容。这个数据也许不一定精准，但是情绪不对，沟通的内容肯定会被扭曲。青春期的孩子情绪不是很稳定。所以在和他们互动时，我们要特别关注他们的情绪，也要关注自己的情绪，就是我的情绪我做主。

我们和孩子互动时，情绪往往比事件本身重要。当孩子向我们倾诉的时候，首先要体谅孩子们的情绪，接受孩子们的感受时，他们才能正确的思考，才能做出正确的举动，才能对问题有个合理的认知，也会获得解决问题的勇气和力量。

当然家长也要关注自己的情绪，控制好自己的情绪。因为我们的情绪没有得到及时关注的话，也不可能以很好的状态和孩子互动，那么哪里来融洽的亲子关系啊？所以和孩子互动式，关注彼此的情绪非常重要。

当情绪正确时,表达才会恰当,孩子才会愿意倾听。这样,孩子才会把内心真实的想法表达出来,家长才会知道孩子的内心需求,知道孩子的兴趣所在,进而和孩子一起规划未来的发展方向。

三、亲子关系融洽的心理条件和基础

(一) 尊重和理解孩子,是亲子关系融洽的必要条件

有的家长可能会不认同这一点。其实,尊重是彼此的,孩子在人格上和家长是平等的,也应该得到尊重的,这和身份角色无关。再说,有时候家长不妨把孩子当作客人来对待。比如,好朋友到家里来做客,告别的时候忘了围巾,我们会非常客气而又礼貌地说:"亲爱的,这是你的围巾!"我们不会说:"你这个人啊,就是不长脑子,每次来都会落下点东西。"但我们对忘记带东西的最亲爱的孩子就可能这样数说,甚至挖苦,这会伤害到孩子的自尊,会降低孩子的自我价值感。

所谓自我价值感,就是一个人对自己的的价值判断、信念或感受。自我价值感高的人更有可能以一种真诚勇敢的姿态,充满活力和爱心地应对学习和生活。自我价值感低的人则恰恰相反。孩子的自我价值感怎么形成的? 关键的人是谁啊? 就是他的监护人,其次是老师。所以我们平时一定要注意自己的语言表达,千万不要讽刺挖苦贬低孩子,自我价值感低的孩子是很难教育好的。

在成长的路上出现问题是正常的,每个问题都可以成为教育孩子的契机,所谓小问题大道理,我们要做的就是温暖地陪伴孩子,一起寻求解决问题的办法,不是简单的责备和批评。

我们希望孩子成为什么样的人,最好用什么样的语言评价他,注意有的语言是伤人的凶器。我们千万别轻易否定孩子,别轻易贴标签,否则孩子就成为你口中的那个被否定的孩子。

问题比较多的孩子往往自我价值感也比较低,他们一路走来得到了太多的负面评价。大人给他的评价最后很可能会内化成为孩子的自我评价。所以我们必须在尊重的基础之上和孩子互动。我们的目标是让孩子成为一个喜欢自己的人。

我们一个主要任务就是发现孩子的优点,表扬孩子的行为,把她的优点发挥到最佳状态,进行正强化。他的自我价值感就会提升,学习成绩就不会差到哪里去。如果我们硬逼着孩子学习是没有用的,他也许是坐在书桌边上,但是做不出东西来,为什么呢?因为他要拿回主权,做不做你说了算,做得快慢我说了算。这就是孩子反抗家长的典型表现。

(二)表里一致的沟通姿态,是亲子关系融洽的坚实基础。

表里一致的沟通模式是著名心理治疗师和家庭治疗师萨提亚女士提出来的。她认为任何一种沟通都包含着两方面的信息,即语言方面的和情感方面的,进行沟通时二者能协调一致,即为表里一致的沟通。

在这种沟通模式中,自我感受(父母)、他人的感受(孩子)和情境(家)的要求全部都会得到应有的关注和尊重。比如,家里打骂孩子就违背这个原则,家应该是温暖的港湾,是给我们爱和力量的地方,而不是用来打骂孩子的,孩子也不是用来打骂的。当打都没用时你就没有退路了。

当我们用一致的方式交流时,就会用一致的方式表达自己,也用一致的方式接纳孩子。我们会以关爱的方式表达对孩子关爱,以礼貌的方式教会孩子礼貌,以温暖的方式向孩子传递温暖,以善良的方式教会善良。

通过恰当的亲子交往,形成融洽的亲子关系,孩子更愿意获得父母给予的生涯发展支持,同时父母的示范作用也会影响子女的兴趣偏好、生涯价值观等方面。良好的亲子关系既能使子女接受父母对其生涯发展的期望,也能满足与适应他们生涯发展的独特需求。

综上所述,家庭教育的一个关键问题,就是要努力建立起良好有效的亲子沟通,进一步形成温馨和谐的亲子关系。家长陪伴孩子探寻自己的兴趣爱好,进而和孩子一起进行生涯规划,为孩子的发展进行合理而美好的规划。

参考文献:

[1]吴增强.初中生心理辅导指南[M],上海科技教育出版社2004年4月.

[2]维吉尼亚·萨提亚.新家庭如何塑造人[M],世界图书出版公司2006年8月.

[3]陈敏丽、凌霄.中小学生亲子沟通方式调查研究[J],《教育研究与实验》2013年3月.

[4]雷雳,王争艳,李宏利.亲子沟通与亲子关系[J],《教育研究》2001年6月.

让梦想照进现实

——生涯适应力培养视野下班主任个案辅导的新探索

虹口区教育学院实验中学 李婷婷

摘 要:每个学生都是独立的个体,如何激发学生的内在动力,转变学习态度是德育工作的重要部分。本文以一位学困生个案辅导为例,探索如何依托生涯适应力课程,从全面评价、职业体验活动及家庭生涯教育三个方面激发学生的内在动力，从而实现学生的转化工作。

关键词： 生涯适应力　转化

　　作为虹口区一所普通的公办学校，教育实验中学的生源参差不齐，大部分的孩子都是外来务工子女。他们父母忙于生计，对于孩子的成长关心较少，对孩子的未来也缺乏规划。这些因素必然作用于到孩子的身上，就直接体现在孩子对自己严重缺乏自信，对未来的职业规划很茫然，学习缺乏内动力，每天来学校混日子，违反校规校纪的事情屡见不鲜，久而久之就会成为"问题学生"。这对于我们的日常教育管理工作，提出了很大的挑战，如何激发孩子的学习主动性？如何培养学生具有生涯规划意识？如何有效地转化学生？面对这一系列的问题，我们的老师也时有困惑，时有所思。

　　每一个孩子都拥有对知识的渴望，对于学习的热情，以及自己丰富的内心世界。教师要转化学困生的学习状态，应该善于捕捉合适的教育契机，及时捕捉他们身上的闪光点。学困生比其他学生更加期望得到别人的肯定，所以教师要用自己的智慧，充分学生发挥内在的潜力，让他们获得均等的成长机会。

一、案例背景

　　在新生入学不久，小 Z 就引起了我的注意——因为他是如此的"与众不同"。他的校服永远是脏脏的，身上都是油渍，座位的周围遍布垃圾，书包和书本之类的堆满了桌边。他生性好动，作业也经常完不成，经常调皮捣蛋，甚至影响其他同学的学习，因此人缘也非常糟糕。他的家长忙于生计，平时对他的管教也不甚严格，小

Z的成长轨道越来越偏离正轨。

二、实施过程

转化学困生是每一所学校乃至每一个教育工作者义不容辞的职责,作为班主任的我,开始寻觅各种机会去尝试改变他。所幸的是,借助我校的生涯适应力课程,小Z在学校各种匠心凝聚的活动中,慢慢找了自信,进入了属于自己的生涯轨道。

1. 建立全面的评价体系,对学困生进行鼓励性评价

"教育的艺术不在于传授本领,而在于激励,唤醒和鼓舞。"[1]作为教育者,我们应该避免用成绩作为单一的评价标准。对于不同的学生,应该按照每个学生的不同情况,进行鼓励性评价。我们应该建立全面的评价体系,让评价有利于学生的发展,有利于激发学生的发展潜力。在生涯适应力的课程之中,我们学校将固有的班级活动、年级活动和校级活动进行了改革重塑,加入了生涯适应的元素,更加注重学生的综合素质评价。在传统应试教育中,一直处于落后位置的小Z,在众多活动慢慢找到了自己的"春天"。因为他动手能力强,有团队合作意识,所以成了各种活动中的积极分子。在年级的拔河比赛中,他用尽全力,手被绳子磨破皮,也全然不顾;在学校的爱心义卖中,他不怕炎热的天气,穿着厚厚的玩偶造型服,为班级招揽人气……通过这些活动,同学们慢慢地开始了解到小Z的另外一面,也有同学愿意在课间帮他讲解题目。我也逐渐意识到,小Z并不是不爱学习,而是对学习缺乏信心和耐力。于是在课堂上,只要小Z举手,一定会把回答问题的机会给他,鼓励他上课参与课堂。虽然小Z的成绩没有发生突飞猛进的改变,但是可以看到他开始注意个人卫生了,字迹比以前认真了,上课纪律也很好了很多。当他看到自己的期末总评成绩是良好时,露出

了害羞的笑。我知道,他肯定在期待下一次的活动,期待下一个良好。

2. 开展职业体验活动,进行生涯意识的渗透

在强校工程以后,我们学校为初二年级的学生提供了不同形式的职业体验研修活动,让学生进行各种职业体验。在这新环境中,没有学习成绩的衡量,每个孩子都是一样的起点。在各种动手操作的课程里面,小Z仿佛找到了自己的乐趣,各种小零件仿佛特别听话,在他的手下很快就成功做出了不同的作品。他下课后,跑到我身边,骄傲地展示自己的作品,"李老师,你看我厉害吧。这个灯串是我亲手做出来的,一闪一闪的,超级可爱。"我看他兴致很高,乘机问他:"你知道不知道,这个灯串的工作原理是物理知识啊?这个电路就是典型的串联电路。所以你看,如果学好了物理,你做手工课,是不是也很有帮助啊?"小Z摸了摸自己的头,害羞地说:"我以为学习就是为了考试。老师,这次职业体验挺有趣的,我很喜欢电工这个职业。但是,我觉得这个职业很难。因为我什么也学不好。""小Z,你动手能力很强,如果认真听讲,一定可以学好的,要对自己有信心。"在随后的几次职业体验研修课程中,小Z表现得很认真,不再调皮捣蛋,遇到不懂的问题积极向老师求教,甚至还当起了小老师,帮助那些"学霸"们完成作品的制作。虽然在这些职业体验研修课程中,小Z的表现并不是最好的,但是在最后职业体验课程结束的时候,我还是将"优秀学员"的奖状颁给了他。拿到奖状的时候,他的眼睛里露出闪闪的光,显然这个奖状对他意味着很多很多。

通过一系列的职业体验活动,他变得自信了,因为他知道了自己的兴趣与优势所在;也不再漫无目的地荒废时光,因为他知道自己未来的路该怎么走;也不再是那个让老师头疼的"问题学生",因

为他知道自己应该对自己负责。

3. 家长生涯教育,为孩子的发展提供家庭支持

在 2018 年,上海市教育委员会颁布了《关于加强中小学生涯教育的指导意见》。文件中明确指出,学校应"将生涯教育融入家校共育,指导家长了解生涯教育的理念与方法,引导家长尊重学生的个性特长、成长规律和发展需求;要联合家庭科学开展生涯指导,发挥生涯教育的家校合力。"[2]家庭是青少年成长的第一环境,家庭教育对子女未来职业发展影响是非常深远的。作为一所家门口的公办学校,大约 50％的孩子是外来务工子女,学生的家长忙于生计而无暇关心子女的教育,他们对孩子的未来也缺乏明确的规划。很显然,这种落后的家庭教育观念,简单粗暴的教育方式,对于孩子的身心健康发展起了非常消极的影响。小 Z 的家长,就是这种典型的教育观念落后的家长。在最初面对老师的投诉时,小 Z 的家长都被告状告习惯了,甚至反过来劝我说:"老师你就别要求他了,这孩子从小就倒数,我们也不指望他学习了。读个初中毕业就可以跟我们去工地干活了。"家长对孩子的未来发展一片茫然,缺乏长远规划,因此对孩子的发展无法提供有力的家庭支持。

面对小 Z 的情况,我将生涯教育与家庭教育结合起来,经常分享一些关于生涯课程的内容给他父母,让家长了解更多的生涯知识,同时引导家长改变教育方式,尝试与孩子进行沟通交流,尊重孩子的选择,让孩子选择自己的职业发展方向。通过家访、电话沟通等多种方式,为学生的生涯发展提供有效的家庭支持。同时我也通过学校公众号、家长会等形式,帮助家长了解孩子的职业兴趣,与孩子一起进行职业探索。

小 Z 的种种转变,家长也逐渐感受到了,也会主动约老师请

教如何教育孩子,如何安排小 Z 以后的求学计划,意识到自己的孩子也有可能成为技术人才。即使在收入不是非常丰厚的情况下,也要坚持给小 Z 进行电工方面的兴趣培养,带他到朋友的公司去参观体验,让孩子和家长都明确了自己的职业发展方向。

三、案例成效

海伦·凯勒曾经这样说过:"当一个人感觉到有高飞的冲动时,他将再也不会满足于在地上爬。"在生涯适应力的培养过程中,老师帮助小 Z 更全面地认识了自己,获得了自信,从而有了源源不断的发展动力。那个调皮捣蛋的男孩最终通过自己的努力,考入了自己心仪的职业学校,学习了自己喜欢的电工专业。

四、案例启示

小 Z 只是学校中一位普通学生的代表,但是他的成功转变也给班主任的个案辅导工作提供了一定的借鉴价值。个案辅导应该以课程为抓手,在课程推进过程中,充分挖掘引出的教育契机,引导学生转变学习态度,从而进行自我提升。随着我校生涯适应力课程的不断推进,生涯教育的效果十分明显,很多学生的学习态度有了明显转变。

1. 全面科学的评价体系,激发了学生的生涯自信

生涯适应力课程帮助初中生更好地认识了自我,更好地适应未来,包括生涯认识力、生涯理解力及生涯规划等方面。一位学生曾经说过:生涯课已经潜移默化地影响了我,在一次次课程中,我逐渐明晰了自己的特长与能力,可以进行自己发展目标的定位,学习也更加充满了动力。在学校组织的各种活动中,学生领悟到学习成绩不是评价自己的唯一标准,每个人身上都有不同的优势能

力。只有找到适合自己的方向,每个人都可以有所成就。生涯适应力课程让不同层次的孩子找到信心,体验到了自身的价值感和认同感,激发了学生积极的自信心。

在学困生的转化过程中,单纯的说教很难走进学生的内心,因而效果可想而知。只有通过科学全面的评价体系,让学生建立起自己的自信,才能慢慢"站"起来,学会独立成长。

2. 生涯职业体验活动,唤醒了学生的生涯意识

生涯适应力课程让学生跳出学科的局限,走出了课堂,参加各种职业体验活动。通过逐渐了解职业特点和社会需求,他们对于生涯规划的认识更加具象化了。通过实践,我们欣喜地看到生涯适应力课程不仅唤醒了学生的生涯意识,深化了学生对未来职业发展的理解,同时也可以引导学生学会进行自我职业分析,确立自己的职业发展目标。这种职业发展目标给学生提供了源源不断的学习动力,因为他们不断学会自我管理,不再漫无目的地浪费时间。

正如俗语所说:"你永远无法叫醒一个装睡的人。"很多学困生并不是天生的学习困难,而更多时候是丧失学习的兴趣,慢慢的放弃了学习。因此在学困生转化的过程中,打破分数的限定,让学生通过职业探索,唤醒他们的生涯意识,才是进行转化的关键。

3. 家校紧密合作,助力学生的职业探索

学困生的转化工作,是一项社会过程,不是班主任单打独斗就可以完成的。其中家长的"转化"工作显得尤为重要。只有改变家长落后的教育理念,才能为学生的发展提供支持。作为前沿的实践探索,生涯适应力课程不仅仅为学生提供了认知自我、职业探索的载体,同时也为家长们提供更多走近孩子、走进孩子的机会,也为学困生的转化工作提供了有力支撑。

每个学生都是不同的个体,他们拥有不同的心理发展水平,不同的教育成长背景,因此要转化他们是一项艰巨而复杂的任务。作为教育者,我们应该更新教育观念,改变以成绩为单一评价标准的评价体系,鼓励孩子们进行不同生涯尝试,激发学生的内在动力,提高学生的自信,培养一个有梦想、有责任、有能力的学生,这才是教育的根本目的所在。让梦想照进我们的现实,照亮我们的人生!

[1] 李金碧.生涯教育——基础教育不可或缺的领域[J].教育理论与实践,2005(4):16—17.

[2] 上海市教育委员会《关于加强中小学生涯教育的指导意见》2018

在家班共育中渗透生涯教育

——以案例《向左走向右走》为例

张　玲

内容摘要:家庭是人生成长的第一所学校,父母是第一任老师,有着其他教育类型不可代替的教育性、持续性。然而,很多家庭面临着亲子沟通问题,家长缺乏生涯规划意识,无法为孩子做好生涯指导。因此,班主任作为最容易融入学生学习和生活中的角色,有必要成为改善亲子沟通情况的引导者,并在家班共育中渗透生涯教育。

关键词:家班共育　家庭教育　生涯教育

2018 年 3 月,上海市教委发布《关于加强中小学生涯教育的指导意见》,其中明确指出:中小学生涯教育是运用系统方法,指导学生增强对自我和人生发展的认识与理解,促进学生在成长过程中学会选择、主动适应变化和开展生涯规划的发展性教育活动。

随着我校"促进学生多元发展的初中生涯适应力课程开发和实施"总课题的推进,学校立足学生未来发展规划,让学生在探索体验、社会服务、设计制作、职业体现等活动中提升自信心,提高学生学习能力直至具有终身发展的能力。

在人的教育生涯中,家庭教育与学校教育、社会教育共同组成了人生教育的构成。良好家庭教育的重要性不言而喻。但在家班共育的过程中,老师经常会发现亲子沟通问题是家庭教育指导面临的主要问题,而这类家长自己通常都缺乏生涯规划意识,无法为孩子做好生涯指导。因此,班主任有必要在家班共育中渗透生涯教育,做好家庭教育的引导者。《向左走 向右走》就是这样一个在家班共育中渗透生涯教育的案例。

【案例背景】

小宇在学校里是一个懂礼貌的学生,能积极参加学校各项活动,上课发言积极,课后乐于与老师沟通,为班级服务,所有老师都对他留下了很好的印象。从他的平时表现中,很难想象阳光上进的他来自于这样一个家庭:从小父母离异,现在和父亲、继母一起生活,去年妹妹出生,家庭经济条件不好,平时几乎没有零花钱。父母口中的他和学校里的他完全是两个样子。在父母眼中的他没有任何优点,不懂事,不体谅父母,经常和父母发生冲突,和父母说两句就吵,很少能正常沟通,有过多次逃夜的经历,但从不逃学。父母对他的评价非常低,为了惩罚他,多次不愿交午餐费,需要老师反复沟通才能交齐。

平时小宇在校能认真学习,上课积极举手回答问题,成绩保持在班级中上水平。从八年级第一学期开始,他的学习状态有了明显变化。各科老师反映他上课经常走神,不积极思考了。对于语文和英语的背默,不像以前能保质保量完成,错误率非常高,而且很少主动找老师过关。一放学就不见人影,继母经常反映孩子放学没有马上回家。这样的反常行为引起了老师的关注。在和小宇进行私下沟通后,老师得知,由于小宇有过多次逃夜经历,暑假里父母怕小宇再逃夜,白天要么把他锁在房间里,要么爸爸带着他去商务楼收废纸卖钱。在和父母的又一次矛盾发生之后,小宇还是逃夜了,父亲一怒之下拒绝给他交午餐费。本学期第一次午餐费的钱就是小宇自己卖废纸赚的。开学后的每天放学,小宇都会花两三个小时去爸爸带他去过的地方收废纸,省了回家听父母的唠叨。因为学习和休息的时间减少了,学习明显退步了。对于别人的询问,小宇也总是表达说是这些事情是自己想要做的,并不是出于父母的要求。继妈对这个情况也是了解的,却说他放学不回家是在外面玩,卖废纸是借口。

【教育过程】

了解情况之后,我分三步处理这件事。

一是与小宇父亲的沟通。爸爸作为小宇的法定监护人,也是老师进行家庭教育指导的主角。在沟通时,我基本肯定家长带他卖废品体验生活带来一定的教育价值,希望小宇能从这种生活体验中知道钱来之不易,要更努力学习,达到教育的目的。

然后,我再提醒爸爸近期小宇的学习状态退步,希望引起重视,共同寻找原因、解决问题。爸爸很了解孩子的行踪,却没有干预。令人担心的是:现在孩子学习心思已经分散。如果孩子觉得捡废品既可以赚零花钱,又能缓解家庭经济压力,交费时还不用看家长的脸色,而把重心转移,荒废学习,那么他的将来前途堪忧,爸爸的生活体验教育会起到反作用。小宇爸爸终于意识到对孩子的教育也要讲究方法,更要把握好生活体验的度,根据孩子自身的特点为他的未来做更好的规划。最终,小宇爸爸表示会借此机会和孩子好好沟通。

二是继续深入和小宇沟通。首先,我肯定了他想减轻家庭经济压力的想法,然后慢慢引导规划未来的职业。在有稳定的工作,拿固定的工资,和每天几十块的攒钱,过不稳定的生活之间,小宇还是希望得到前者。小宇表示不想通过卖废纸卖钱来生活,希望能靠自己的手艺赚钱。经过深入沟通,他终于意识到现在好好学习是为将来创造更好的条件打好基础,人不能只看眼前的蝇头小利,并表示会摆正心态,为了自己的将来努力学习。

三是老师、家长、学生三方的面对面座谈。由于小宇和爸爸在家没有良好的沟通环境,所以老师请小宇和爸爸一起到访谈室交流。由爸爸和小宇进行沟通,老师从旁协助。爸爸告诉小宇以后好好学习,不要捡废纸了。爸爸还说了为什么暑假要让小宇去捡废纸的原因。"你也看到爸爸平时打工有多辛苦,下班还要兼职,赚的还不多,还不是因为没文化,你不好好学习,只能和我一样吃苦。"当说到爸爸的辛苦时,小宇的表情告诉我们,显然能理解爸爸的辛苦,也是想为爸爸减轻负担的。但是亲子间长期的沟通不畅,让两人都误解了对方的初衷。经过老师的协调,爸爸对小宇说出了心里话,希望他知道生活不易,也体会到小宇想为家庭减负的心思。爸爸表达了对小宇的期望,希望他把书读好,以后找个好工作,过上更好的生活,才能真正解决问题。小宇明白自己退步的主要原因在于心思分散了,并在老师和家长面前保证以学习为重,先提升自己的竞争力,才有更多选择的机会。

老师、家长和学生终于达成了共识。虽然小宇的家庭中仍然存在许多矛盾,但经过这次家班共育的成功沟通,他终于又开始认真学习了,对自己的学习目标也更明确了。

【案例启示】

孩子想要通过自己的行为体现自己的价值,父母只是想借机教育孩子赚钱不易,希望孩子能好好学习。父母和孩子均没有生涯规划的意识,加上亲子间的无效沟通造成了反作用。孩子的成长需要大人的正确引导。

儿童行为心理学家戈登·诺伊费尔德博士,通过40余年研究发现:父母看到的是孩子逆反、攻击、欺凌等行为问题,但却并未看见行为隐藏下的内心渴求、方向迷失。内心意愿被深藏、被漠视,得不到精准回应,孩子就会迷失,也会疏远与父母的关系。

在教师与家长、教师与学生、家长与学生沟通时,我们要看见孩子行为隐藏下的内心的渴求。要让学生正确认识自我,充分挖掘自己的学习潜能,学会正确规划自己的未来,才能将自己的梦想和未来的职业联系起来,更加主动地选择自己想要的生活。

在家班共育中渗透生涯教育。家长和老师要齐心协力,共同协助中学生进行生涯探索,让学生充分了解自己,正确认识自我,挖掘潜能,选择更适合自己发展的方向,学会正确规划自己的未来,使家班共育向积极、正确的方向发展,最终产生好的结果和积极的影响。

参考文献:

河合隼雄. 孩子的宇宙[M]. 上海:东方出版中心,2014.

浅谈后疫情时代学生同理心的培养策略

张莉灵

内容摘要：2020 上半年，社会经历了一场"新冠"疫情。小升初的孩子在即将毕业升学的时段，长时间闷在家里，通过电视或网络上网课，失去了面对面交流的机会，心理状态失去平衡，亲子关系变差。不少孩子沉迷网络，荒废学业，越发懒散。疫情之后如何纠正他们的行为习惯，学习态度，修复亲子关系，重新投入到学业中，是学校教育的一个重要内容。同理心的培养，会对这类问题的修复带来至关重要的作用。

关键词：后疫情时代 同理心 培养策略

一、问题起因

2020 年 9 月开学季，我接手了新一轮中预年级。这一届的孩子大多是独门独户里的独生子女。他们的父母大多是 80 后，也是独生子女的一代。他们是集全家宠爱于一身，独霸、贪占、依赖、怯懦、逆反成了这代学生身上的普遍标签。两代独生子女组成一个家庭，在同一屋檐下生活时，矛盾、冲突会越发明显。相对专断、自私的个性使得他们在和他人相处时，会产生层出不穷的问题。如今的家庭教育，早已不是过去吼两声、打一顿就可以解决的，学校教育也不是简单地讲授知识那么简单，它是集合了多种复杂关系的教育问题。

2020 上半年，学生们经历了一场"新冠"疫情，封闭在家半年多时间，和他人的交流更少。对于小升初的孩子来说，他们在即将毕业的这一年,只能长时间闷在家里,通过电视或者网络上网课。在无人监督的环境之下,学习态度变得越发懒散。失去了面对面交流的机会,使得他们心情越加烦躁,言语之间也更容易伤害他人。因为没有良好的教育环境,亲子关系变得更差。有些孩子沉迷网络,有些孩子荒废学业。疫情之后如何纠正他们的行为习惯和学习态度,修复亲子关系,重新投入到学业中,是学校教育的一个重要内容。而同理心的培养,会对这种种的问题修复带来至关重要的作用。

中预年级是初中阶段的起始年级,也是叛逆期即将开始或者刚刚开始的阶段,开展人格教育,以"心情教育"为核心,让学生了解"同理心"的重要作用,鼓励学生关注自我和他人,正确倾听和表达,帮助他们关注最深层的动机和情感,使得他们的知识、品德和意志都朝着崇高的目标发展。养成优良的人格素质,对学生今后迈入社会,成为社会的人,学会在如何在社会中与人交往,都是十分有必要的。

二、找准问题

(一) 通过家访,了解学生成长的家庭环境

在所接的中预班级中,有一个叶大伟同学,他的脸上总是带着沮丧、烦躁、茫然,经常斜着眼睛看人,甚至带有一些敌意。这个12、13岁的小孩子,眼里没有一点这个年纪该有的光彩。在临近期中考试的一段时间,叶大伟经常在上课的时候,用手撑着头,无精打采。老师布置的作业,他经常会少记、漏记,对于非学科性的作业,经常不做,或者乱做。特别喜欢和老师抬杠,屡教不改。和同学的关系也很紧张,同学都反映他言语偏激,一说话就要吼别人,从来不会好好回答。这是典型的缺乏自信和同理心的表现,多

与家庭环境有关。

家访后得知:他和妈妈租住在 20 平方的小屋里,家里只有一些简单的家具。原来叶大伟的家庭条件还算殷实,由于父亲沉迷赌博,做生意失败,家产全部变卖,又和妻子离婚,丢下他们母子二人,从江西躲债到杭州,当时叶大伟只有 6 岁,深受影响。与亲母生活,又逐渐迈入青春期,自我意识和独立意识逐渐增强,迫切希望摆脱家长的监护和老师的管理。从生涯教育的角度来看,类似叶大伟针眼的学生显然在"生涯关注"方面有着缺失的一面,"我有未来吗?""我来自于这样的家庭,别人会看得起我吗?"因而出现了自我认知的迷茫和困难,不能自信地出现在周围人的面前。只能通过"叛逆"言行来伪装自己柔弱的内心。

(二)通过访谈,了解学生真实的内心世界

00 后的孩子都是十分有想法的一代,他们渴望独立,渴望被理解。在家庭中,他们多受到宠爱。但是独霸、贪占、依赖、怯懦、逆反是孩子们身上常见的问题。他们中很多人都看不到自己身上的缺点,却对别人的要求却很高。这也是同理心缺失的一个表现。

在平时的生活中,我经常会让学生写一写每天的心理感受,比如,有什么值得庆祝的事情或者令人失落的事,家里的事情,个人的事情,集体的事情都可以,只要真实地还原事情的经过即可。其目的就是为了发现问题,进而帮助学生解决问题。

在日常访谈或者学生的心情记录里,我发现有的学生觉得自己努力了,却没有得到家长或者老师的认可;有的学生的父母经常吵架,从来没有心平气和过一天的时候。更有甚者,是从小生活在家庭暴力的环境下。也有一些学生,父母比较强势,碰到事情,家长从来都不会听他解释,总是强压着他,让他喘不过气来。有些家长,则一直会把自己的孩子和同事、朋友的孩子进行对比,总觉得他们不如"隔壁老王"的孩子,从来没有积极鼓励的言语,只有指责和批评。

心理学研究表明:人生中的大部分不快乐都是我们的人际关系处理不好所造成的,这也反过来证明:处理好各式各样的人际关系是多么重要!如何处理好人际关系?专著《深度领导力》给出的答案是:善用同理心。家庭关系也是一样,没有同理心,就不能很好地站在他人的角度看待问题,因此,亲子关系也会相对紧张。

三、解决问题

（一）通过情景再现,引发学生共鸣

在校期间,我经常会和学生聊天,专门利用午会课时间,交流交流近期烦恼和开心的事情。有时候还模仿他们父母和他们说话的语气,有些比较活跃的学生,还会演示他们所碰到的事情。这种情景的再现,让学生很容易产生共鸣。有一位学生说:"我妈每次批评我的时候,我不说话,她就说我是哑巴。我说两句,她就说我顶嘴",感觉自己"里外不是人,太难了!"有的学生说,自己是二胎家庭,妈妈总是说老二怎么怎么好,但是自己的好却看不到。还有的学生说:我爸妈每天就知道让我刷卷子做题目。总是看不到我的付出,看到我没做好就一顿数落……这些生活中常见的事例,总是能刺激学生积极发言,纾解内心的郁闷。

（二）通过课堂呈现,解决学生困惑

我也经常会利用德育课和班会课的时间对孩子进行教育。课堂上,当我就某个话题引发思考的时候,学生总能积极思维。我曾经上过一节"你的心情我知道"的德育展示课,当我告诉学生,我的这个选题时,他们连连叫好,因为觉得生活中他们的心情很难被别人理解,遇到委屈的事情只能自己慢慢消化,有的孩子还经常偷偷在被窝里哭。当我正式上课的时候,学生对于"同理心"这一话题,发言非常热烈。他们总是觉得自己受了委屈,觉得人家不理解自己。但是,却从来没有站在他人的角度来反思自己的行为。通过课堂上"声入人心"和"倾听高手"的环节,大家学会了如何正确的倾听,学会了如何带有同理心进行语言交流。他们明白了为什么其他人会不理解自己的遭遇?因为缺乏同理心。所以在日后生活中,会时刻提醒自己,要多多注意自己的言行,多站在他人的角度去看待事情。

(三)通过课后谈心,触动学生思考

课后反馈是检验课堂是否有效的一个重要途径,所以,我经常会在课后和学生多多谈心。在普遍解决大方向问题的时候,再用个别谈心的方式,引导学生进行积极思考,解决共性问题,同时也重视个性问题的处理。让学生在有了一些理论支撑后,慢慢学会借助同理心理论处理自己的问题。

第四章 "有戏"教育之学科渗透生涯学习活动

生涯教育常常被认为是心理健康课程的内容,是心理健康教师应承担的任务。心理健康教师也的确在实施生涯教育上有自己独特的优势,特别是在帮助学生探索"自我"方面,心理健康教师可以充分利用自己的专长。

然而我们提出的"生涯学习活动"并不仅止于帮助学生探索"自我",还要帮助学生理解职业世界和社会环境,并结合两者进行生活、学习和工作规划,在这方面,各基础学科课程大有用武之地,各学科教师通过在所教课程中渗透实施生涯学习是其中一条重要途径。

第一节 学科渗透生涯学习优势和途径

一、学科实施及渗透生涯教育的独特优势

通过学科实施及渗透实施生涯学习,即基础课程的学科教师从落实立德树人根本任务,贯彻课程育人教学目标,从引导树立核心价值观的高度出发,挖掘任学科领域中的生涯教育学习资源,在

日常教学过程中融入并落实生涯教育理念,培养对个人未来生涯的设计与发展能力。

学科渗透是实施生涯教育的重要途径之一。Hiebert 早在1993 年就指出,应在所有年级和所有科目中注入或整合生涯概念,无论科学、健康还是数学,学生都必须了解到,提出有关人们参与的工作性质的问题是自然而重要的。我国台湾地区在 1998 年9 月公布的《九年一贯课程总纲纲要》中确立"生涯规划与终身学习"为成人十大基本能力之一,提出要"将生涯教育观念融入到各科的教学,配合课程设计活动"。学科渗透也是英国中学阶段生涯教育实施的重要途径。盖茨比基金会(Gatsby Charitable Foundation)2014 年发布的《优质生涯指导》(Good Career Guidance)是英国生涯教育改革与质量提升的重要参考和依据。其中提出的 8 条基准便包括"将课程学习与生涯教育相联系",指出所有教师都应当将两者结合,并特别指出 STEM 教师应当强调 STEM 学科与广泛的未来生涯路径的相关性。从实践情况来看,英国学校已经有意识地将生涯教育渗透进学科教学中。2018 年的一项调查显示,在英语学科中纳入生涯教育的学校占 35.7%,数学学科中纳入生涯教育的学校占 36.2%,科学学科中纳入生涯教育的学校占 38.6%。

所以,强调通过学科渗透实施生涯教育,是因为这种途径有如下两方面独特优势:首先,拓展了生涯教育的课程空间。巫灿烨指出,由于学校通常不具备开发校本化生涯规划课程的师资力量,且课时分配时难以为生涯规划课程留一席之地,因此在学科教学中渗透生涯教育思想更"接地气"。汪文龙认为,即便生涯教育在学校中已经成为一门独立课程,但生涯教育课程所要达到的目标宏观且高远,仅靠这一门课程和有限的课时难以达成,必须把生涯规划"引渡"到学科教育的主阵地上来。可见,独立设置生涯教育课程虽然看似分量更重,但一方面未必每所学校都具备校本开发生涯教育课程的实力,另一方面,即便具备这样的实力,在日益拥挤的学校课程体系中,仅靠一门课程实施生涯教育,其成效也未必彰显。而将生涯教育融入作为学校教育当仁不让之主渠道的学科课程中,可以大大拓展生涯教育的课程空间,使生涯教育广泛弥散在日常教学工作中,反而使其效益最大化。

其次,使学科教学和生涯教育相得益彰。借助学科育人实施生涯教育,不只是学科教学为生涯教育服务,两者实能相得益彰,"在学科育人主阵地上各个学科如果能够形成合力,有'仰望星空'意义的生涯规划发展才能'脚踏实地',有切实的收获","学科育人优势的彰显又离不开学生生涯规划意识的增强与生涯发展能力的增长,因为一个有着良好的生涯规划的学生才有求知探索的内驱力,反过来促进学科的学习"。一方面,生涯教育固然受益于学科渗透,借助学科课程的主阵地地位获得更大实施空间。另一方面,生涯教育如果实施得当,更可激发学生学习的动机,引导他们明确学习目的。对于广泛存在的学生学习动力不足,"苦学""厌学"情绪严重等现象有缓解,甚至解决之功效。

二、学科实施及渗透生涯教育的途径

不同学科课程在开展学科渗透生涯教育方面具有各自的优势,不同性质的学科课程在生涯教育中可发挥的作用也不完全一样。比如,偏重文科的课程在价值奠基、理想追求、人文熏陶方面更加适宜;偏重理科的课程在有关职业状况、条件要求等方面有更大的空间;技能类课程则可直接和生涯任务结合,帮助学生既锤炼技能,也体验未来生涯。

虹教实验中学通过挖掘各基础学科课程中的生涯教育资源，实施生涯教育渗透性的教学实践探索，成为一条有效的实施途径

（一）实施生涯教育的阶段探索

虹教实验中学"强校工程"建设的主项目"生涯适应力课程开发与实施"在学校课程体系中，既有自己相对独立的部分，又需要和基础课程各学科互相渗透结合。这既是生涯适应力课程的整合性所决定的，同时也是学科育人本身的要求。学科课程渗透生涯教育的课堂教学改进，有助于挖掘不同学科中的生涯教育资源，使学生在学习学科知识、技能的同时，明确学习的目的和意义，提高生涯适应力。

2019 学年至今，我们经历了以下几个阶段的探索。

第一阶段，全员学习强校建设主项目《以生涯适应力课程引领初中强校工程建设》，把握推进的关键要素，领会生涯教育的核心思想，提炼重要内容，促进教师正确理解自身在学生生涯教育实施及成长中的角色地位，主动承担指导学生生涯教育的职责，为后续在学科中的渗透及融合实施，做充分的铺垫。

第二阶段，组织各个教研组围绕本学科的性质特点，从生涯教育的理念、目标、内容、方法等维度，积极挖掘学科生涯教育资源，积聚教学素材，讨论形成开展生涯适应力教育的学科要素。

第三阶段，学校聘请专家论证各教研组形成的学科要素，核心项目组深入讨论、归纳、提炼出各学科关键要素，形成校本课程的纲要，为推进课堂教学做好准备。

第四阶段，学科备课组基于生涯教育关键要素，通过课堂教学实践，研究调动学生思维，培养学科核心能力的同时，要充分思考提升学生的生涯规划意识，提高生涯规划能力的途径和方法。

第五阶段，备课组团队或教师个人以研究论文或案例的形式，

总结整个学习、思考、教学实践过程的体会,形成阶段性的成果。

经过一年多的团队学习,教学研究和教学实践的过程,生涯教育实现了从理论到实践的实施,共形成覆盖全学科的论文26篇。

（二）显性教学与隐性教学的结合

1. 显性教学与隐性教学的理解

各基础学科课程除了本学科的理论知识、专业技能等主体内容外,所蕴含的显性或隐含的科学史、相关职业、专业前沿、名人经历等内容,通常都是学科拓展和渗透实施生涯教育的可行结合点。这就涉及到显性教学与隐性教学的课堂贯彻与教学落实。所谓显性教学,即教师的教学示范是通过清晰、明确的表达和阐述观点进行,包括:教师的声音、语态和思维方式对学生进行引导,直接增强学生的认知。隐性教学与显性教学在展示的方式上是截然不同的,采用的方式更加多样,比如,寓教于乐、寓教于文、寓教于游等,使学生在潜移默化中.接受教育。也可以在讲课的方式、材料的呈现上,比较隐蔽,给学生多一些思考与探索的要求。

生涯适应力课程及其教学有显性教学的元素,也有隐性教学的元素,要从教学的有效性出发,选择合适的方式进行。

2. 显性教学方式的运用

在许多教学资源,有些以显性的方式存在于学科教材中,如英语学科结合"A day in the life of whizz-kid Wendy""A more enjoyable school life""Jobs people do"等教学内容,研究如何结合,进行渗透生涯教育、分析文本、阐释在英语教学中的具体做法,从而为英语教师在教学中融入生涯教育,为学生认识自我、合理规划自己的人生进行尝试与探索。

又比如,作为显性育人课程的道德与法制学科,在"做更好的自己"一课的教学设计与实施中,帮助学生认识到个人与社会密不可分的紧密关系,充分理解作为个体如何通过不断的自我规范和自我提升,成为更好的自己,进而为他们未来成为合格的社会公民奠定基础。在进行"勇担社会责任"单元教学设计时,强化公民意识和公民责任,有利于学生在未来社会生活中更好地处理个人与他人,个人与社会的协调关系,而这正是重要的生涯适应能力的要素。

3. 隐性教学方式的运用

也有不少教学资源则以隐性方式存在,其捕捉很大程度上依赖于教师的生涯教育意识和敏感性。这些资源的合理利用,既有助于帮助学生理解所学学科知识的意义和用途,将其与专业、职业联系起来,同时又帮助学生拓宽了对职业世界和周围环境的理解,于潜移默化中发挥了生涯教育的作用。如,以语文学科教学为载体,充分发挥语文学科中隐含的生命教育要素,帮助青少年从小开始探索与认识生命的意义,尊重与珍惜生命的价值,热爱并发展每个人独特的生命,让学生对自己的生涯有充分的理解和认知,合理并有计划地规划自己的生涯,最终帮助每一个孩子实现自我价值。

(三) 生涯教育和不同课型相结合

初中学科教学中,因为达成教学目标的途径及方式不同,常常需要通过不同的课型来完成。如物理和化学学科的实验课旨在培养学生的动手实践能力和创新精神;体育学科的体能课旨在提高学生的身体素质、提高运动的协调性;语文和英语学科的写作课旨在培养学生用通顺连贯的语言表达进行描写、说明、表达想法、抒发情感的能力等,其中同样蕴含着丰富的生涯教育元素。

把生涯教育和不同的课型相结合,以提高教学效率和效益,也是教师开展生涯教育非常好的契机和结合点。例如,英语写作教学中开展发挥生涯教育积极作用的探索,使得写作教学不仅仅是知识的传授,更是思维能力,逻辑能力,组织能力等综合能力的培养途径,对学生的未来生活有着重要的作用。语文作文教学中从如何通过作文教学去延展孩子的世界观和如何通过作文教学去培养和树立孩子的人生观和价值观两个方面来阐述作文教学与生涯适应力的渗透。

（四）学科技能训练与生涯教育相结合

还有一些学科。常常会训练学生学科技能,这些技能技巧有可能成长为学生的职业爱好及兴趣,这也需要结合生涯教育原理,帮助学生既锤炼技能,掌握学科能力,又能尝试和体验职业生涯。

比如,英语学科输出环节中的生日派对活动设计、理想校园设计、"我理想的未来职业"主题演讲活动等,既锻炼了学生综合运用语言的能力,又运用生涯适应力理论,帮助孩子提升自我认知能力,学会生活选择,学会面对生活中的实际问题,并且找到合理的解决问题的方法。体育学科从了解学生游泳运动恐惧心理产生的原因、帮助学生克服恐水心理,培养内在自信和体验成功的快乐,从这些方面入手,学生通过长期的游泳运动既可以强身健体又可以培养了生涯自信力。语文学科运用生涯适应力原理,激发学生语文学习兴趣,发现内在学习潜能,提升学生语文学习能力,从而对自己有更全面客观的认识,最终促进学生个体自主、有序的发展。

第二节　学科实施生涯教育的方式方法

打造生涯教育"三有"教师团队的目的,并不是为了让所有老师成为生涯教育专家,而是希望他们从教书育人的角度出发,真正为学生未来的发展考虑,摆脱书本教学和学科教学的刻板束缚,转变教学思路,从知识输入变为能力培养,帮助学生更好的应对他们未来的社会工作和人生发展。从这点来说,作为各学科老师就需要将在生涯教育培训中形成的意识、学到的方法、拿到的工具,想方设法的应用在各自的学科教学课堂上,从而激发学生的学习兴趣,培养学生的自主学习能力,提升学习的实践运用能力,有效达成学科教学目标。

为此,学校鼓励教师结合生涯教育所学和自己在课堂中发现的实际案例,以及自己的教学思考,进行学科渗透生涯的教学实践和探究工作。教师们通过某一个单元或课程的教学过程为例,结合"生涯适应力"学材的相关教学目标和教学内容,进行了学科渗透生涯的教学实践和探索工作,并取得了积极的效果。这里以心理辅导、道德与法治、语文、英语、物理为例,说明学科渗透生涯教育的方式方法。

一、心理课程开展生涯教育

虹教实验中学自编的"青少年情绪力课程"是一套以发展青少年的情绪能力作为核心的课程,同时注重情绪能力对青少年自我认识、人际交往、探索世界三个方面能力的整体提升。

课程以情绪及其相关能力为切入点,共分为 3 大模块:(1)情绪与自我:帮助学生通过了解情绪而更加了解自我,学习有效的情绪调节方法,同时逐步建立恰当的自我关注与自我信念;(2)情绪与他人,带领学生们了解自我与他人之间的关系,探讨人际关系对于个体自身发展的重要意义,学习适宜的人际沟通方式,提升人际能力,同时建立社交自信;(3)情绪与价值,以青少年在学习和个体发展过程中常见的命题入手,探讨作为个体的"我"在社会环境中的价值和意义,帮助学生们了解现阶段学习的意义,掌握科学地设定学习目标、人生目标的方法,逐步建立更加积极、健康、完整的自我价值感。这三大模块层层递进,促使学生在学习情绪及其相关能力的基础上,更加了解自己和他人,提升自我认知、情绪调节策略、人际能力及自我价值感。这一教学目标与学生生涯适应力的发展目标相一致,并由积极的影响。

在"青少年情绪力课程"的实践过程中,我们逐步发现学生通过对自我、人际和未来认识的加深,更愿意分享自己的感受和想法,敢于打开自己了。但同时也发现,这样的打开似乎只发生在情绪力的课堂上,一方面跟不同学科的性质和课堂氛围有关,另一方面也和我校教师自身在生涯教育上的认识和能力有关。大部分教师更关注本学科相关知识和内容的传授,缺乏生涯教育的课程意识和课程能力,遇到问题只能通过经验处理,缺乏对学生心理和行为本身的把握。这让我们意识到,"生涯适应力"的教育不仅是针对学生的能力培养,更是对教师团队业务素质的全新要求。真正的"生涯适应力"培养应该是学生和教师双轨并进,两手都要抓,两手都要硬。

二、道法学科渗透生涯教育

初中道德与法治课在课程目标和内容上,是为了帮助学生提升道德品质建设,提升遵纪守法意识,为他们更好的融入社会、适应社会并在社会中取得个人发展做准备。这与"生涯适应力"课程是高度一致的。因此,在初中道法课堂教学中渗透生涯教育可谓是顺理成章,可以为以后的生涯发展做好知识、技能和态度储备,帮助学生树立生涯探索和生涯规划等意识,对学生将来成长为具有健全人格的合格公民具有重要意义。

这里以《做更好的自己》这一课为例,探索在初中道德与法治课堂中如何渗透生涯适应力教育中的"认识自我"内容。

其一,挖掘生涯教育素材,融入课堂教学活动。通过这节课的学习,帮助学生对于自我认识有了更加明确的定位,也能够更加明确自己之后努力的方向,从而促进学生的健康成长以及适应社会的能力。例如,在本课教学中,导入环节的活动设计"个性名片之猜猜我是谁",讲授新课时,注重学生自主探究与分享,学会面对不完美。通过学生对课题的主动探究,将生涯教育融入到课堂活动中,使体验型、研究型的学习与生涯探索与规划相结合。

其二,精心设计教学环节,激活学生自身生涯意识。在授课过程中,为更好的帮助学生全面认识自我,首先在导入环节设计活动,通过个性名片让学生对自己进行一个大致介绍,然后在探究与分享环节进行细致引导,让学生学会面对不完美。学生在认识自己的过程中,往往对自己不满意的地方难以接纳,因此一方面要对学生追求自我完善给予肯定,另一方面要引导学生体会自身独特的价值。认识自我的目的不是让学生自我贬低,而是让学生学会接纳、欣赏自己,不断完善自己。最后通过案例"人生不设限——尼克·胡哲的故事",引导学生认识到每个人都会有不完美的地方,鼓励学生反思自己的不完美并学会接纳自己的不完美,学会欣赏自己和他人,增强自己的自信心。通过问题链的设计,让学生在小组探究的过程中明确如何更好的完善和发展自己,培养学生做更好自己的主动意识,发现自我、完善自我,确立积极向上的人生态度。通过榜样的作用,激活学生自身生涯意识,促使学生树立自我生涯发展目标。

其三,了解学生内在需求,运用互动促进学生体验。在活动形式上注重互动性,包括师生之间的互动,学生之间的互动和学生与外部世界的互动。例如,在授课过程的导入环节,围绕活动"个性名片之猜猜我是谁",由老师布置课堂任务给学生,然后学生自主思考完成后班级同学间相互竞猜,充分调动了班级同学的学习积极性,激发学生的情感体验,同时这个过程也是让学生进行自我评价和他人评价,从而有效引出本课课题。

三、语文学科渗透生涯教育

语文学科是工具性与人文性相统一的课程,《语文新课程标准》突出强调语文教学要有"丰富的人文内涵",而丰富的人文内涵就包含了对生命意识的重视,对生命存在的关怀,与一切生存状态、生存环境、生命价值的思考和教育。语文学科教师充分看到了语文学科在生涯适应力的教学渗透上有着得天独厚的优势,比较注意结合语文教材的选择,对学生强化生涯教育。

生命教育正是生涯教育的立根之本,是学生后续发展、未来成长的源头保障,更是学生终身成长的肥沃土壤!可以以语文学科教学为载体,充分发挥语文学科的情感优势,帮助青少年从小开始探索与认识生命的意义,尊重与珍惜生命的价值,热爱并发展每个人独特的生命,让学生对自己的生涯有充分的理解和认知,合理并有计划地规划自己的生涯,最终帮助每一个孩子实现自我的价值!

教师通过在语文课堂中的情感体验来引起学生对生涯的关注、引起他们对生涯的好奇,建立自己正确的生涯观,拥有坚毅的品格、积极的态度,以及对美好生活的向往,最后能够实现自我的生涯自信。如对课文《穷人》一文的拓展,从桑娜一家在自己家庭如此艰苦的情形下,依然坚持抚养邻居家失去父母亲的幼儿,可以看到人性中无私的善良之美,可以说是精神上的巨人。主人公的勤劳、能干、善良、朴实的精神品质对学生十分具有教育意义。再比如类似《秋天的怀念》《假如给我三天光明》等经典散文,字里行间蕴含着生活不如意之事十有八九,关键是如何克服困难、坚持不懈、积极乐观的哲思。除了阅读课之外,这类意蕴丰富的美文还可以结合写作。再比如,课文品析完之后,可以让学生联系实际生活,结合自身感受,进行写作训练。如中考作文题《不止一次,我努力尝试》,这些都是为了引导学生关注自身成长,建立正确的世界观。

这种以语文学科教学为载体,充分发挥语文学科的情感优势的教学方式,能够帮助青少年从小开始探索与认识生命的意义,尊重与珍惜生命的价值,热爱并发展每个人独特的生命。长期深化生涯教育,就能让学生对自己的生涯有充分的理解和认知,合理并有计划地规划自己的生涯,最终帮助每一个孩子实现自我的价值!而这也是生涯教育的本质所在。

四、数学学科渗透生涯教育

数学是一门强化逻辑和推理思维,提升思维能力的科学。这对于引导和帮助学生辩证思考未来的生涯发展路径,提升自己的主观能动性,强化规划和个人的努力,具有不可替代的作用。

数学学科组的老师就结合校园义卖活动进行义卖的策划辅导。通常学生以往都会把家里闲置的物品拿到学校来进行义卖,效果并不是很理想。一位数学老师兼班主任为了调动自己班级学生参与的积极性,专门设置了200元的义卖启动资金,用于购买义卖物品,也就是进货。从计划和进货开始,让他们分组自行筹划整个班级的义卖活动,义卖结束后计算收益情况并总结得失,形成了一个基于"校园爱心义卖"的项目化学习。这里面包含了人生规划的大道理。

我校数学教师在本学科的课堂教学过程中,还经常设计一些开放性的数学问题,在给定情境和一些数据情况下,鼓励学生进行自主设计问题,或提出合理的数学问题。这些数学问题中的信息大多来源于基本生活,分析不同数据所带来的全新含义,逐步培养学生的抽象能力、推理能力、创造能力。在步入社会前进行适当的职业感受,提高对未来进入社会的适应能力,对培育学生认识世界的积极态度和进行合理规划具有深远影响。

五、英语学科渗透生涯教育

英语教师借助牛津英语(上海版)教材中 6A 第四单元 What would you like to be? 和 7B 第五单元 What can we learn from others? 等相关内容,鼓励学生发现自身得闪光点,展望新未来的内容,启发学生的生涯意识,产生生涯好奇和生涯关注,开启生涯教育的关键一步。

比如,在 8AM1U2 A day in the life of⋯的阅读部分,主要介绍了 Wendy 一天的时间安排,以往教师会将本课处理为听读或划词组,但这样的教授方式太过粗糙,文本的价值难以实现。但如果从生涯教育的角度入手,就会完全不同。因为本课所涉及的主人公 Wendy 正是 15 岁的年纪,正是初中阶段,相仿的年龄很容易激发学生的共鸣,自然而来地激发他们的生涯关注,启发他们的生涯意识。学生对于这个"神童"之所以"神"很感兴趣,出于本能,会和自己进行对比,此时生涯好奇就产生了,同时也会关注自我的差距,刺激他们重新定位,寻找差距,设定目标,实现目标。而这样的好奇和关注又会反过来促发他们想要更好更深入的学习和理解文本内容,激发他们的学习主动性,更好地达成学习目标。

在英语教材中,有相当的课文内容是关于文章主人翁的生涯波折的,尽管文章背景是不同的社会文化,而正是这种差异,可以让学生更深地体会到关于"生涯"的命题是全人类的永恒话题,有可持续的生命力,这就具有心灵震撼的教育意义。

六、物理学科渗透生涯教育

物理现象源于生活,蕴含科学道理。物理教师秉承我国著名教育家陶行知先生的"生活即教育"理论为指导,通过情境教学的方式,将物理学习和学生的日常生活联系起来,增加学生的学习兴趣,提升学生的实践能力。

例如,在学习"浮力"这一部分内容时,教师创设了这样一个情境:同学们,你们大部分都游过泳吧,游泳的时候,为什么不会沉入水底? 在水中游泳的时候,你感觉到了什么? 这样一来,学生的思维被激活了,开始热烈的讨论起来。然后老师可以引导学生开展相应活动:在水面上放一只塑料盆子或者一块泡沫塑料,让它浮在水面上,然后让学生用手将它慢慢向下按,并描述出手的感觉。这样,学生对"浮力"有了深刻的体会,也非常有兴趣弄清楚"浮力"的来龙去脉。由此可见,将生活情境融入课堂教学,不仅能激发起学生的学习兴趣,充分调动学生学习的积极性,也能使学生更主动地学习,大大调动了学生听课的积极性,教学效果大大提升。

对于物理教学中常用到的实验手段,教师也可以通过把实验目的设计成一个生活中需要解决的问题,让学生在解决问题的过程中也会结合生活实际来设计实验过程。这样就避免了学生解决物理问题时的枯燥,同时也可以培养学生从各个角度思考问题的能力。基于这个想法,可以把物理实验与生活实际结合,丢弃实验室的"标准元件",选择生活中常见、易加工的物品制作教具,进行演示实验或分组实验,以真实生动的方式给予学生丰富的感性认识,加深学生对实验的印象,有深入浅出、化难为易的效果。这样不仅体现了"从生活走向物理，从物理走向社会"的新课程理念，同时也可以给学生营造亲切的实验学习环境，激发学生的学习兴趣，培养学生的探究能力及创新能力。

对学生进行"生涯适应力"教育的理念正在全面落地并通过学科渗透的方式得以在校内教师的教学工作中得以强化。学校积极辅导教师以培养核心能力为目标，依据各自学科特点，结合生涯适应力的角度和内涵优化教学方式，真正做到通过校内学习的"小生涯"撬动学生未来的"大生涯"，让生涯适应力教育落到实处。

参考文献：

[1] 步星辉.职业体验类综合实践活动课程的设计与实施[J].当代职业教育,2020,(1).

[2] 刘华,郭兆明.生涯教育:基础教育课程改革不可或缺的支点[J].教育发展研究,2013,20.

[3] 沈之菲.生涯教育辅导[M].上海:上海教育出版社,2004,2.

[4] 朱凌云.生涯适应力:青少年生涯教育与辅导的新视角[J].全球教育展望,2014,9.

[5] 林苏婵.普通高中体验式生涯教育研究[D].杭州师范大学硕士论文,2018.

附：课程专题研究

初中道法课堂中的生涯适应力教育探索

——以《做更好的自己》一课为例

吕 佳

内容摘要： 本文以初中道德与法治学科六年级《做更好的自己》一课为例，结合生涯教育中的"人际管理"模块中有关集体意识和公民意识的相关内容，帮助学生认识到个人与社会密不可分的紧密关系，充分理解作为个体如何通过不断的自我规范和自我提升，成为更好的自己，进而为他们未来成为合格的社会公民奠定基础。

关键词： 初中道法课堂　生涯适应力　教育探索

初中道德与法治课在课程目标和内容上，是为了帮助学生提升道德品质建设，提升遵纪守法意识，为他们更好的融入社会、适应社会并在社会中取得个人发展做准备。这与"生涯适应力"课程是高度一致的。因此，在初中道法课堂教学中渗透生涯教育可谓是顺理成章，可以为以后的生涯发展做好知识、技能和态度储备，帮助学生树立生涯探索和生涯规划等意识，对学生将来成长为具有健全人格的合格公民具有重要意义。

一、初中道德与法治课程与生涯教育紧密相关

根据舒伯的生涯发展观，中学阶段属于青少年职业探索阶段，生涯教育可以帮助学生充分了解自己，了解各种不同职业。一个人的知识、技能、素质培养和成熟是一个漫长的过程，只有长期而

有目的的磨炼和准备,才能建构合理的生涯,成为适应能力强且符合社会需求的人。初中阶段也是自我认同的关键时期,提高自我认识对积极的自我生涯构建有着重要作用。初中道德与法治课在课程目标和内容上体现人生发展的核心价值,与生涯教育存在颇多共性。因此,生涯教育应从青少年阶段开始,为以后的生涯发展做好知识、技能和态度储备。

首先,生涯教育目标与初中道法课程目标具有一致性。二者都是帮助学生增强社会感和实践能力,引导学生建立正确的人生观和价值观,使学生成为具有健全人格、鲜明个性的个体。在初中道法课教学中有效开展生涯教育,对学生将来成长为实现自身价值、拥有健全人格的合格公民有重要意义。

其次,生涯教育的内容与道法课程的内容具有一致性。在初中阶段,道法课是学校德育的主渠道,承担着对青少年树立正确价值观念的重要导向作用。道法课程标准中指出:帮助青少年初步建立正确的人生观和价值观;使青少年具有艰苦奋斗、积极进取的精神。而生涯教育也注重学生勤恳工作、团队协作等道德素养的塑造。由此可见,生涯教育可以成为道德与法治内容的重要补充。

跨入中学大门,学生进入一个新的人生阶段,这个阶段是学生自我意识发展的重要时期。可以在初中道法课六年级第一单元"成长的节拍"中,渗透生涯适应力教育的内容,潜移默化地使学生获得生涯教育的知识,形成树立正确的生涯意识,提高生涯适应力。通过渗透教学,引领学生踏上成长的节拍,体会角色变化的意味,了解中学时代对于人生的意义和价值,为未来的生活确立崭新的目标。带领学生走进学习新天地,拓展对学习的认识和理解,树立终身学习意识,激发生命成长的动力。引导学生关注发展中的自己,客观地评价自己,愉快地接纳自己,努力发掘自己的潜能。学会用发展的眼光看待自己、激励自己,逐步形成健康的自我概念。

二、生涯教育在初中道德与法治课堂教学中的实践探索

在初中学生中,开展生涯教育的的第一步,就是提升自我认识,其中包括对自我的认识,积极价值观对各方面的影响,学习沟通技巧,了解成长对自身发展的作用。

自我认识,旨在帮助初中学生掌握认识自我的途径;认识个人的变化身体;确定个人的兴趣,能力,优点和缺点以及如何扬长避短;接纳自我;认识到自己的独特性;发现自己的潜力;保持乐观自信;了解自己的学习习惯等。这与道法课六年级第一单元第三课第二框《做更好的自己》一课的教学目标非常契合。这一课是学生在掌握如何认识自己的方法后,进一步引导学生探讨如何接纳自己的全部和欣赏自己的独特,使学生能通过扬长避短、主动改正缺点和激发自己的潜能等方法去做更好的自己,这部分的内容与"生涯理解力"学材中"认识自我"模块的内容不谋而合。

这里以《做更好的自己》这一课为例,探索在初中道法课堂中如何渗透生涯适应力教育中的"认识自我"内容。

(一) 挖掘生涯教育素材,融入课堂教学活动

在道法课堂教学中渗透生涯教育,首先需要在教材中挖掘生涯教育的素材,把教材中涉及生涯教育的知识点进行梳理,有针对性地设计课堂教学活动,最大限度地拓展学生的学习空间。通过课堂教学活动的实施,激发学生对自我的认知,认识到自我的独特性,学会接纳和欣赏自己,不断改进和完善自己,从而在成长过程中成为更好的自己。这也是生涯教育中希望能够帮助学生在初中阶段达到的目标。

通过这节课的学习,帮助学生对于自我认识有了更加明确的

定位,也能够更加明确自己之后努力的方向,从而促进学生的健康成长以及适应社会的能力。例如,在本课的导入环节有一个活动设计"个性名片之猜猜我是谁"。讲授新课时,要把这个活动的关键点进行解读,将生涯教育融入到课堂活动中,特别要鼓励学生勇于接受自己,要学会面对自己的不完美。在教学过程中,注重学生自主探究与分享,使体验型、研究型的学习,能与自我剖析,生涯探索相结合。

(二)精心设计教学环节,激活学生自身生涯意识

开展"个性名片之猜猜我是谁"活动,要进行设计互动环节。首先,通过个性名片让学生对自己进行一个大致介绍。然后,在探究与分享环节进行细致引导,让学生学会面对不完美。学生在认识自己的过程中,往往对自己不满意的地方难以接纳,因此,一方面要对学生追求自我完善给予肯定,另一方面要引导学生体会自身独特的价值。认识自我的目的不是让学生自我贬低,而是让学生学会接纳、欣赏自己,不断完善自己。最后,通过案例"人生不设限——尼克·胡哲的故事",引导学生认识到每个人都会有不完美的地方,鼓励学生反思自己的不完美并学会接纳自己的不完美,学会欣赏自己和他人,增强自己的自信心。

教师要通过问题链的设计,让学生在小组探究的过程中明确如何更好的完善和发展自己,培养学生做更好自己的主动意识,发现自我、完善自我,确立积极向上的人生态度。通过榜样的作用,激活学生自身生涯意识,促使学生树立自我生涯发展目标。

(三)了解学生内在需求,运用互动促进学生体验

进入初中以后,学生的自我意识开始增强,希望能更多地了解自己,但是由于受到自身认识发展规律的限制,在自我认识上往往容易出现偏差,对自己的评价过高或过低,对别人的评价难以正确

看待,容易形成自负或自卑的不良心理。自我认识的偏差必然会给学生的学习生活带来影响。所以,生涯教育的课堂活动必须符合学生的内在需求。

本节课就是基于以上学情设计课堂活动,在活动形式上注重互动性,包括师生之间的互动,学生之间的互动和学生与外部世界的互动。围绕活动"个性名片之猜猜我是谁",由老师布置课堂任务给学生,然后学生自主思考完成后班级同学间相互竞猜,充分调动了班级同学的学习积极性,激发学生的情感体验。这个过程也是让学生进行自我评价和他人评价,从而有效开展生涯适应力的探索。

三、《做更好的自己》一课结语

对于初中阶段的学生而言,面对人生开始进入成熟的时期,接受的生涯教育能够帮助他们更好地了解自己、认识社会,帮助他们对未来生活做出初步的规划并为之努力奋斗,这才体现更加积极向上、有意义的人生。以初中道德与法治课程与生涯教育的有机融合为切入点,挖掘生涯教育素材,了解学生内在需求,可以激发学生的生涯意识,利于学生的生涯发展。

可以相信,初中学生在这一时期所接受的生涯教育能够为他们日后学业生涯以及职业生涯的展开打下坚实的基础,为他们的人生创造良好的开端,助力他们走向个人的成功,也为社会和国家的发展贡献自己的力量。

参考文献:

[1] 沈之菲. 生涯心理辅导[M]. 上海:上海教育出版社,2000:3—10.

[2] 程利娜. 生涯规划对青少年心理健康的影响及启示. 教育探索[J]. 2010(02):148—150.

［3］李翠荣,黄伟.美国和我国港台地区生涯发展教育理论初探.合肥师范学院学［J］.2008(01):104—107.

浅谈语文教学中的生涯适应力渗透

汪 蕾

内容摘要:《语文新课程标准》突出强调语文教学要有"丰富的人文内涵",包含了对生命意识的重视,对生存状态、生存环境、生命价值的思考和教育。生命教育正是生涯教育的立根之本。本文充分发挥语文学科的情感优势,帮助青少年从小开始探索与认识生命的意义,尊重与珍惜生命的价值,热爱并发展每个人独特的生命,让学生对自己的生涯有充分的理解和认知,合理并有计划地规划自己的生涯,最终帮助每一个孩子实现自我的价值!

关键词:语文教学 生命教育 生涯适应力

对于语文学科来说,在生涯适应力的渗透上有着得天独厚的优势。语文学科是工具性与人文性的统一。《语文新课程标准》突出强调语文教学要有"丰富的人文内涵",丰富的人文内涵就包含了对生命意识的重视,与一切生存状态、生存环境、生命价值的思考和教育。让学生感受生命的珍贵和生命的价值是生命教育的一大重要内容。而生命教育正是生涯教育的立根之本,是学生后续发展的源头保障,更是学生终身成长的肥沃土壤!

新教材语文课本中有很多美文都不同程度地含有对生命意识的体验和思考,处处蕴含着"生命情感"的信息。因而,可以以语文学科教学为载体,充分发挥语文学科的情感优势,帮助青少年从小开始探索与认识生命的意义,尊重与珍惜生命的价值,热爱并发展每个人独特的生命,让学生对自己的生涯有充分的理解和认知,合理并有计划地规划自己的生涯,最终帮助每一个孩子实现自我的价值!

一、"冰心在玉壶"——生命教育是生涯教育的摇篮

近年来,我国的基础教育加大了生涯教育的力度,在中小学中得到了大力的推广,包括开设课程、开展主题活动、组织职业体验等。在这些热闹的举措后面,我们不仅要关注学生的技能习得、学生的职业规划等,更应该思考青少年的生涯发展需求是否真正得到了满足?教育者不能只关注表面的成果,更应该思考生涯教育到底是为了什么?必须认识在生涯教育中要贯彻生命教育,同时用生命教育来奠定生涯教育,两者相互交融,方能让学生从心灵本源中更深刻地来理解生涯教育的意义。

正所谓"一片冰心在玉壶",高尚的价值取向方能孕育出非凡的人生方向!在生涯辅导来看,生命教育强调个人发展的内在价值,重视对生命存在的尊重、生命意义的提升和生命幸福的追求,是生命价值及意义实现的重要途径和渠道,具有重要的工具理性价值。对于生涯教育来说,生命教育不仅是互相交融、互相渗透,更是以心灵深处的感动、认知来更好地加强学生的心理素养、心理健康,从而为生涯教育做好了源头保障工作。

二、"春风化细雨"——语文是具情感优势的生命教育学科

泰戈尔说:"教育的目的是应当向人类传递生命的气息。"生命教育不是一门独立的课程,而是一种人文关怀。充满人文情怀的语文学科在实施生命教育的过程中有着其他学科不可替代的

作用。

作为母语，我们从小学习中华五千年来代代相传的经典美文。从古至今，国文大家留下的墨宝下至三岁稚童，上至七旬老人，都是耳熟能详、朗朗上口。究其原因，无外乎是因为这些文字中蕴含的魅力。它们不局限于时间、更不拘泥于地域。推而广之，古今中外的名著经典都包含了对生活的观察、对世界的思考、对人生的启示。这些智慧的结晶对于读者来说是瑰宝。它如春风细雨般滋养着读者的内心土壤，丰富滋润着人们的内心世界。所以，语文教师要充分挖掘语文教材中生命教育的因素，引导学生正确认识生命、珍惜生命、尊重生命，欣赏生命。

三、"万紫千红总是春"——多角度实现语文教学中的生涯教育

教师可以通过在语文课堂中的情感体验来引起学生对生涯的关注、引起他们对生涯的好奇，更重要的是建立自己正确的生涯观，拥有坚毅的品格、积极的态度，以及对美好生活的向往，最后能够实现自我的生涯自信。教学方式方法是多样的、目标也是多元的，但实现生涯教育要由浅入深，符合中学生的心理成长和认知的提升规律。这里结合具体的课例简单举例来浅谈自己的观点和一些具体的做法。

首先谈一谈生命教育的基础，就是尊重生命、珍惜生命，认识到生命的宝贵！这是在低年级的学生中要加强的教育。前文就提到，在生涯教育的大背景下，不能只思考生涯教育可以给学生带来的职业体验和未来规划，还要思考作为一个"人"来说心理的发展、认知的进步等内在的需求。落实生命教育的基础就能很好地帮助青少年在遇到生涯规划中的突发状况、意外事件时，很好地来调整

心态,避免一些极端事件的发生。有些孩子在遇到生涯挫折时,没有人告诉过他们该怎么办,如何来消解负面情绪。所以,在课堂教学中,教师可以适当融合生命教育,为生涯教育做好源头保障工作。

教学低年级课文《穷人》,很值得教师去拓展。桑娜一家在家庭如此艰苦的情形下,不仅自己努力地生存下去,并把自己的家布置的干净温馨,而且依然坚持抚养邻居家失去父母亲的幼儿,挽救幼小的生命。可以从中看到人性中无私的善良之美,可以说是精神上的巨人。主人公的勤劳、能干、善良、朴实的精神品质对学生十分具有教育意义。而且还反映出生命的可贵。人不管在什么情况下都应该珍惜生命,不仅是自己的生命,还要尊重他人的生命,在生存面前要互相关爱、互相帮助!相信这些潜移默化的影响能够在孩子们的心中生根发芽,带给他们正确的价值导向,加强他们的抗挫能力!

其次,说一说生涯的持续发展。高年级的学生往往就会遇到此类问题。生涯教育是为了引导孩子如何更好地、更正确地规划自己的生涯。但人有悲欢离合,月有阴晴圆缺。青少年在成长的道路上即使已经做好了规划,也不一定就能一蹴而就、一帆风顺。他对自己的规划也很有可能会失误、会有偏差,导致最后的结果不尽如人意。这时增加他们的信心,磨炼他们的意志品格就显得非常重要!这不仅是生命教育中十分重要的抗挫教育,也是生涯发展中必要的心理建设。

教材中,《秋天的怀念》《假如给我三天光明》等经典散文,在字里行间蕴含着生活不如意之事十有八九,关键是如何克服困难、坚持不懈、积极乐观的哲思。除了阅读课之外,这类意蕴丰富的美文还可以结合写作,让学生联系实际生活,结合自身感受,进行写作训练。如中考作文题《不止一次,我努力尝试》,就是为了引导学生关注自身成长,建立正确的世界观。

第三,应该要如何实施呢?教师可以指导学生从制定一个个小计划开始做起。梦想是一定要有的,万一实现了呢?在青少年在成长过程中,不应该给予他们太多约束,而是要尊重他们的想象力,给予他们无限大的空间。但是"画饼充饥"是不行的,如何引导孩子们一步一步去制定计划,帮助他们达成一个个小目标,让他们不要觉得前路漫漫,让他们不要中途放弃,这也是生涯规划中的重中之重,所以化零为整的思想概念就很重要。

在教学《走一步,再走一步》这篇美文时,就有意识地灌输给孩子这种思想。就像文章中所说的那样,"不要看下面遥远的岩石,而是注意相对轻松容易的第一小步,迈出一小步,再一小步,这样就能体会每一步带来的成就感,直到达成了自己的目标。"感受每一步的成功就是一个契机,能很好地帮助学生实现生涯自信,最终助益于生涯的发展。

最后,我还想谈一谈生涯的终生发展。初中只是学生成长过程中的一段旅程,它是一段人生的小结,却又是更广阔的征途的开始。引导孩子合理规划未来不难,但当人的职业、人生的发展取得阶段性成功的时候,能否继续努力拼搏,不断积极进取就显得更有价值!在教学林清玄先生的经典美文《百合花开》时就想到了结合生涯教育来实施。通过引导学生理解段落与段落之间的关系,将主旨定位在"挖掘百合花获得成功以及更大的成功所具备的品质。"因为也许很多人在逆境中能坚定自己的信念,吃苦耐劳地去努力,实现自己的目标。但是要想获得更大的成功,那就是在获得了一定的成功后,即使在顺境中也要有坚定执着的信念,脚踏实地地付诸努力。理解到这一层面可能对学生具有更大的现实意义,对他们的生涯发展的持续性也有很大的指导意义。

为此,在课堂中多用朗读的方法,让学生沉浸到百合的内心世界,去感悟它处在人生的不同阶段,却有着相同的执着努力,有着更远大的理想抱负。通过这种沉浸式的教学,让学生收获颇丰。

四、"柳暗花明又一春"——成功在自己的持续努力之中

教育就是关心学生的每一次生活活动,学习的过程就是享受生活的过程。这种关怀是"生命活动"实践中社会价值、个人价值和教育自我价值的统一。生涯教育的核心在于通过认识生命、了解自己、制定目标、规划未来,使每一个人都成为"我自己",都能最终实现"我之为我"的生命价值,即把生命中的爱和亮点全部展现出来,为社会、为人间焕发出自己独有的魅力光彩。

语文学科有它独有的情感优势,能很好地承载这一教学教育目的。教师可以引领学生感受文本的内涵来丰富学生的精神品格,来帮助他们最终实现自身的价值。这就需要将生命教育和生涯教育牢牢结合在一起,用语文学科这个纽带构建桥梁,使学生在生涯教育中真正有所得、有所悟!

引导学生思考在自己将来的学习生活也好、职业生涯也罢,这些都是学生自己选择规划的未来,需要一步一个脚印去走、去实现。但是当走到了既定目标之时,不要以为那就是生涯的顶峰,其实还可以不断地超越自己,完善自己,在职业生涯里没有最好只有更好,在人生道路中更是如此!

参考文献:

[1] 陈四光. 自我同一性理论对职业生涯规划的启示,学理论(14),51—52.(2015).

〔2〕戴腊梅,李小龙. 团体辅导在初中生涯教育中的尝试,中小学心理健康教育(15),21—23.(2014).

〔3〕董珉,向丽,祝文慧. 基础教育阶段推行职业生涯教育的问题与对策——以武汉市为个案的调查与分析,教育发展研究(3),52—55.(2007).

初中英语教学中渗透生涯教育例谈

陆燕雯

内容摘要: 在初中英语教学中渗透生涯教育研究,既可以让学生深刻体会到英语的学科价值与实用价值,又可以帮助学生正确认识自我,更好地规划自我。本文通过选取初中牛津英语教材中与生涯教育相关的内容,在教学方法上融合生涯规划三个方面,引导学生认识、理解、实践、探索,达到一定的教育效果。

关键词: 初中英语　教学渗透　生涯教育

教师可以围绕初中英语教材开展有效的教学活动,引导学生对未来将要从事的职业进行合理的规划和畅想,指导学生结合自身的特点开展适切的生涯设计,为未来的生涯决策奠定充分的基础。

一、在教学目标中渗透生涯意识

让孩子们认识到生涯意识是可以早早培养的。初中阶段英语教学中渗透生涯教育的目标主要在于引导学生认识自我,激发和培养学习兴趣,唤醒生涯意识,感悟生命的价值和意义。对于初中生来讲,他们离真正从事社会工作还有一定距离,但是可以确定渗透生涯意识的教学目标,选择教材中具有代表性的文本内容,引导学生观察他人特质,客观地认识自我,拥有面向生涯、展望未来的思考,这是对初中生进行生涯教育的第一步。

牛津英语 8AU2 A day in the life of Whizz-kid Wendy 一文以时间顺序为主线,介绍了被称为"神童"的 Wendy 的一天作息安排。Wendy 除了学生身份外,还是家族公司的经理。Wendy 白天在学校以学生身份学习,和其他学生没有两样,放学后则以经理身份去公司处理业务、联系客户、召开会议,结束后回家还要完成学校作业,常常在 12 点以后睡觉。

课文呈现了一个双重身份的青少年形象,在校学习的同时已经开始在公司兼职,这个切点是引导学生做好生涯规划的契机。笔者在教学设计时,把"通过本文学习,学习同龄人的榜样,树立生涯意识,引导学生为自己的未来做好当下准备。"定为情感态度价值观目标。围绕这一目标,在读后环节设计中,把学生自己一天的作息安排和 Wendy 的作比较,找到自己和 Wendy 之间的差距,引导学生认识自我,提高自我管理能力,做好时间管理,为自己的未来做好当下的自我规划。让学生明白,所谓的神童是靠努力和自律获得令人羡慕的成功。从课后学生学习英语的需求和自觉性明显提高的反馈来看,本课渗透生涯教育的目标达成度较高,教学效果较为理想。

二、在教学内容中贯穿生涯探索

牛津英语(上海版)教材中与生涯教育相关的内容所占比例很大,为教师提供了开展生涯教育探索的很大空间。把教材相关内容和校园开放日活动结合起来开展教学活动,对于增进初中生对校园的热爱,引发初中生对校园的归属感和中学生身份认同感的思考。加上对校园这个"小社会"的探索,对他们未来顺利地融入社会是非常有帮助的。

牛津英语六年级和七年级教材中,有诸多涉及个人理想、潜能发展、认识自我、职业体验、角色扮演等与职业生涯教育相关的内容。教师可以利用教材文本内容,引发学生对职业生涯的探索。比如,"My dream is…""I want to be… because…""will be…in ten years' time"等,可结合不同年级学生的心理特点,提供一些丰富的职业生涯教育内容。这为英语教师进行职业生涯教育的探索提供了契机,教师可以结合教学实际,采取有效措施,做好生涯教育的有效渗透,使学生未来职业发展更加顺利,能为社会做出更多贡献。

为进一步引导学生增强职业体验,让学生对当前社会发展状况、不同职业需求状况有一个初步的了解,鼓励学生未来结合自身兴趣爱好和特长选择适切的职业。笔者曾设计如下活动:在课内,通过学生介绍自己的理想职业,归纳出相关的职业名词:teacher,cook,doctor,nurse,secretary,architect,fireman,SPCA officer 等核心词汇。利用校园开放日,组织一个职业体验活动,把教室布置成不同职业的工作环境,邀请真实生活中从事课内学到的相关职业的家长现身说法,担任职业培训师,学生根据自己的兴趣选择喜欢的职业,在培训师指导下,了解有关职业的基本要求和必备的专业技能。接着,在模拟职业环境中,体验不同职业所做的具体工作。例如,在受学生欢迎的厨师体验教室里,培训师首先和学生讲解厨师必须具备的素养和基本技能。再接着,进入到动手操作环节,在培训师指导下,学生们完成了凉拌蔬菜和水果色拉。

活动结束后,有学生说:"看似很简单的一道菜,真正做起来很有讲究。比如在蔬菜和品种选择时需要考虑营养搭配、颜色搭配、色拉酱放多少、如何摆盘美观等等问题,大有学问。"在另一个烘焙师教室里,真正的烘焙师按照专业步骤教学生们制作造型可爱的动物饼干,当热乎乎的饼干从烤箱里小心翼翼拿出的那一刻,学生们觉得自己就是一个烘焙师,从中体会到烘焙师职业需要耐心、细心的职业素质,每一个步骤都必须严格按要求完成,就拿烘焙时间来说,多烤一分钟可能会把饼干烤焦,少烤一分钟饼干可能还没烤熟。这些来自学生亲身经历之后的真实感悟潜移默化地帮助学生形成生涯探索的意识,让他们做自己未来的设计者和规划者。

三、在教学方法上融合生涯规划

教师还可以尝试设计适合贴近生活实际的情境,选择适当的教学方法,引导学生做好生涯规划。设计演讲活动是比较常见的教学组织形式,学生在准备演讲过程中,需要运用社会调查、数据分析、归纳总结的方法,最后通过演讲的方式表达出来,学生可以在这个过程中更为深入地增进自我认识,了解自己兴趣、能力,找到自己感兴趣的生涯或职业方向,同时又可以促进学生对自身现有的不足进行反思,在未来的学习中加深对生涯规划的认识,提高生涯探索能力。

比如,笔者在进行"I am going to be a basketball player in ten years' time"教学时,在 post-task activity 环节设计了一个"Myfuturecareer"为主题的演讲活动,让学生写一篇小短文上台演讲。演讲内容包含畅想未来希望从事的职业,自己想获得哪些职业成就,自己目前还有哪些能力的缺乏,在未来的学习中需要关注哪些方面的培养。

又如,结合暑期社会实践活动的开展,笔者设计过一个求职演讲。具体任务为:学校将为学生提供五个社会实践职位——急救员助理、动漫设计师、主厨助理、报刊编辑助理以及画室实习生。学生根据自己的特长、性格特征、兴趣爱好,选择最感兴趣或者觉得自己最能胜任的职位,做一个求职应聘的演讲,教师和其他学生一起评价竞聘者、给其建议并给出评分。评分标准为演讲内容、流畅度、是否能胜任该工作。整个演讲有如下要求和期待:(1)需要学生对自己的基本信息做介绍;(2)了解演讲者的兴趣爱好与意向职业是否相关;(3)需要学生正确理解他们所选择的职业的要求;(4)要求学生对合格的职业人进行一定的分析;(5)需要学生明白自己的梦想与现实的差距以及努力方向;最后,通过同伴互评,让其他同学参与讨论,选出最胜任的学生获得相关职位的实践机会。在活动分享阶段,有的学生说:以前从没有完成过对英语有这么高要求的活动,看来我得好好学习英语,积累词汇量了;有的学生说,我打算课外报个口译培训班,提高自己的口语表达能力;还有学生说,原来求职的要求这么高,不多学点知识,提高能力,我将来什么工作都做不了……虽然教师提前把活动的内容和要求告诉学生,由于这种类型的演讲对学生综合运用语言的能力和要求比较高,还需要具备一定的职业认知做基础,实际的演讲质量和预期有比较大的差距。但是,这种类型的活动培养了学生正确看待事物的积极心态,鼓励学生主动合作和创新,增强了解决实际问题的技能,从学生这些方面的获得和提高来看,仍不失为融合生涯规划的教学方法。

综上所述,在初中英语教学中开展渗透生涯教育的探索和尝试,需要教师正确理解自身在生涯教育实施中的角色,主动承担生涯教育职责。同时,更需要教师深入了解生涯教育的理念、目标、内容,深度挖掘学科中的生涯教育元素,把这些元素融合在日常教学中,一方面能够激发初中生学习英语的兴趣,另一方面也是学科教学中渗透生涯教育的最佳途径。这样的探索和尝试,值得深入持久地继续下去。

参考文献:

[1] 罗伯特·里尔登,珍妮特·伦兹,加里·彼得森,等.职业生涯发展与规划[M].北京:中国人民大学出版社,2016.

[2] 李翠荣.在中学英语教学中渗透生涯教育[J].科技教育,2015(10).

[3] 罗靖婷.如何在初中英语教学中融入职业生涯规划[J].校园英语,2019(17).

[4] 李利.初中英语教学中渗透职业生涯教育的实践探索——以一次系列拓展阅读课为例[J].海外英语,2019(23).

[5] 刘红梅.初中英语课程渗透职业生涯教育初探[J].发明与创新(职业教育),2020(02).

课文"做校园的小主人"渗透生涯教育
——牛津教材 7B Unit8 A more enjoyable school life 活动设计

沈洋洋

内容摘要: 英语学科以其教材丰富性和学科特殊性,非常适合在输出活动中渗透生涯活动设计。本文根据沪教版牛津英语 7B 中 Unit 8 A more enjoyable school life 一单元中的内容,对学科教学渗透生涯教育进行一次实践发现和反思,探索中学生对于校园的归属感,以及未来学生走入社会后的公民归属感。

关键词: 校园　小主人　生涯教育　初中英语

一、问题的发现

本活动系英语学科活动,在初一(5)班进行。我和这个班级学生有近两年的教学及相处,发现该班学生缺乏学习的主动性和目标性,虽然可以认真地完成老师布置的任务,但是学习动机都来自外部而非内驱力,不利于学生长久和持续性的发展。针对这一问题,在学校引入生涯教育的背景下,我尝试在英语课堂中融入生涯力培养,选取和学生有紧密联系的选题,让学生对于学校更有融入感,从而加强英语学习的动机。

英语学科是一门既有文学性,又具有工具性的学科,其教材是生涯教育的丰富材料库。以沪教版牛津英语为例,教材涵盖了学校家庭生活、天文地理、文学欣赏、名人传记、职业选择、寓言童话等。比如,在7B教材"Unit5 What can we learn from others"中,学生可以在语言学习和交流过程中,正确地认识自我,并且思考可以从他人身上学到的优秀品质,改善自己在生活和学习上的缺点,进行自我激励。"Unit 11 Electricity"中,学生可以了解大自然中电的各种相关知识,教师可以鼓励学生在课本之外通过网络、图书馆和电力公司等渠道进行调查研讨,完成研究报告,在合作交流中接触更多关于电的相关职业知识。所以,丰富的学科内容,结合教师不同的教学设计,可以让学生在学习学科知识的同时,提升自我认识和自我控制和规划,从而提高生涯适应力,以达到生涯教育的目的。

二、设计活动案例

在"7B unit 8 A more enjoyable school life"单元中,学生熟识

的主人公 Mr. Li 要求对低年级学生的理想校园做一次调查,然后在班级里进行讨论和交流,提出是否可能,最后全班同学实行这些可行的改变。根据本单元内容,进行了学科渗透生涯教育的尝试。

1. 理想校园提出

首先,在学习了本单元 reading 内容,以 Mr. Li 班级学生调查出来的低年级学生对学习环境提出的问题为引,班级同学在教师的引导下提出自己对理想校园的畅想,经过交流和讨论,最多的问题如下:

(1) Less homework every day.

(2) More books in our classroom.

(3) A swimming pool in our school.

(4) More footballs and basketballs to play with in P. E. lesson.

(5) Decorating the display boards to make our classroom more interesting.

(6) Putting some lockers at the back of our classroom.

(7) An air-conditioned classroom.

接着,通过学生讨论改造方法,统一决定 1 和 7 实行有困难,所以选择其他五条对班级教师和周围环境进行改造,以创造一个更愉快更舒适的学习环境。全班学生在教师帮助和指导下分为五组,并指派了小组长负责,以抽签形式拿到小组负责的改造项目,小组内进行改造方法和分工的讨论。

以张同学小组的讨论内容记录为例:

Zhang:Okay, so our task is to put more books in our classroom. What do you think about it?

Liu:The first problem is(that)we don't have so many books. Where can we collect them?

Zhang: Maybe we can ask our classmate to bring some to us.

Lu: I think we should also find out what kind of books our classmates would like to read. That's important.

Xiao: Yes, so we should conduct a survey first. Em... like this, question 1: What kind of books would you like to read? Question 2: What books you can provide for our class?

Lu: Yes! And then we can also buy some books according to this list. We can also ask our Chinese teacher to recommend some books.

Zhang: And we can buy them on Kongfz. I have bought some second-handed books there. They're cheaper. And where do we put these books?

Zhu: On the desks in the front of the classroom. And we can use some book ends to make them look tidier.

Liu: I think it will work. And we can also conduct surveys about students' ideas on our class library regularly to put more books they're interested(in).

Xiao: Then we need more money to buy new books. I don't think our class have enough money.

Zhu: Errr... maybe we can exchange some books with other classes?

Zhang: Good idea. Okay, so let us devide(up)the work.

Lu: I can print the questionnaire.

Zhang: Excellent. After that, all five of us list the books we can get and(those)we need to buy.

Liu: I will find these books on Kongfz or other second-handed bookstores. Xiao，can you help me?

Xiao：No problem.

Zhu：I have some spare book ends. We don't need to buy them.

Zhang：Okay，let us do it!

张同学小组的任务是设立一个班级图书角，在对话中，以负责任张同学为主导提出问题，组员对于谁提供图书、如何选择图书、如何设立图书角和如何维持图书角进行讨论。

在这个活动中，改造问题由学生提出，也由学生想办法讨论解决，学生内驱动力增强，在不断发现问题和解决问题的循环中增强了生涯自信；并且在分工讨论中，学生学会和组员交流合作，发挥所长，也增强了学生的信心，提升学生在校园生活中的自我价值。

2. 理想校园改造

在确定了改造方案和分工后，学生做好准备工作，拍下改造前后的照片，分别负责改造本班教室和周边的学习环境，期间学生交流讨论遇到的新问题，教师和班主任提供相应必要的帮助。

在张同学的小组，卢同学设计并下发问卷统计班级同学的喜爱书籍种类和可以提供的书目名称；班主任提供班费让其购买问卷中统计到的学生喜爱的书籍和任课老师推荐书目，并且帮助学生和其他班级同学进行沟通；在学期末交换书籍以保持书目种类；刘同学和班级同学宣布图书角使用规则并且贴在图书角上。

本次实践的主题为改造学生的学习环境，与学生的切身实际生活相关。整组同学共同参与，负责不同工作，张同学主要负责组织统筹，卢同学主要负责调查，肖同学主要负责购买书籍，朱同学主要整理图书角,刘同学主要负责制定图书角规则。学生负责不同工作,以体验在工作中会遇到的实际问题和合作交流,并且在其中认识到自己的特长和缺点,更好地认识在校园中的"我",认识到自我价值。除此之外,改造校园的工作中,学生对校园的归属感增强,通过亲手改造自己的学习环境,提升其对自己的学习生活的掌控的自信,从而更加主动地加入到对自身的生涯规划之中,从而为学生进入社会,寻找自己在社会中的位置和社会属性做铺垫。

3. 报告总结

在改造后一周内,学生以小组为单位完成报告,记录改造原因,在过程中遇到的问题和小组讨论尝试的解决方法,展示对比照片。学生个人完成报告,自己在小组活动中做了哪些贡献和工作,组内互相评分。最后,小组互相评分,以改造后满意程度和报告优秀度为评分标准。

张同学小组报告:

Group 1：Zhang，Liu，Xiao，Lu，Zhu.	Project：Class Library
Why：Because we want to read more books but the school library is only open to us once a week.	
How： 1. First, conduct a survey about what kind of books students would like to read and what books they could provide. 2. Next, collect the questionnaires. 3. Then collect the books from the students and buy some books on Kongfz. 4. Put the books on the desks in the front of the classroom. 5. Discuss the rules about the class library.	Pictures Before： After：

（续表）

Group 1：Zhang，Liu，Xiao，Lu，Zhu.	Project：Class Library
The problems： 1. No books. 2. Not enough money. 3. It may look untidy.	The solutions： 1. Students can bring some books they like to school. We can also exchange the books with other classes. 2. We can buy the books on Kongfz. 3. Zhu can bring some spare book ends.
Scores： Self-assessment：★★ ★★ Peer assessment：★★★★★	

张同学个人报告：

Name：Zhang	Project：Class Library
What I do in the group： 1. Organize the activity. 2. Collect the questionaire. 3. Help design the rules. 4. Complete the report.	
Scores： Self-assessment：★ ★★★ ★ Peer assessment：★★★★	
Standard： 1. Is it more convenient and interesting to study in the classroom? ★★ 2. Does she/he take part in the discussion and activity? ★★ 3. Is the report clear? ★	

在完成报告的过程中，学生可以回顾自己在活动中所完成的工作，找到自己对工作和职业的责任感并且进行尝试，通过实践提升其对职业的了解和认识。比如张同学在活动中主要涉及到的工作是组织和统筹，引导组内同学进行活动讨论和展开，并且帮助组

内同学解决问题和完成小组报告,并且组内同学对其的组织能力有一定的认可。从工作的实践和同学反馈中,张同学可以更好地认识到自己身上的特长,提高了自我认识,这要比课堂中的心理测试或者学习其他理论知识更加直观和明显。

三、反思与发现

1. 活动设计不能喧宾夺主

学科教学渗透生涯教育的活动设计需要完成学科本课的教学目标的同时,润物细无声地培养学生的生涯适应力。生涯教育部分的比重不能盖过学科教学,顾此失彼。实践是方法,但是目的还是让学生在学习学科知识的同时,提升其生涯认识。

2. 动机和效果需要相统一

初一(5)班学生此前未接触过系统的生涯教育,需要教师推动完成任务,所以活动以小组为单位进行,但是确定理想校园的改造项目是由全班讨论后抽签分配到每个小组,所以部分小组对于改造的动机并不积极,出现了只有负责人在指挥分配,而组内其他同学都仅仅在盲目地执行,没有对问题和自己能够胜任的工作进行思考。生涯教育要以学生为本,调动每个学生的积极性,发掘学生身上的个性化能量,为学生提供生涯规划选择的可能性。

3. 评价方式需要多元化

本次活动设计的评价方式以最后的学生报告为主,并且显示为星数打分。第一,缺乏过程性评价。部分学生不擅长报告撰写,其分数相应会有所降低。第二,星数打分太过笼统,部分学生并不愿意当面给出对同学的评价,仅仅在组内交流评价中无法客观地对于自己的优势和不足进行评价,对自己形成客观性的评价。第三,学生在自评和互评后缺少对自我认识的总结,没有和生涯认识联系到一起。

四、结语

学生在熟悉的校园场景中实践课堂所学,为他们心中的理想学习环境而改造校园,并且在实践后完成报告回顾自己的工作和评价。在这个活动中,学生思考了他们作为虹教实验的一分子的集体意识和责任感,找到学生在理想校园中理想的自己,提升自我价值感以及他们作为中学生的身份认同感,加强了学生和校园的之间的联系,为学生未来进入社会做准备,培养其公民意识和社会属性。

参考文献:

[1] 罗靖婷. 如何在初中英语教学中融入职业生涯规划,校园英语,2019(17).

[2] 李广耀. 以"学科之美"嫁接出生涯教育的硕果,江苏教育,2019,(11).

[3] 徐跃芳. Elias 的抉择——生涯教育在英语教学中的渗透,德育天地,2019.

[4] 王海庆. 认知自我,深挖潜能——生涯规划学科渗透的探索与实践,河北教育,2020.

在初中数学教学中以项目化学习渗透生涯教育的研究

楼达宇

内容摘要: 在初中数学教学中,运用项目化学习,将学生固有的被动式、独立式的学习方式,变为主动式、合作式的学习方式,促发了人际交流学习的可能性，不仅对知识的吸收有所帮助，对他们的人际成长和人际互动也有所提升，无疑是渗透生涯教育的意义。

关键词： 初中数学　项目化学习　生涯教育

一、把项目化学习引入数学教学的动因

初中生涯是一个人职业生涯的成长期，心理成长、身体发育、理想信念和性格养成等都会在这个时期形成。学生若及早接受生涯规划教育，综合分析自己的兴趣、性格、理想、优点、社会优势，确立自己未来的职业理想和人生目标，树立良好的学习兴趣和奋斗目标，教育的效果将大不相同。

笔者是数学老师，又长期担任班主任工作。我的学生大多来自普通家庭，还有不少问题家庭。部分学生很自我，不善于团队合作，不善于积极思考，不乐于探究学习，目标和理想不明确。有的学生对自己未来迷茫，对自己的人生的规划，仅仅停留在"我对什么专业感兴趣，我要考哪所大学，我想从事什么工作"上，对于生涯规划来说，是远远不够的。

基于上述情况，如何在自己的课堂中将生涯知识融合于数学课堂，这是一个很有价值的问题。日前，上海市教委出台了《义务教育项目化学习三年行动计划（2020—2022 年）》，计划指出，项目化学习过程中要把握正确的育人方向，全过程融入爱国主义、社会主义核心价值观、中华优秀传统文化、公民道德等元素，培养学生创造性思维、批判性思维、团队沟通与合作等重要的终身学习能力。这些都与我们学校正在打造的生涯教育实践不谋而合。

笔者拟从项目化学习入手，尝试将学生的数学知识学习和生涯规划教育紧密结合，在真实的项目情境中培养学生自我发展、团队合作的能力和坚毅的品格，使学生成长为有学识、有见识、有胆

识的未来人才。

二、将项目化学习运用于数学教学的探索

（一）为什么是项目化学习：从对数学的误解谈起

1. 对数学存在一些误解

人们对数学存在一定误解，包括：（1）数学就是一系列解题步骤与规范的集合；（2）反应快的人就是数学学得好的人；（3）数学中只有正确答案与错误答案；（4）我已经得到了正确的结果，为什么还要去解析这个结果的来龙去脉；

其实，笔者认为真正的数学工作的四个步骤：（1）提出问题；（2）根据问题建立数学模型；（3）计算；（4）从数学模型回到问题，看问题是否得到解决。

人们对数学的认识多数集中在第三步，这是误解。现代社会需要的是能够提出好问题、建立模型、分析和解释数学结果的人。

我们经常在课堂上要求学生将问题转化为数学语言，建立方程，然后计算求解，也就是将问题从实际生活中抽象出来了，学生需要做的一般是套用已有的知识去计算，其实缺了很重要一步，就是用数学的眼光发现问题，这不利于培养学生在未来生活中的竞争力。

2. 为什么选择项目化学习？

夏雪梅博士认为，学科项目化学习是从某一个学科切入，聚焦关键的学科知识和能力，用驱动性问题指向这些知识和能力，在解决问题的过程中进行学科与学科、学科与生活、学科与人际的联系与拓展，用项目成果呈现出对知识的创造性、运用和深度理解。之所以提出学科项目化学习，是考虑到当前我国分科教育和学科教师的现实，从学科领域提出有挑战性的问题，跨学科解决，同时培

育学科素养和跨学科素养。

为什么选择项目化学习？因为项目化学习对学生更有吸引力。这一代的学生时常抱怨数学是无聊的，而在项目化学习中，学生的学习是主动而非被动的。他们有机会把课内所学的知识与现实社会相联结，在学习中也变得更投入了。项目化学习有助于提高学习效果。通过项目化学习，学生对学习内容有了更深入的理解。相比于传统的教学，项目化学习是要求学生能把所学到的知识应用到真实的场景中。

在学习素养视角下的项目化学习设计框架：确定核心知识——形成本质问题——转化为驱动性问题——设计高阶认知策略——确认学习实践——明确最终成果形式和公开方式。这些也都是生涯规划和适应所必须具备的能力。

（二）项目的设计与生涯教育渗透：以"校园爱心义卖"为例

为了更好地弘扬"人道、博爱、奉献"的精神，进一步践行社会主义核心价值观，营造良好的校园氛围。我们学校每年都会举办一次举办了校园义卖活动。学生以往都会把家里闲置的物品拿来进行义卖，效果并不是很理想。于是笔者为了调动我们班学生的积极性，设置了200元的启动资金，用于购买义卖物品，并让他们分组自行筹划整个班级的义卖活动，结束后计算收益情况并总结得失，形成了一个基于"校园爱心义卖"的项目化学习。

学生在整个过程中遇到各种各样的问题，摘要如下：

片断一：小组负责人召集小组成员商量买什么东西来进行义卖。

学生A：我们只有100元的预算，买点便宜的吧，文具之类的，大家都用得到。

学生B：这些东西大家都有，不一定好卖，不如买点明星贴纸，销路应该不错。

学生 C:要不我们在班级里做个简单的调查,然后再定。

学生 A、B:好主意!

经过一段时间的调查研究,最终决定购买一些有特色的小商品,每种物品各买 3—4 个,把资金分散开,避免出现滞销的现象。

片断二:比价的过程

现在的学生比较倾向于网上购物,淘宝、京东等,每个网站都有不同的促销方式,这就需要大家用数学工具去计算了。

学生 A:我看下了,淘宝网上有活动,可以领券,满 50 减 5 元。

学生 B:我看京东上也有活动,满 40 减 3 元。

学生 C:我们把所需物品列个清单,计算一下,进行比价。

经过一番计算和尝试,比如,计算清单上的物品的优惠情况,再根据电商的优惠活动调整自己的购物清单,对多个电商网站、多个购买方案进行比较,最终决定在淘宝上购买。

片段三:定价的过程

商品都到货了,要开始对商品贴上标价,问题又来了,怎么定价。

学生 A:每件东西的价格都按成本价乘以 2,怎么样?

学生 B:一个小镜子成本 7 元,卖 14 元,是不是太贵了。

学生 C:网上查查一般小商品的利润率是多少?

学生 A:查询下来大概 15%—20%,好低啊。

学生 C:我们没有房租什么成本,又是义卖,大家乐意花点钱,我们可以尝试把盈利率定在 50% 左右,不行,到时候再促销。

学生 B:找同学来卖艺吧,书法、画画、cosplay 等等,不要成本,收益还不错。

同学们通过一番讨论,发现这就是平时课堂中的盈利率问题,盈利率不光能计算收益情况,倒过来还能用来估计售价是否合理,盈利率没我们想象中那么高,翻倍赚钱的例子在实际生活中几乎没有。不同的商品盈利率不同,我们在前期选购义卖物品的时候,还应该考虑挑选盈利率高的商品。

片段四:促销的过程

活动当天,一切顺利,因为有前期的调查,同学们挑选的义卖物品一半已经顺利出售。但剩下的部分不大好卖了,活动也快结束了,于是促销开始了。

学生 A:打折吧,8 折、7 折,看看能不能卖出去。

学生 B:效果不大好,而且前面买过的同学过来让我们退钱。

学生 C:搭着卖,买一送一,买个大的,送个小的,把卖不动的送掉。

学生 A:好主意,过了义卖就都砸在手里了。

学生们意识到买卖没有想象中那么简单,盈亏情况受很多因素影响,不仅仅是课本上提到"每件商品赚多少""卖了几件""赚了多少"这么简单。如果有卖不出去的,对盈利率影响很大。

三、项目化学习的案例片段分析

整个项目化学习过程中,学生始终在发现问题,分析问题,尝试解决问题的过程中。

片断一:学生采用了调查问卷的方式来决定买什么义卖商品,说明学生能从感性的认识上升到理性的判断。

片段二和片断三,通过探究问题让学生经历一个从定性考虑到定量考虑的过程,有助于提高他们对数学的应用意识。在这一问题中,要让学生理解与经营相关的一些概念,如"成本"、"售价"、"盈利"、"亏损"以及"利润率"等,并使学生理解方程模型在综合性问题中的作用,感受数学与生活之间的密切联系。

片断四:将数学学习渗透到真正的实际生活中,最终的盈利情况受多种因素影响,使学生考虑问题从单一走向整体。

整个项目化学习为学生提供一次可以完整体验的实际活动,遵循"教学做合一"的原则,将正在学习的数学知识点分层融入到各个环节,让所有的同学共同策划、共同参与。并达成主要目标:一是促使学生在活动中积累数学活动经验,从数学的角度去发现问题、分析问题、解决问题。二是培养学生与人交往的能力,发展独立解决问题的能力,提高社会综合实践能力。三是让学生从小树立关爱他人的意识,养成乐于助人,乐于奉献的良好品质。这是一次有意义的生涯教育。

四、项目化学习的成效与反思

通过项目化学习聚焦学科知识和能力,用驱动性问题指向知识和能力,在解决问题的过程中进行学科与学科、学科与生活、学科与人际的联系与拓展,用项目成果呈现出对知识的创造性运用和深度理解。这需要更多样的学习实践,包含提出问题,合作沟通,基于证据的表达,有创意的有美感的呈现,使用信息技术,等等。这些实践是学生在通常的学习情境中较少遇到的,有一部分学生可能会不适应,但也有一部分学生可能因此获得新的学习机会。

在整个项目中,所有同学都开始有想法就说出来,有的同学负责广告营销;有的同学负责绘画创意;有的同学负责淘宝购物,有的同学负责信息技术,有的同学愿意担任组长,保证项目的完成要分配、执行。尤其是义卖商品的采购、分类、成本核算、定价、促销、计算利润等等一系列活动无不充分展示了数学学科知识的运用,初步体会真正的数学工作：(1)发现问题；(2)建立相关数学模型；(3)计算校正；(4)解决问题。

在一次次的反思精进中，他们也会有很多争执，会有冲突，也有的同学委屈地哭了起来，但他们最终顺利完成了整个项目。学生在挑战中勇敢前行，不断跨出舒适区自我突破，也一次次收获了"我能行""我可以再试试""还有没有别的方法""也许下次我也可以……"的真实而深刻的体验，提高了自我效能感，激发了潜能和应对不确定未来的信心，这也正是生涯教育的重要意义所在。

从真实的项目体验出发，探索将生涯教育与项目化学习相结合的实践方式，在真实的项目情境中培养学生自我发展、团队合作的能力和坚毅的品格，使学生成长为有学识、有见识、有胆识的未来人才。

初中物理教学中提升学生生涯适应力的研究

陈水英　　黄　文

内容摘要：初中物理教学倡导"从生活走向物理，从物理走向社会"的理念，将生涯规划教育融入初中物理学科教学。本文通过案例分析，让学生能够将书本知识与现实生活相联系，帮助学生认识自己、认识职业，进行职业体验和生涯规划，最终提升学生的生涯适应力。

关键词：物理教学　学生生涯　适应力

初中物理教学倡导"从生活走向物理，从物理走向社会"的理念,这一理念与生涯教育倡导的认识自己、认识外部世界、将自己的发展与社会变迁紧密结合的观点不谋而合。在物理学科教学中融入生涯教育,引导学生通过学习物理知识,正确认识自己;通过拓展物理学科知识,正确认识相关职业;同时开展研究性学习活动,可带领学生进行职业体验与探索;增强学生的科学态度和社会责任感,培养学生适应未来社会发展的关键能力和必备品格,最终可能会影响学生的生涯规划。

一、充分挖掘教材素材,在阅读思考中,提高生涯适应力

现行初中物理教材中,通过内容专栏、教材正文渗透、阅读材料渗透等形式建构了中学物理教材中的职业生涯教育内容,既有直接的职业介绍,也有相关人物的从业经历,学习成长经历访谈,还有各种社会实践,甚至角色扮演活动。通过这些项目的渗透教育,目的就是让学生们了解相关的职业知识,激发学生们对各种领域和职业的好奇心。

以初中物理《眼睛和眼镜》一节的"科学世界"介绍的是眼镜的度数,在该栏目中便可加入验光师的介绍。验光师就是用综合验光仪等专业设备检测大家眼睛的屈光性质是正视、远视还是近视,并测定屈光度是多少,然后决定是否要配眼镜和应配多少度数的眼镜。同时给大家普及有关眼镜以及爱护眼睛的知识。要想成为一位优秀的验光师除了要具备眼科涉及的光学基础知识,还需要能够熟练操作验光的专业仪器,需要有良好的服务与沟通技巧。通过了解周边的高新技术,如人造地球卫星在通讯、导航中的应用,激光医疗、核能的应用等。从而间接渗透不同职业劳动者在科技发展、生活、社会中的重要作用等。这些栏目的设计使教材中不仅仅是物理学科知识,还关注学生的生活经验,关注物理学与生活

社会的联系。

从生涯教育的角度看,该部分教学活动有利于学生更好地认识自我,发掘自己在深度思维方面的潜能和兴趣,知道学习是为了将来职业生涯而准备的重要阶段。同时引导学生形成正确的职业价值观,在未来分科选择和大学专业选择时做到扬长避短,提早形成职业生涯规划意识,更好地规划自己的未来职业方向,使学生成为为未来职业选择做好准备的人。

二、设计作业问题情境,在解决问题中,提高生涯适应力

物理学科与现代生活、社会发展联系紧密,涉及社会各行各业,包含丰富的物理知识,与现代生活、社会发展联系紧密。借助生涯教育可以增强学生的科学态度和社会责任感,培养学生适应未来社会发展的关键能力和必备品格。

教师利用习题给出的情境,让学生在习题所给的情境中思考,在解决问题的过程中,进行职业角色体验,了解不同职业的工作内容、工作对象、研究问题等。学生通过学习这些内容,不仅可以激发学习物理的兴趣,还可以进一步认识外部世界,了解具体的职业角色。

例如:角色设定:骑车人、司机、交通警察。事件:在一个十字路口一辆车与一辆自行车发生了碰撞,规定车辆行驶速度不超过30km/h。假设该辆汽车在一次紧急刹车时加速度的大小为 6m/s2,刹车痕迹的长度经交通警察测量有 12 米。学生以角色扮演的方式来说明司机是否违章驾驶。这是调查型的作业设计,涉及加速度概念、匀变速概念,警察是做什么的?其工作与本节课知识有哪些联系?这类学科知识的拓展学习与交流很有必要与价值。

学生在查找资料和交流过程中会去了解与交通警察相关的职

业,初步培养学生的职业兴趣,将物理学科学习与实际生产生活紧密联系在一起。学生通过网络搜索、图书翻阅等,自主搜集信息,然后可经过小组合作讨论得出问题的结果。这样的活动不仅能提升学生的物理知识水平和动手操作能力,还能培养学生的沟通与合作能力。不仅能帮助学生扩大知识面,还能帮助学生正确认识职业,根据自己的实际情况树立目标并付诸实践。在调查、收集资料的基础上对问题进行公开的讨论和决策,培养学生的社会责任感和价值观。在活动的过程中,学生可充分发挥积极性、主动性和创造性,能够增强学生的团队合作意识。学生通过职业体验,为自己将来的生涯决策提供重要参考。

三、开展研究性学习活动,进行职业体验,提高生涯适应力

物理是注重实验操作和逻辑思维的科学。学生在对物理问题进行思考和探究的过程中,能清晰地审视自己的实验操作和思维逻辑状况,从而更加正确地认识自己。许多职业就业中注重理论与实践相结合来综合考虑人的素质,不仅提出对学位学历的要求,职业培训中的表现及过去的实习经历也是非常重要的。

在暑期进行研究性课题选择中,我们引导学生确立课题"风力发电机的原理及制作",不仅要求学生制作一个能让小灯泡发光的小型风力发电机,还要求他们到相应公司去见习,体验与风力发电相关的职业,了解风力发电机从研发、生产到销售的一整条产业链。学生在课题研究与实践中遇到困难,会与该领域专业人士进行探讨,最后撰写形成研究性学习报告。学生走出学校,走向社区,通过参观一些工作场所,与相关职业的人员面对面,零距离交流,从中了解相关工作信息。学校借助当地资源,引导学生选择和确定相应的课题,组织学生到工厂、商业机构、企事业单位进行参

观、短期见习或实习,切身体验工作环境,进行社会调查并撰写调查报告,在实践、体验、拓展、研究中不断提升学生的生涯适应力。

四、学习物理学史,尝试进行生涯规划,提高生涯适应力

通过挖掘物理学史资源,在渗透物理思想方法的同时,激励和唤醒学生自主发展的意识,激发学生的内在驱动力,培养学生的科学态度和社会责任感,引导学生进行生涯规划。可以利用课外时间,让学生收集整理"初中物理课本上的科学家",查一查历史上对某一问题的研究过程。如:引导学生阅读"科学足迹"内容,了解英国物理学家、化学家法拉第的传奇人生。法拉第出身贫寒,但他酷爱读书,经过坚持不懈地努力获得卓越的成就。学生阅读相关材料后,组织他们进行讨论:"法拉第能够成功发现电磁感应现象是必然的还是偶然的? 他身上有哪些精神或优秀品质值得我们学习?"学生经过思考与讨论,总结得出:法拉第有坚定的信念和顽强的意志,他不管经历多少次失败,始终不放弃。法拉第还能敏锐地觉察社会发展的趋势,规划自己的生涯发展方向。诚如他所言,"我因为对当时产生电的方式不满意,因此急于发现磁与感应电流的关系,觉得电学在这条路上一定可以充分发展"。

借助物理学史教育,一方面,可以让学生学习科学家钢铁般的意志以及为实现理想不懈奋斗的精神,从而为学生坚定理想信念、确立个人生涯目标、进行生涯规划,提供动力与支持。另一方面,学生通过对某一领域知识或行业发展历程的了解,对相关知识或行业未来发展进行预测和评定,有利于结合自己的兴趣爱好确定未来的发展方向。

学科教师有着更加专业和丰富的相关学科知识经验。因此,在"职业探索"这个板块上应该有着比专业心理健康老师更加丰富

的学科知识实践应用经验,更加能够提炼和筛选当前社会生活和生产乃至于科学研究中的和学科知识相关技术的应用前景及职业分析。

初中物理学科教学而言,教学主要目标除了面对升学,更重要的育人目标是:促进初中学生的职业探索意识,找到与自己兴趣、特长相匹配的升学发展方向。教师在初中物理教学中融入生涯教育,促使学生了解了一些职业与社会发展状况,激发了学生学习物理的热情和兴趣,充分发挥了物理学科的育人功能。学生也同步发现了自己的优势和能力,树立了人生目标,并将个人发展与社会发展紧密结合,提升了综合素养和生涯适应力。

初中物理教学中渗透生活教育的实践

倪慧颖

(上海市虹口教育学院实验中学)

内容摘要: 从学生实际生活出发,发现和认识生活中的物理现象,通过实验探究加深学习和理解,同时结合当前学生的认知特点,通过教学实践,提升学生的思维迁移和学科应用能力,进而探讨初中物理教学中渗透生活教育的途径。

关键词: 初中物理,生活教育

陶行知先生是我国著名的教育学家,为我国的教育事业做出了巨大的贡献。他提出的很多教育理念一直沿用至今,其中"生活教育[1]"理论是他教育理念的核心。他认为:教育来源于生活,教育和生活是两个不可分割的整体,教育要通过生活才能发生力量而成为真正的教育。物理学研究力、热、声、光、电等这些时刻发生在我们身边的现象,所以物理是一门与我们生活密切相关的学科。

《初中物理新课程标准》明确提出了"从生活走向物理,从物理走向社会[2]"的课程基本理念,也就是说初中物理教学应该从学生的实际生活出发,同时结合当前学生的认知特点,进行教学实践。在教学过程中,教师可以有目的地选取身边常见的器材进行实验,不仅让学生切身感受到物理与生活的联系,同时也能激发学生学习物理的兴趣与积极性。初中物理课程重点是要让学生学习初步的物理知识与技能,经历基本的科学探究过程,感受科学态度和科学精神的熏陶;是以提高全体学生的科学素质、促进学生的全面发展为主要目标的自然科学基础课程。所以,教师在平时教学中应注重科学探究,学生在科学探究过程中,体会科学方法的多样性和严谨性,以科学的态度不断探求真理,提高科学探究能力。这就充分说明,以新课程理念为指导的物理教学,应该更多的关注学生的体验,更多的重视物理实验的教学[3]。

综上所述,从初中物理教材中隐含的生活化元素出发,深入理解初中物理新课程标准,让物理之花在生活教育中绽放。结合平时教学实践,笔者探讨初中物理教学中渗透生活教育的一些有效的途径。

一、从生活情境出发,巧妙导入新课

一节物理新课能不能有效开展,教师需要设计巧妙的新课导入环节,来吸引学生的目光,集中他们的注意力,引发他们对新知的好奇。教师可以用学生熟悉的生活现象导入新知,拉近学生与物理的距离,以此激发学生学好物理的欲望,使他们积极、主动地参与到物理学习当中去。

例如在学习"浮力"这一部分内容时,创设了这样一个情境:同学们,你们大部分都游过泳吧,游泳的时候,为什么不会沉入水底?在水中游泳的时候,你感觉到了什么?这样一问,学生的思维一下子被激活了,开始激烈地讨论起来。然后老师可以引导学生开展相应活动:在水面上放一只塑料盆子或者一块泡沫塑料,让它浮在水面上,然后让学生用手将它慢慢向下按,并描述出手的感觉。这样,学生对"浮力"有了深刻的体会,也非常有兴趣弄清楚"浮力"的来龙去脉。由此可见,将生活情境融入课堂教学,不仅能激发起学生的学习兴趣,充分调动学生学习的积极性,也能使学生更主动地学习,大大调动了学生听课的积极性,教学效果大大提升。

二、从生活情境出发,激活物理实验

沪教版的初中物理一共有 14 个学生实验,大部分的实验属于定性类实验,这部分实验可以用较为生活化的实验替代。这些实验中有的实验比较枯燥,所以在进行实验前,教师可以将实验目的设计成一个生活中需要解决的问题,引导学生在解决问题的过程中能结合实际生活来设计实验,培养学生从各个角度思考问题的能力。物理是一门实验性的学科,为了能让学生喜欢物理实验,在实验设计和选取中,我们可以尽可能选用生活常见器材设计实验和展开探究。教材中指定的一些器材虽然制作精良,实验效果也较为明显,但有点脱离了学生的日常生活。因此,为了提高学生的实验效能,在教材指定的标准器材的基础上,再选择生活中常见的、易加工的物体制作实验教具,进行实验,以真实生动的形式让学生对物理知识的思考和学习更加深入,加深学生对实验的印象。这样做不仅培养了学生物理的核心科学素养,同时也可以给学生

营造熟悉亲切的实验学习环境,激发学生的学习物理兴趣,培养学生的探究能力。生活化实验器材的选择要注意以下几点:

1. 为了提高实验效能,教师要注意引导学生从实际生活中寻找实验器材,成本尽量低。

2. 为了学生的生命安全,教师对学生选择的器材进行把关,选出安全的器材。

3. 所选的器材要有利于学生养成知识迁移的好习惯,摆脱思维定式造成的学习困难。例如,教师要引导学生思考一个矿泉水瓶子除了可以做液体压强演示实验外,还可以做其他哪些实验。这样子做,不仅可以提高实验器材的利用率,同时也可以激发学生的学习兴趣。

例如在学习探究液体内部压强与哪些因素有关时,笔者让学生极易找到的矿泉水瓶、水和盐水做实验,这样做既简单,成功率也高,学生还能体会到成功的喜悦。体验摩擦力存在实验时,笔者让学生利用自己的手指和课桌面进行实验,让手指贴着桌面运动,感受摩擦力。学习大气压强时,笔者让学生利用饮料瓶、水、纸片、真空吸盘等生活中常见的器材体验大气压的存在。经常从生活情境出发来激活物理实验,学生学习物理的兴趣会渐渐提高,学生会更加喜欢做实验,养成观察和动手的好习惯。

三、从生活情境出发,加深对物理的理解

物理学中存在许多的抽象概念和深奥的物理规律,学生理解起来比较困难。在平时的物理教学时,教师应将规律和概念进行生活化处理,从学生身边的生活现象出发,提出相应的物理问题,学生积极参与,逐步揭示物理原理。

例如在学习了凸透镜成像规律后,为了使学生深刻理解这个

规律,出示了如下生活问题:用数码照相机拍摄照片时,景物离照相机镜头的距离要满足什么条件? CCD观光片(可反复使用的"底片")离镜头的距离要满足什么条件? 像的性质是什么? 提出这个跟生活息息相关的问题后,学生积极思考,互相讨论,从不同角度踊跃发表自己的见解,有的从生活中使用照相机的经验的角度分析问题,有的从所学知识的角度说明分析问题,物理规律和生活又紧密结合在一起,学生对物理深奥规律的认识更近一步了,同时学生也体会到学好物理是非常有用的,可以解决生活中的很多问题。

四、从生活情境出发,做到学以致用

从生活走向物理后,学生对生活中的物理现象有了更加深入地了解,同时也要能意识到将物理原理应用于生活中,做到学以致用。例如:人在照镜子时,在人远离镜子的过程中人的像的大小为什么不变? 这个问题虽然贴近学生生活,但是学生不容易理解,老师可以引导学生运用所学物理知识进行解释。平面镜成像时,像和物的大小始终相等,与物体到平面镜的距离无关。例如:如何制作一个简易照相机? 如何测量牛奶的密度? 如何估测家中空调工作一天大概消耗的电能? 让学生能用所学的物理知识解决实际问题,达到从物理走向生活的目的。

总而言之,在初中物理教学中渗透生活教育是非常有必要的,也符合初中物理课程标准的要求。因此,教师必须在新课导入、实验教学、理论教学和学以致用等方面与实际生活紧密联系,充分调动学生学习物理的积极性,激发学生学习物理的兴趣,加大学生思考生活现象的深度,提升学生解决实际问题的效能,发展学生的物理核心素养。

参考文献：

[1] 陆水明.关于陶行知"生活即教育"理念的几点思考[J].新课程·中学,2014(6).

[2] 初中物理课程标准[M].北京市:北京师范大学,2011.

[3] 杨文娟.结合生活实际的初中物理实验教学研究[D].山东省:山东师范大学,2014.4.

结合生涯教育的"创新实验室"课程探索

张海燕

内容摘要： 创新实验室综合活动课程包含《神奇的植物王国》、《小组织中的大世界》和《观察》三个子课程。这些活动的具体实施,在促进学生对现代农业技术的了解、学习能力和科学素养的提高和提升自我认知及生涯规划能力方面有较好的成效。

关键词： 创新实验室　综合活动课程　生涯教育

"生涯教育"因其内涵的丰富性及对受教育者生命发展历程的重大影响,愈来愈成为教育实践的一个重要方面。生涯教育引导学生学会觉察自我、同时了解外部世界,为学生提供一个良好的教育环境,激发学生的内在动力,实现自觉主动地发展,符合新时代发展的要求。

学校综合实践活动课程是青少年生涯教育的主要途径之一。与传统课程相比,综合实践活动课程直面生活和社会,它的实施方式更有注重实践、体验的特点,与中小学注重生涯探索和体验式学习的生涯教育特点高度契合。在全校积极推进生涯教育的大背景下,我校的创新实验室综合活动课程基于系统的课程设计和实施,在提高学生生涯适应力方面初具成效。

一、创新实验室综合活动课程的内容板块

我校通过系列主题活动,来帮助学生树立生涯意识,增进自我认知,提升生涯规划能力。在此思想指导下,结合学校环境和学生实际情况,开设了创新实验室综合活动课程。该课程包括以下三部分内容:

一是拓展型课程《神奇的植物王国》,这是一个结合学校阳光房和生物实验室资源打造的,以认识植物的主要器官和植物栽培为重点,包含一些科学探究活动。拓展学生在科学和生命科学这两门基础学科中学习到的植物基础知识。这一块的内容主要通过教师讲授、学生实验和活动操作来进行学习,包括学习植物六大器官的形态结构,常见蔬菜和花卉的栽培种植方法,以及探究温度、水分、光照时间、光的颜色等因素对植物的种子和植物体的生长的影响等;二是校本课程《小组织中的大世界》,以学习植物组织培养基础知识为重点,包括培养基的制备、对培养基和实验器材的灭菌、无菌操作技术(外植体消毒、接种等)。这部分的教学以学生实验操作技能的学习和教师的现场实验指导为主。另外,近期还开发了一个子课程《观察》,旨在培养和提高学生在实验中的观察能力。

通过这三个课程,我们将学校生物实验室与植物组培实验室、阳光房、校园植物种植区四个区域合成了一个整体,形成了从组培到栽种到养护为一体的校园植物探究体系。活动的前期,学生从

阳光房中采集植物的器官组织或利用采购的原苗进行组培,后期将组织培养成功的植物移植到阳光房,进行后续的栽种和养护。从学生所熟悉的常见植物的细胞、组织、器官着手展开学习,然后通过学习活动引导学生探究植物生长的原理、过程等,在此基础上引导学生通过实验,体验组培的操作过程,认识到植物细胞的全能性,从而对自然界的生命现象有更深入的认识和理解,对植物组织培养这种现代生物技术有更深的了解和体会,并在学习的过程中实施生涯教育,提升学生的生涯适应力。

二、创新实验室综合活动课程实施生涯教育实践

与逻辑体系严密,注重知识传授的学科分科课程不同,创新实验室综合活动课程注重的是知识间的联系,希望学生通过课程的学习,对自然界的生命现象有更深入的了解,更好的培养学生综合素养,相应提升学生的生涯适应力。因此,在教学方法上,减少教师的讲授,代之以大量学生的操作活动,增加学生自己动手、自己讨论、自己体验、自己探究的机会,以实现预期的教学目标。在考核方式上,也不再采用传统的纸笔测试,代之以过程性评价和表现性评价,全面系统的考查学生对知识、技能、能力的掌握情况。

(一)结合科学史的学习和实验体验,促进学生对现代农业的了解和对相关职业的认识

现代城市中生活的孩子对农业的了解是非常少的,哪怕他们的老家也是农村,即便有所了解,也缺乏对现代科学技术影响下的农业的了解。我们的课程就结合科学史的学习和实验体验,促进学生对现代农业技术的了解和对相关职业的认识体验。

对于初中学生来说,他们在生活中获取的农业经验是植物,而植物一般是利用种子进行繁殖。在这样的基础上,让他们马上学

习理解植物的组培技术是有难度的。所以,在《神奇的植物王国》子课程中,先安排了一些理论上的学习,让学生知道植物还可以利用根茎叶这些营养器官进行繁殖,这属于营养繁殖,是一种无性繁殖,平常生活中常用的扦插、嫁接、压条等人工繁殖方式就是利用这一点来进行的。在此基础上,我们再组织学生学习《小组织中的大世界》课程,让学生学习现代无性繁殖——植物组培技术发展的历史。通过对这段历史中许多科学家研究工作和成果的介绍,学生不仅了解到植物组织培养技术是怎样从提出设想到实践成功的,而且知道了组织培养的具体含义。理论知识学习后,学生再在教师的指导下,完成多次植物组织培养实验活动。这样他们就会发现,在无菌条件下,将植物体的茎尖、叶片、茎段、花药、花粉等切成小块,放在适当的人工配制的培养基上,真的能发育成完整的植物体的。学生刚观察到这些现象时是很惊奇的,对生命现象的奥妙很是兴奋。

在多次完成组培实验后,学生自然也就理解了组培的概念和特点。通过过程完整的组培实验的参与,学生对细胞的全能性这一组培原理有了较为深刻的理解。学生在实验室中观察到了组培苗的生长情况后,还会自然发现植物组培技术的大量优点:一个小小的培养瓶中可以长出多棵苗,植物的组培技术可以节约大量的土地;而且组培苗可以在短时间内大量繁殖,繁殖的后代还整齐一致,因此组培技术能很好的保持植物品种的优良特性的同时,组培可以在人工控制条件下进行集约化的生产,不受季节的限制,也不受恶劣天气的影响,因此,植物组培可以取得很高的生产效率。正因为学生们是自己在实验的过程中真切地体验到了组培技术的特点,所以他们对植物组培技术是现代生物技术的重要组成部分,被广泛应用于农业、林业及园艺行业这一点就有了更深的理解。当然,学生在实验操作中也遇到了组培苗由于无菌操作不到位、或是外植体消毒不到位造成培养基和组培苗都受到污染,只能全部丢弃,或是炼苗困难造成移栽后苗全部死亡的情况。这又让学生对于从事植物组织培养工作需要有较高的技术,并对环境具有较高的要求也有了比较深刻的体会。

创新实验室综合实践活动课程的参与,使学生通过学习植物组培知识,不仅了解了现代农业技术及其发展趋势,体会现代农业技术高效、节能、生态的优点,也培养了与技术相联系的经济意识、质量意识、环保意识等,这些对于学生建立良好的现代职业观是有很大的作用的。

(二)通过基本的实验操作技能学习和探究活动,促进学生学习能力和科学素养的提升

2018年3月发布的《上海市教育委员会关于加强中小学生涯教育的指导意见》指出,中小学生涯教育是运用系统方法,指导学生增强对自我和人生发展的认识与理解,促进学生在成长过程中学会选择、主动适应变化和开展生涯规划的发展性教育活动。加强中小学生涯教育,是促进学生全面发展和终身发展的重要举措。从这个表述来看,生涯教育与"为了每一个学生的终身发展"的教育改革和发展的核心理念是一致的。

既然生涯教育是以人为本的教育,根本目标是为了促进人的全面发展。因此,在综合实践活动过程中,理应将提高学生的学习能力,提高学生的综合素质作为进行生涯教育的一个目标,课程教学内容就要为了达到这一目标的实验而进行设计。从具体的实践来看,创新实验室综合实践活动课程在这一方面做得不错,也取得了较好的效果。

《神奇的植物王国》《小组织中的大世界》和《观察》这三个子课

程中,都涉及了大量的实验操作性的内容。在这些课程的学习过程中,学生需要掌握很多实验器材的使用方法以及实验技巧和实验的操作技术。比如,配置培养基母液的时候,要称取精确到小数点后三位质量的药品,这对于电子天平的使用要求是很高的。另外,配置培养基的时候要调整 PH 值,并且是要在加热的过程中多次测试,多次调整,调的时候要用滴管一滴一滴的调整,这是非常考验学生的耐心和细致程度的。

由于植物组培实验对无菌操作的要求非常高,所以每学期首次实验前,我们都要将实验室仔细打扫一遍,对实验室内的物品全部用消毒液进行消毒,然后还要用紫外灯照射消毒。另外,接种实验前培养基的消毒、超净工作台的消毒;操作者手的消毒,接种的技术掌握要求都是非常的高,要完成的非常细致,来不得半点偷懒和马虎,否则学生花费大量时间完成组培苗的接种后,没几天就会发现培养基和苗上长出了各种菌,导致实验失败。一旦实验失败,所有的材料都必须丢弃,然后要重新消毒灭菌,重新接种,再次投入大量的时间完成同一实验,损失的成本非常高。这些情况在学生实验时都真实的发生过,学生感受很深刻。由于实验对学生操作能力的要求比较高,所以学生在课堂中有大量的实验操作的技能练习,正是有了课程学习中大量操作技能的多次练习,我们可以很明显的感受到课程结束后,学生的动手能力都有了很大的提高。这些实验活动的多次完成还使学生意识到学习和工作必须要态度认真,方法要正确,否则就可能要承担严重的不良后果。因此锻炼和提高了学生对待学习和将来工作、生活的态度。

观察是人类认识自然的起点,是科学研究的源头。科学的许多研究都是在观察现象和实验分析的基础上建立起来的。观察能力是学生进行学科学习的基本能力,具有良好的观察习惯和敏锐的观察能力是学生以后从事研究和创新必不可少的素养。子课程《观察》的实施就对提高学生的观察品质很有帮助。《观察》课程有三大块的学习内容。第一块"观察工具的使用"主要是学习使用放大镜和显微镜这两种观察工具。第二块"观察的方法"主要学习四种观察方法:全面观察法、重点观察法、顺序观察法和对比观察法。第三块"如何进行观察记录",学生学习如何通过表格、实物图以及文字描述的形式来进行记录。《观察》课程的教学,主要是通过大量的学生实验来进行的。通过《观察》这一课程的学习。通过具体的实践活动,学生逐步掌握了正确的观察方法,提高了观察的品质,同时处理数据、分析问题的能力都得到了明显的提升。这些能力的提升对于促进学科的学习,提升学生的思维能力水平和学生的科学素养都是有极大帮助的。

除《观察》课外,《神奇的植物王国》和《小组织中的大世界》这两门课程中也有大量的操作性的实验和观察的内容,并涉及到大量的探究性实验的学习。比如探究光照时间长短对植物生长的影响,探究不同颜色的光对植物生长的影响,探究温度、水分对种子萌发、植株生长情况的影响等。学生在这些活动的过程中体会探究实验的本质,知道如何控制变量,如何选择材料设计实验,如何进行观察和实验数据的记录、并对数据进行正确分析。在完成组培课程的学习实践过程中,学生对如何防治组培苗的污染进行了重点探究。同学们还就此探究实验的过程完成了科研小论文,并参加了区里的科研小论文评比,部分同学还获了奖。探究性实验的完成不仅使学生习得了科学知识,让学生理解设立对照,控制变量是科学实验的精华所在,另外,实验探究的过程本身还提高了学生的学习兴趣,激发他们的探究欲望,并拓展科学思维。同时,教师还可以通过探究活动来引发学生的质疑精神,培养学生严谨细致的科学态度,深刻的体会到科学探究的结论是从证据中得到的。在完成这些探究活动的同时,学生学习了探究的方法,不仅获得了科学思维方法的锻炼,分析问题和解决问题的能力也获得了提升,从而提高了自身的科学素养。

从这几年创新实验室综合实践活动开展的情况来看,我们发现参与活动的学生不仅学到了知识和技能,提升了科学素养,对生命现象也有了更深入的认识,学生的创新意识和实践能力也有进步。这些能力和素养都是学生在将来的职业生涯中必需掌握的,也是他们在未来社会生活中获得生涯成功的关键能力。由此可见,创新实验室综合活动课程对学生在生涯适应力这方面的帮助是很显著的。

(三)通过小组活动的开展,促进学生对自我的认知,提升其生涯规划能力

创新实验室综合实践活动在提升学生的自我认知方面也是很有价值的。我们的综合实践活动中的许多活动内容是通过小组合作完成的,学生在这个过程中很容易发现自己与同伴在能力上的差异。在小组实验中,学生会发现自己的动手能力与同学的差异。有些同学的实验成功完成的比例很高,而有些同学在经过教师多次指导和练习后,实验的完成还是不能令人满意。在探究活动中,学生也会发现自己与其他同学在观察能力、探究能力上的差异,由此造成活动完成度不同。在小组讨论活动中,每个学生更是会因为自己的性格、相关学科基础知识掌握情况以及学习能力等的不同而表现出不同的特点,在小组解决问题中的贡献程度也会有所不同。

在学习了创新实验室的课程后,我们能明显感受到学生对自己有了更深入的了解和认识,他们的自我认知能力有提高。比如,

有几个同学原本是班主任介绍来的,参加了几次活动后,认识到自己动手能力不强,加之对组培实验也确实不太感兴趣,就和老师说明情况,退出创新实验室活动,一心一意的参加学校其他的合唱队、话剧社、足球等这些社团活动了。也有一些同学虽然在刚开始的时候动手能力不强,实验操作不太好,因为对科学实验有兴趣,多次参与后,能力有了大幅提升,对创新实验室活动越来越有兴趣,表现得越来越好,实验也越做越好,写科学小论文可以参加比赛能得奖,甚至表现出想在高中和大学继续学习生命科学的兴趣。另外,学生在与同伴小组活动的过程中,共同探讨,相互协作,体验到了团队合作的重要性,原本不是同一年级,并不认识的同学相处得都非常和睦。这些对学生将来选择职业环境、树立团队合作意识都有积极的意义。

通过课后与学生的访谈和交流,发现由于体验了组培的操作过程,学生初步熟悉了植物组培这种新的生物技术,对传统农业和现代农业有了对比,从中发现了科学和技术的发展对社会进步的巨大作用。同时也发现技术在理论上的成功与实践的应用之间是有很长的一段路的,技术转化在现实中并不是那么容易。这些认识显然也促使学生意识到学习的重要性,尽管他们还不能确定自己将来从事的职业会是什么,但是将来的社会很可能会随着科学技术的进步,发展出现更多新职业,对从事该职业的人的要求会有很大的不同。这就促使意识到只有现在学好本领,将来才可以胜任更多种的工作,更好的立足于社会。这也促使他们努力思考自己的人生,然后结合自己的兴趣、爱好、能力等特点进行综合分析与权衡,结合时代特点去制定适合自己的学业发展目标和计划,初步设计合理的人生发展路径,探索能用什么方法实现自己的人生理想,探究理想实现的可能性,从而有利于形成良好的生涯规划意识。

三、创新实践后的思考

在进行创新实验室综合活动课程的教学中,作为教师,我们不断学习生涯教育的理论知识,在实践中不断加深对生涯教育的理解。我们认识到,学校的生涯教育是学校的教育者为了使学生获得谋生的技能、使学生自我提高或者让工作成为一种生活方式、使工作变得有用、有意义和令人满意,从而激发学生生涯意识与自我意识、进行生涯探索与自我探索,做出生涯决定和计划的一种教育形式和途径。由此可见,生涯教育的重点应是促进学生的成长与发展,不是仅局限于职业指导,所以,它的目标不是为了帮助学生找到工作,能够谋生,而应该是能帮助学生将工作变得有意义,使工作能成为生活的一部分,这样就需要在教学中要努力提高学生的综合素养。正因为如此,在我们的课堂上不仅让学生在活动中认识各种校园植物,了解植物的形态结构,并初步学习植物组织培养技术,了解植物组织培养这种现代生物技术,更重要的还要让学生学习各种实验的操作技能,培养学生的观察和科学探究的能力,提升科学的素养。虽然这些能力的获得和素养的提升不一定会和学生今后的职业选择发生直接的关系,但是这些能力的获得能帮助学生提升生涯规划的能力,提高生涯适应力。

另外,由于我们的学生还是初中阶段的学生,虽然他们的自我意识在不断增强,但是社会经验、生活阅历不足,心理发展也不平衡,因此这一阶段只能是生涯规划的探索期。有研究认为,这一阶段的生涯教育的目标应为:让学生深入了解自己的能力、兴趣与价值观,加强自我认识,客观地评价自己。所以,以各种实践活动(实验操作,小组讨论、探究活动等)为载体,帮助学生实现自我认识、社会理解、生涯规划是一种合适的途径。

为了更好的实施生涯教育,在今后的课程实施中我们可以设计更多能体现这些理念的学生活动,通过活动的参与、体验实现这一目标。还有,初中阶段的学生对职业的认识和理解是比较粗浅的,所以在活动过程中并不需要特别细致的介绍社会分工和职业的内容,更重要的是放在提升生涯意识和生涯规划意识上,更多的为学生的升学、成长服务,促进他们学习能力和综合素养的提升,有利于他们进入高中阶段学校的学习。

另外,结合对生涯教育更深的理解,我们觉得课程中的体验活动在形式上还可以更丰富一些。比如,有条件的话可以到现代农业基地去参观组培实验室、育苗基地和大田种植情况,帮助学生进入真实的工作场景,更有利于他们了解这个产业的现状和工作者的职业环境及工作状态。

总体来说,从我们的课程实施过程和效果来看,创新实验室综合实践活动在帮助学生了解现代农业技术,树立生涯意识,增进自我认知、拓展创新思维、提升生涯规划意识方面都有很好的作用。为了更好的在学校创新实验室综合活动课程实施生涯教育,我们将在未来更深入的学习生涯教育的理论知识,设计更多等好的活动,以期对学生将来有更美好的工作和生活提供更多的帮助。

参考文献:

[1] 闫震普,"生涯教育"概念解析,教育观察,2020 年第 9 卷第 5 期.

[2] 田静,拓展视野,助力学生生涯发展——新中考背景下初中生涯教育校本课程建设的实践探索,中小学心理健康教育,2018,19.

[3] 何晓丽,青少年生涯教育初探,教育科学研究,2006,06.

[4] 上海市教育委员会,上海市教育委员会关于加强中小学生涯教育的

指导意见,http://edu. sh. gov. cn/xxgk_jyyw_jcjy_2/20200514/0015-gw_402152018002. html

[5] 张玉改,生涯教育概念的多维透视,南京师范大学,2018.

[6] 刘娟,钟建勋. 素质教育视野下对中小学生涯教育的思考,文教资料,2015. 2.

生涯发展视角下数学阅读能力培养策略研究

摘要: 数学是研究数量关系和空间结构及信息的一门学科,也可看作是一种语言。苏联数学教育学家斯托利亚尔认为"数学教学也是数学语言的教学"。从语言学习的角度来看,数学学习过程与数学阅读是不可分割的一个整体。从现代教育心理学研究的角度来看,阅读在学生生涯教育中的基础地位是不可替代的。阅读仍是人类学习、掌握知识的重要手段,是人类求生存求发展获得成功所必需的能力。因此,学校生涯教育中是必须重视培养学生包括数学在内的阅读能力。

关键词: 数学阅读能力 生涯教育

阅读是人们从书面材料中获取知识或情感信息的过程,是人类社会的一项重要活动,是人类涉取知识的主要手段和认识世界的重要途径。好的阅读能力的养成,对学生能适应这个日新月异的社会将起着举足轻重的作用,对他们今后的生涯规划和发展有着无可比拟的重要意义。

苏霍姆林斯基说过:"学会学习首先要学会阅读,一个阅读能力不好的学生,就无法在这个全新的世界上立足"。但是谈到阅读,人们通常首先联想到语文等文科,很少有人立刻能联想到数学阅读。随着当今世界科技的高速发展以及人工智能大数据时代的到来,任何人只掌握单一的文字阅读能力可能就会遇到生活中的困难。同时,数学方法的应用、数学语言的表达、学生逻辑思维能力的培养、推理能力的养成都离不开数学阅读。

一、数学阅读能力是生涯发展的重要必备

《数学课程标准》中强调了这样一种新理念:注重学生数学阅读能力、应用能力和探究能力的培养。数学阅读是用已知的经验和思维能力来理解数学语言,领会数学文化的心理过程,同时是将生活语言与数学语言相互转化的过程。可见数学的学习是离不开阅读的。在教学的过程中自觉地把培养学生的数学阅读能力作为自己教学的突破口,提高学生自主学习能力、数学语言的转换能力和逻辑思维的能力,为学生们今后的生涯规划打好基石。

(一) 数学阅读能力是终生学习必备能力之一

习总书记说过:"终生学习是当今社会发展的必然趋势。一次性的学校教育,已不能满足人们不断更新知识的需要。我们要逐步建立和完善有利于终生学习的教育制度。"可见,学校教育不再仅仅是为了升学,更需要为学生终生学习打好基础,为学生生涯规划指明方向。这就需要我们全体教师在全学科全维度全视角下注重培养学生的阅读能力。在新课程体系下,培养学生的阅读能力,进一步提高学生自学能力,促进学生从传统得人被动学习向主动学习转变,使他们掌握终身学习的本领,这就是我们通常说的授人以鱼,不如授人以渔的教学理念。《初中数学新课程标准(2011)》也提出:"教师要在学习活动中激发学生的学习积极性,为学生提

供充分从事数学活动的机会和平台,帮助他们在自主探究和合作学习的过程中真正理解和掌握基本的数学知识与技能、数学思想和方法,获得广泛的数学活动经验。学生是数学学习的主人……。"

(二) 数学阅读能力是未来就业必备能力之一

数学阅读的对象是数学文本,而大部分数学文本是由文字语言、符号语言以及图形语言这三种形式组合进行表述的数学知识,对数学文本的阅读,即对其中数学内容和意义的提取,首先建立在对这三种语言的转换上,这种能力就是语言转换能力,它体现在通过语言转换,挖掘数学材料的内在涵义。通过语言转换来凸现数学材料中蕴涵的实际意义,将其纳入个人认知结构的语言形式。目前,许多工作岗位如:航空、证券、财务、销售等工作中都会遇到大量数据,都需要将复杂的数据通过语言转换用图表或者图象等形式更直观的显示出来,让人们更易于了解其中所蕴含的信息。

(三) 数学阅读能力是生涯发展必备能力之一

数学阅读相比其他一般阅读,最显著的区别在于需要较强的逻辑思维能力。在数学阅读过程中,逻辑思维能力主要表现为分析能力和概括能力。在数学阅读中表现出的分析能力就是能够厘清各部分材料间的逻辑关系和总体思路。数学阅读由于数学材料编写的逻辑严谨性及数学"言必有据"的特点,以致经常出现这种情况,认识一段数学材料中的文字、符号,却不能理解其中的推理和意义。由此我们能得出这样的一个结论:分析能力是数学阅读能力中的一项基本能力,是促进数学理解的原力。概括能力是指从数学材料中抽出最重要的东西以及从外表不同的数学材料中看出共同点的能力。因此,在数学阅读中,概括能力同样处于一种基础的地位,它能实现数学材料的内化,形成知识的迁移。许多行业需要具备缜密的逻辑思维，能够细致全面的考虑问题。比如：警察、会计、采购、教师、研发设计师、游戏编程开发、小说家等等，他们的共通点即思维能力比较清晰，做事有条理或是说对某事有自己的一个清晰认知与对事的一种是非黑白辩别，从细节上严密把控数据的准确性与精准等。

在初中数学教材中，每一个章节后都有相应的阅读材料。有些阅读材料对学生们今后就业有很好的启蒙作用。如《用"数学"书写的人生格言》、《平面镶嵌》、《生活中的函数》、《生活中的覆盖问题》及《统计图各有奥妙》等这些材料对培养学生的阅读能力，拓展学生的视野，提高学生的思维有很大的推动作用，对激发学生学习数学的兴趣也有不可低估的积极意义。所以我们应重视教材中的阅读材料，安排时间让学生阅读，让学生在阅读能力提高，拓宽知识面的同时，还可以为今后的生涯规划奠定相应的知识基础。

二、数学阅读能力培养的重要原则

传统模式的教学以"过去的经验为基础"，学习的都是已经存在的人类文明和知识技能，其学习的方法多为对学生进行机械的记忆和填鸭式的灌输。这些传统教育模式。它与当今日益盛行的以学生为主体的教育理论形成了鲜明的对比。

作为数学教师必须充分认识到数学阅读的价值，自觉将数学阅读置于到课堂教学环节中，过去我们教师注重"讲练结合"，现在我们必须将"讲、练、读"三者并举，非如此，学生才能从思想上重视数学阅读，自觉主动地进行数学阅读。数学阅读不能只是用眼睛去看文本，而应是眼、手、口、脑等人体器官协同使用。指导学生掌握正确的阅读方法，培养良好的阅读习惯，可以使学生较快提高阅读能力。

（一）阅读要动口

数学阅读不同于我们平时看网络小说，一目十行便知大致情节。数学阅读要对数学定义、概念、公式、定理等知识反复咀嚼，准确理解，这样才能提高理解相关知识的准确性。比如在讲到《图形的运动》时，学生对轴对称图形和两个图形关于某条直线成轴对称这两个知识容易产生混淆，这就需要教师留出充裕的时间让学生进行阅读，理解两者之间的联系与区别。

（二）阅读要动手

一是动笔圈画，教会学生运用各种符号来表示不同的数学知识，以强化阅读重点与难点；二为动手操作，指导学生边看知识内容，边动手进行实践，通过亲身体验，领会新知，深入理解；三为动笔练习，在练习的过程中形成解题技巧和及时反思错误形成的原因，从而总结经验与教训。初中《函数》的学习过程中，学生需要通过阅读，用"描点法"动笔画函数图像来总结函数的性质，同时通过函数图像来进行具体题目的分析，从而培养学生们分析问题解决问题的能力。

（三）阅读要动脑

思考是对输入大脑的阅读文字信息的识别与精加工。在阅读中联系已经学过的知识和方法，边学边思考，尤其对文本中的重点和难点内容要仔细思考，深刻理解数学语言的内涵，找到新知的来龙去脉，理解例题的解题思路，从而形成自己的见解。将来有许多学生将从事建筑领域方面的工作，在学习《解直角三角形的应用》中的仰角俯角时，学生通过阅读掌握仰角俯角的定义，理解两者之间的转化才能进行解题，也为今后从事相关职业打下扎实的基础。

三、数学阅读能力培养的策略研究

（一）课前通过阅读让学生明白数学知识来源于生活

学习是为了应用,教师在实施教学前要有意识地培养学生通过数学阅读联系生活实际、运用数学知识,解决问题的意识和能力。知识也只有运用才能被学生真正掌握,也只有在实践运用中才能体现其价值。

1. 创设情境阅读,培养学生解决实际问题的能力

学生通过阅读百分数的应用的相关知识,教师可以有意识地创设一些把所学知识运用到生活实际中的情境。例如,在学习《百分数的应用》前,让学生自行前往超市和银行了解折扣和利率等相关知识,让学生当爸爸妈妈理财和购物的小参谋:安排怎样的方式购买相关商品或购买理财产品才最合算?

2. 知识联系实际,增强学生的生涯意识

数学知识在人们的日常生产生活中有着广泛的应用,生活中处处有数学。在一次方程(组)和一次不等式(组)的学习前,结合教材先给出某个学生家庭的电力发票,让学生阅读发票尝试计算出该家庭平时段和谷时段的电费单价,从而引导学生从小就养成节约用电的习惯。

3. 加强实践操作,培养学生把所学知识运用于实际的能力

在学习了平均数之前,让学生以小组为单位展开活动,如:计算班级同学男、女生的平均身高、平均体重、平均年龄,某次考试中班级的平均分,附近各家文具店某样文具的平均价格等。学生在互相协作活动中,自然而然地锻炼了他们解决实际问题的能力。

运用数学知识解决生活中遇到的实际问题,从而让数学知识和平时生活更紧密的联系起来,帮助学生学会用数学的视角来体

验生活、参与生活,从而不断感悟到数学的价值和魅力。

(二) 课中给予学生科学的阅读策略

数学教师应掌握科学的数学阅读指导策略,努力借助于阅读提高课堂教学效率。当教学生如何阅读数学教材时,教师最好通过举例向学生讲述自己阅读时的做法以作示范,并关注学生的整个阅读过程,及时给予引导和帮助。

1. 提出预习的阅读提纲。数学有一部分知识学生完全可以通过预习就掌握七八分,但教师还是应当适度提出阅读提纲,让学生在阅读过程中有目的的去体会数学内容抽象和严谨,书写的严格规范,个别文本内容还含有不少隐藏的知识点,会给学生的阅读理解带来不少困难。教师应给学生指明思考的方向,启发学生理解关键词句、重点难点。由于函数概念比较抽象,因此在学生在学习函数的三种表示方法:解析法、列表法和图像法之前,可以通过举出社会生活或其他学科中与函数表示有关的例子,如银行的利息表、列车时刻表、邮资、出租车费,股市走向图等,拉近与学生的距离,使学生感受到函数就在身边,将应用到自己的生活工作中去。

2. 组织讨论交流。在阅读过程中讨论交流文本内容的重难点可以让学生达成对知识理解的正确认识,通过建立同质组或异质组的小组方式,同学们可以互相交流学习心得,同时也可以和教师进行另一个层次的交流。这样多维度的交流可以相互启发,既可解除思维中的障碍,形成正确的知识,又能培养学生正确的学习观。

3. 解答疑难问题。在学生阅读完文本后,教师应针对文本中重难点内容中选几个具有典型性和代表性问题,让学生来进行回答,尤其是对于学生在理解方面会形成错误率较高的概念、定理、法则的主要内容以及例题习题的解题思路、方法以及学习小结等内容。每次学生讲解完毕后，教师都要对学生的回答进行点评，如发现错误应当让学生们自行修正错误或由老师进行小结，这样对于学生在理解知识的过程形成正确的认识有着非常重要的意义。

4. 师生角色互换。在课堂教学中师生可以进行角色互换，让学生在课堂扮演老师的角色，来讲解某一个知识点或某一道题。教师和其他同学一起倾听。在该名学生讲解的过程中，允许其他同学提问，相互讨论，这样的互动活动能提高学生的表达能力和理解能力，同时能活跃课堂气氛，起到很好的教学效果。如：在讲解刚才那道函数综合题时，完全可以让不同的学生对自己设计购买商品的进价和定价进行不同的阐述，在学生讲解结束后教师进行小结，让阅读能力通过这种方式进行培养，可以提高学生的思维能力和表达能力。

（三）课后丰富作业的样式，有选择地布置阅读性强且具有生活意义的作业

凡是讲到数学作业，多数老师和学生第一时间想到的就是做题目，基本很少有老师会想到通过布置让学生阅读某个章节或某个知识点这样的作业，因此就形成了很多学生不重视数学阅读，认为数学学科不需要阅读，最终导致数学阅读能力低下。实际上，提高学生的阅读能力，我们教师需要经常性的布置具有阅读性的作业。

1. 增加预习的作业，精选易懂的内容并控制好时间

在预习时，教师要选择学生通过阅读能易于理解和掌握的内容。除此之外，还要控制学生阅读的时间。因为在初中阶段，学生还没有养成良好的阅读习惯，学生的阅读时间不宜过长。预习的时间一般可控制在 15 分钟左右。如《分式的意义》，课本用了高空

跳伞和姚明投篮的进球率作为引例,学生就很感兴趣,这样的引例既有生动性又易于理解,让学生通过阅读掌握分式的概念能充分调动他们的阅读热情的。

2. 布置需要通过认真阅读才能做的新颖数学习题

在数学中有一种对称美叫"轴对称",可以让学生们通过阅读掌握轴对称的要素,然后布置下面的相关作业:

请找出以下各种类型的轴对称图形:

(1) 自然界中的轴对称图形(如各种动物或植物,至少六种)

(2) 商标中的轴对称图形(如各种轿车的品牌,至少六个)

(3) 建筑当中的轴对称图形(如世界各地著名建筑或地标,至少六个)

(4) 文字中的轴对称图形(如汉字,至少二十个汉字)

(5) 同时通过自己折叠,找一找轴对称图形有几条对称轴,最后请自己设计一个轴对称的图形(如动漫中的图形)

我国《劳动法》对劳动者的加班工资作出了明确规定. 国庆期间,前 3 天是法定休假日,用人单位应按照不低于劳动者本人日工资或小时工资的 300% 支付加班工资. 后 4 天是休息日,用人单位应首先安排劳动者补休,不能安排补休的,按照不低于劳动者本人日工资或小时工资的 200% 支付加班工资. 小王由于工作需要,今年 10 月 2 日、3 日、4 日共加班三天,但是单位事后不肯补发相应的加班工资,小王准备诉诸劳动仲裁法庭,要求单位将欠他的薪资进行返还,已知小王的日工资标准为 250 元,请你帮小王计算一下他"国庆"长假加班三天的加班工资应不低于多少元?

这些题目的共同点是都具有一定的阅读量,题目内容新颖,题目都来源于生活,所以学生必须通过仔细的阅读,审清题意才能解决问题,在无形中不但训练了学生的阅读理解能力,而且让他们深切感受到数学与生活是息息相关的。

在今后的数学教学中,作为教师要不断加强阅读教学,同时紧密联系学生的生活实际,从学生的生活实际中寻找素材让学生充分阅读,教师要善于巧妙地把教学内容转化成具有潜在意义的问题情境,善于让学生在生活实践中产生数学问题,从而提升学生通过阅读能力的提高来解决相应问题的能力

数学源于生活,生活中处处都有数学阅读。数学阅读与学生的生涯规划存在着密切的联系。"生涯教育"给我们数学教学的启示是:数学教学要面向生活,数学阅读能力提高是为了让学生有一个更美好的未来,这无疑与当前数学课程改革所倡导的理念相一致。

第五章 基于综合实践活动的"有戏"教育

随着国家中长期教育改革纲要的提出，基础教育的均衡发展被提到前所未有重要程度。被列入课程大纲的综合实践活动已经在中小学校逐步推开，成为保障教育公平发展的基本手段。

第一节 综合实践活动的课程及其安排

综合实践活动是国家规定的，与基础学科课程并列设置，成为在义务教育阶段必修的跨学科实践课程。综合实践活动是现代教育中，体现个性内容、体验内容和反思内容的课程样式，与传统教育片面追求教育个体的发展、共性和知识有所不同。

一、综合实践活动课程的国家规定

按照教育部相关文件规定，从小学至高中设置综合实践活动并作为必修课程，其内容主要包括：信息技术教育、研究性学习、社区服务与社会实践以及劳动与技术教育。强调学生通过实践，增强探究和创新意识，学习科学研究的方法，发展综合运用知识的能力。增进学校与社会的密切联系,培养学生的社会责任感。在课程的实施过程中,加强信息技术教育,培养学生利用信息技术的意识和能力。了解必要的通用技术和职业分工,形成初步技术能力。

从性质上讲,综合实践活动课程属于国家规定的中小学必须开设的必修课程,本质上属于活动课程的范畴,强调学生从活动中学习、从经验中学习、从行动中学习。有时也被称作经验课程,是一种独立于学科课程之外的课程形态,而不是其他课程的辅助,与其他课程具有等价与互补性、有着自己独特教育功能的课程形态,它代表着我国基础教育领域课程体系结构性的突破。

综合实践活动是在教师的引导下,学生自主进行的综合性学习活动,是基于学生的经验,密切联系学生自身生活和社会实际,体现对知识综合运用的实践性课程。综合实践活动提供了一个相对独立的学习生态化空间,学生是这个空间的主导者,学生具有整个活动绝对的支配权和主导权,能够以自我和团队为中心,推动活动的进行。在这个过程中,学生更谋求独立完成整个活动,而不是聆听教诲和听取指导。教师在综合实践活动这个生态化空间里,只是一个绝对的引导者、指导者和旁观者。它注重引导学生在探究、服务、制作、体验中学习、注重长远发展,分析和解决现实问题,培养和提升学生的综合素质。

综合实践活动课程较之传统学科课程更注重学生的实践和体验,课程内容直面生活和社会,与中小学生涯教育中注重生涯探索、理解社会与环境,还与体验式学习的特质高度契合,是生涯教育实施的重要途径。

二、综合实践活动课程的特点优势

综合实践活动不同于课堂的课程教学,有其自己的鲜明课程特征。在让学生联系社会实际,通过亲身体验进行学习,积累和丰富直接经验,培养创新精神、实践能力和终身学习的能力。学校要从实际出发,具体安排、确定综合实践活动各部分内容和组织形式,以能充分显示其特有的优势。

（一）综合性

学校每一次组织学生开展综合实践活动,首先就涉及活动主题的确定和设计,对任何主题的探究都必须体现个人、社会、自然的内在整合,体现科学、艺术、道德的内在整合。前者是人与外部的关系及处理;后者是跨学科学习的组织和整合。两者融合就体现高度的综合性特点。

（二）实践性

综合实践活动课程的展开往往以各种活动为载体,强调学生通过活动参与和亲身体验来进行学习,而不是为"活动"而"活动"。顾名思义,要让学生在"活动"中学习、通过"行动"来学习。但这里所讲的"活动"或"实践",不能仅仅从字面上、从直观上去理解,应该把它理解为让学生"动"起来,或者让学生去"操作"。要把这个过程理解为"知与行""动手与动脑"的结合与统一。对综合实践活动课程来讲,活动只是一种教学的手段与方法,它本身不是目的。那些不需要学生动脑思考、对学生的情感态度没有触动的"活动",不是综合实践活动中所讲的活动。真正具有育人价值的综合实践活动,应当让学生在活动结束时"有所知""有所得""有所悟"。

（三）经验性

综合实践活动课程超越具有严密的知识体系和技能体系的学科界限,是一门强调以学生的经验、社会实际和社会需要和问题为核心,以主题的形式对课程资源进行整合的课程,以有效地培养和发展学生解决问题的能力、探究精神和综合实践能力为目的的课程。学习书本知识的目的是什么？是为了解决生活中的实际问题。解决生活，必然要跳出书本狭隘的圈子，从生活、自然以及社会交往中去学习。

（四）开放性

综合实践活动课程面向学生整个的生活世界，其内容与学生个人的生活或现实社会紧密相连系，强调超越教材、课堂和学校的局限，在活动时空上向自然环境、学生的生活领域和社会活动领域延伸，密切学生与自然、与社会、与生活的联系。同时，往往表现为一个没有固定答案的开放性问题，可以各抒己见，各有认识的侧重点。要解决这样的开放性问题，学生不可能到书本上去找现成的答案，只能通过自己的努力去探索、去发现，才能找到可能的答案。

（五）生成性

综合实践活动课程的展开很少从预定的课程目标入手，它常常围绕某个开放性的主题或问题来展开。随着活动的不断展开，新的目标、新的问题、新的主题不断生成，学生的认识和体验不断加深，创造性的火花不断迸发，形成特有的并可以自主展示和交流的成果。这便是综合实践活动课程具有生成性的集中体现。

（六）自主性

综合实践活动课程的实施十分注重从学生现有的兴趣与经验出发，让学生从生活中去发现可以自主探究的问题，强调学生的自主选择与开展探究活动。学生不仅可以选择实践活动的学习内容、进度与方式，还可以自己对自己的学习过程或结果进行评价与反思。这种自由度和自主性，是其他课程学习所不能代替的。

三、综合实践活动课程的校本策略

综合实践活动课程是国家课程大纲和课程标准规定的课程，

但是与国家基础型课程的实施不同,设计与开展综合实践活动课程对所在学校来说有相当的自主权和灵活性,并不能照本宣科,简单模仿,这就带来综合实践活动课程设置的校本策略。既要严格贯彻国家教育大纲,又要注意结合校情要求进行实施。这里结合虹教实验中学以综合实践活动为载体开展生涯教育的实践经验,归纳为以下几条策略性的思考。

(一) 课程的规范性

在国外,教育的综合实践活动被童子军组织、民间公益组织、社区管理组织所分解,学校只是起到了辅助组织和资源输送的作用。在中国的中小学,综合实践活动通过课程改革得到推动,体现在课程体系上的大纲课标、实践基地、素质测定、规范报告等,所在学校承担了更多的实际责任。虹教实验中学在生涯规范教育中就是如此强化与此相关的综合实践活动规范。

(二) 目的的多元性

与传统实践活动目标比较单一有所不同,综合实践活动不但有明确的育人目标,更强调多种主题活动开展,多种任务模式落实,多种研究方法综合,体现活动目的的多元性。这种复合型要求不是来自教师的人为的复杂要求,而是基于提升学生综合素养的目标,来自于学生个体对实践活动主题的更深入认识和挖掘过程,在开展多元化的活动的过程中,逐步体现和落实课程目的。比如,"生涯适应力"课程细化为生涯认知力、生涯理解力、生涯规划力,涉及认知能力培养,个人自律要求,未来前景设计等,多方面的培养。

(三) 形式的多样性

虹教实验中学结合生涯适应力教育,除了职业体验活动之外,还尝试了将职业体验、社会服务、考察探究、设计制作等活动单独开展或是以互相交融的方式开展。职业体验多是下到职业场所,志愿服务面向社会大众,设计制作还要学习专业知识。学校的目的是期望帮助学生获得更为丰富和全面的生涯觉察和探索。

(四) 过程的体验性

综合实践活动的学习当然有知识与技能的成分,但是更重在对整个活动过程的实践与体验,而实践也是为了获得必要的体验。就中小学生来说的体验,一是指亲身经历,实地领会;二是指通过亲身实践所获得的经验。"书到用时方恨少,事非经过不知难。"这句古训传为是陆游所作的劝勉联,已经道出了体验教育的重要性,尤其对人生阅历不足的青少年学生来说更是如此。所以,今天的学习教育强化体验,让学生的心灵留下教育的印痕。

(五) 评价的自我性

所谓评价的自我性就是运用档案袋评价强化学生自主建立活动档案,实现自我掌控。档案袋评价是从国外引进的一种新的评价方法,主要通过收集学生从任务开始到任务结束期内的典型作品,以这些作品为依据对学生的学习表现进行评价。把学生的发展看作是一个持续的过程,关注学生学习与发展的过程,尊学生个体发展差异,注重学生对自己的进步做出判断,提供学生发表意见的与反省的机会。

虹教实验中学"生涯适应力"校本课程在落实和推进中,强化"五性"策略,精细安排各种活动,带来了丰硕的成效。

第二节　多元方式整合生涯适应力提升

生涯教育中的"生涯"(career)不完全等同于"职业",而是指人终其一生与工作或职业有关的所有的经验活动。国际学生评估项目 PISA 将未来生涯能力定义为：学生在未来生活中得以获得良好发展所需要具备的基础技能。因此，除职业体验活动外，社会服务、考察探究、设计制作等综合实践活动对于生涯能力的培养同样发挥着重要的作用。

一、综合实践活动特色课程的助力生涯教育

2017 年，教育部颁布的《中小学综合实践活动课程指导纲要》所确立的考察探究、社会服务、设计制作和职业体验等四种综合实践活动课程的实施方式在具体活动时往往相互融合、共同发挥作用。因此，我校在学习《中小学综合实践活动课程指导纲要》的基础上，结合我校强校建设主研究项目《以生涯适应力课程引领初中强校工程建设》，对原有校本课程进行再设计，以多元方式整合综合实践活动，以学校的各种教育平台为载体，帮助学生提升生涯 m，适应力。

综合实践活动课程是可以使学生获得直接生涯经验、发展生涯能力的重要载体。在实践过程中，学生往往会接触到很多不曾体验过的情境，还会面临很多结构不良领域的问题，这些都会促使学生积极探究与自我调适，在完成活动任务的同时，获得直接生涯知识经验，促进其生涯发展，形成生涯决策能力，成为更好的自己。

丰富多彩的校内外综合实践活动可以使学生在体验中认识自我、发展自我、锻炼能力，也可以在多元的实践活动中认识社会，体认自己的社会价值，使学生充分意识到可以在学校的学习与自我、工作、社会之间建立起积极的联系，使学生提升未来充满变数的社会的适应能力。

生涯发展是一个终身性学习任务，是一个由幼儿期绵延至老年期的漫长过程。让每一个学生的未来走好走顺，少波折，多发展，成才成功，就要求我们对学生在校的整个教育过程予以关注和

支持。基于当前学校课程基本框架,以基层课程为主,对已有相关的实践活动课程加以改造和升级,使它们从不同角度、不同方式着眼,为学生的生涯发展服务。为了更好地落实生涯教育的理念,需要拓宽综合实践活动课程的开发思路,进一步思考开发以生涯为核心的,更为系统的综合实践活动课程。

二、形成有校本特色的综合实践活动课程

学校经过多年的课程建设,已形成部分较有特色的校本特色课程及社团活动。比如,创新实验室课程,小小志愿者和京剧社、学生话剧社等社团活动。我们希望通过对于特色课程和社团活动的再设计,一方面在真实的活动情境中培养学生发现问题,将其深度转化为活动主题,进而通过探究、服务、制作、体验等方式,培养学生综合素质;另一方面通过综合实践活动改变学生的学习方式,更好地将学习到的知识与技能运用到自己生活中,强化实践体验,为学生的未来发展打下宽厚的基础。

（一）在创新实验室课程中融入生涯教育

学校在 2015 年开始建设"小组织中的大世界"创新实验室并设计相关系列课程,初成课程体系。在加入生涯教育元素后,整个课程融合了考察探究、设计制作和职业体验等多种方式。既有对植物组织培养这一现代农业技术的初步掌握,对未来先进农业技术发展趋势的学习和了解,也有对于植物生长因素及原理的探究学习;既有植物种植基础理论的学习,利用编程进行自动浇灌装置的设计与制作等活动,还有后期增加的鲜花港和袁文辉基地等的参观活动。

通过这些丰富多彩的学习与实践活动,学生不仅能够充分体会到现代农业技术高效、节能、生态的优点,培养和提升学生基于

问题的综合学习与实践创新的能力,同时也使学生的经济意识、质量意识和环保意识等得到了加强,为其今后进入社会进行相关决策时能做出正确的选择奠定了基础。

（二）渗透生涯教育的志愿者服务课程

基于我校戏剧特色的志愿者活动课程,采用自愿报名的形式组建由艺术特长生为骨干的志愿者学习队伍。通过课程再设计,教师在实践活动中引导学生围绕主题选择切入点、活动内容、制定活动目标等,从而提升学生自主规划和管理能力。

基于开展戏剧特色的志愿者活动课程,组织有文艺特长的学生以学生社团的组织形式,集体到文化场馆、到养老机构、到公园等公共场所开展志愿者服务。主要形式是向周边群众,主要是向退休老年人表演戏剧、京剧清唱等,还热情辅导老年人学习京剧唱段,直到学会为止,深得大家的赞扬。

为了加强志愿者活动课程的管理,小志愿者们完成了民主商议并推选队长、共同商讨制定队伍公约和服务准则、制定志愿者活动计划等一系列事项。通过校内实践、校外辐射和线上延伸等三个层面的志愿服务活动,在传承戏剧文化传统的同时,自我规划与管理的能力也得到了发展。在服务他人和社会的活动中,使学生体会到奉献快乐的同时,更认识了自己的社会价值。

（三）台前幕后戏剧教育体验中发展生涯能力

学校自 2010 年开始探索和建设以戏剧艺术为主的特色课程以来,话剧社的社团活动一直都深受学生的喜爱。为丰富学生的体验,围绕编排一出戏,我们设计了以表演为主,并增加编导、舞美、灯光、音效、宣传等多项体验的综合实践活动。话剧社团的活动设计重视学生的自主性、实践性,通过引导学生围绕各项主题选择切入点、制定活动目标等,提升学生自主规划和管理能力。

　　重视实践性的活动设计使学生通过亲身经历各项活动,获得各种感悟,形成新的认识,从而发展学生的实践创新能力。例如,学生社团从参加上海市学生话剧展演入手,撰写采访专业人员的文稿、投身表演现场感受专业职能体验、邀请专业从业人员开设讲座以及实践应用等活动。在这些活动中,鼓励学生认识自我、发现自我、发挥特长、实践创新,使学生的个性特长、实践能力、服务精神和社会责任感都有所发展。通过台前幕后全方位的体验和实践应用等活动,使话剧社团成员不仅发展职业探索与体验,同时也将小组合作、领导能力、创造性问题解决能力等,未来社会通用生涯能力有机地进行了融会贯通,达到提升综合素养的目的。

　　(四) 职业体验促进生涯的职业探索

　　职业体验是综合实践活动课程中和生涯教育关联最为直接和密切的活动方式,是国内外生涯教育中应用最广泛的综合性生涯教育路径。通过接触现实社会的工作场所和从业人员,获得更真实的体验,能帮助学生深入了解职业,更好地完成生涯和职业探索。

　　纵观国内外职业体验活动,其中工作体验和工作场所参观是最为常用的方式。我校的职业体验课程依据不同年级学生的年龄特点,提供不同层次的职业体验领域、岗位的选择与模拟活动。职业体验类的综合实践活动课程的设计与实施对于指导教师职业认知水平有着较高的要求,否则难以称职。鉴于我校目前的师资力量尚难以担当,因此,学校与上海商贸旅游学校中小学生职业体验学习中心等一些单位建立合作关系。借助校外专业师资力量与课程资源,设置了两层级的职业体验活动。

　　借助职业体验学习中心资源,为七年级学生设置为期一周的职业体验日活动。通过学生自主选择体验中心的众多课程,比如:企业经营、花艺制作、数字音乐等,学生不仅了解和学习了相关行业所需技能,也对不同职业群体的现实状况有了初步的了解。

借助区域内高职学校资源,为八年级学生设置短期的参访及技能学习课程。这是由于我校学生中外来务工子女占比较多,较多学生在八年级末将面临继续留在上海完成学业、今后进入中高职学校学习,还是回户籍所在地参加中考的重要抉择。针对这一现状,学校安排八年级的学生参访不同职业学校,并为参访职业学校后有一定择业倾向的学生提供去中高职上课、学习相关技术的机会。

通过一系列针对不同年级学生需求的职业体验活动,不仅促进了我校学生的自我认知水平,发现了自己的专长,引发职业爱好的兴趣,同时也使学生在体认职业角色,理解职业生活,强化职业情感的过程中,不断调整自我生涯发展规划,使自己对于未来的生涯抉择有了更坚定的信念,在提升生涯规划能力的同时,也为其今后逐步实现自我生涯发展的目标奠定了基础。

第三节　生涯适应力课程项目学习安排

课程是学校教育教学的主要平台,"生涯适应力"课程通过国家基础课程的学科教育渗透和综合教育实践活动的校本教学开展,都属于学校大课程安排的教学内容。项目化学习具有综合性,列为综合实践活动的"生涯适应力"课程多以项目化学习的方式列入学校课程计划,明确学习主题,强化教学改革,强化学生自主学习,探索学习成果的成果与展示。

一、基于项目化学习"生涯适应力"课程架构

中学阶段是人生发展的重要阶段,也是学校培养中学生发现

自我,探索知识和认识他人的关键时期。学校教育通过项目化学习的计划和具体实施各类学习活动,来帮助学生提高自我认识、自主学习、自我探索以及自我管理等能力,而这些能力的综合其实就是贯穿一个人终身发展的历程,我们也将其称为"生涯发展"。

生涯发展并非只局限在为了未来选择和执行一份工作,它指的是个体终身学习的发展历程,扩展至个人生命发展的全过程。基于此,虹教实验中学组织开发了不同年级各有侧重的生涯适应力系列课程,旨在更好地帮助各个年龄段的中学生获得支持他们现在学习以及未来生涯发展的适应力和内在驱动力。

表 1 "生涯适应力"课程和"项目化学习" 主题的联动体系架构

项目化学习主题		生涯课程模块	内容	知识与技能
自我价值模块	关于"我"的问题	认识自我	发挥优点	1. 发现自己的优点;2. 新木桶理论;3. 将自己的优点应用到更多方面;4. 分享优点,影响其他人
	关于"我"的研究		改善缺点	1. 正视自己的缺点和不足,人非圣贤;2. 积极看待自己的缺点和不足,保持成长性思维,每个人都有进步的空间;3. 改善缺点的方法(自我总结、保持开放的心态,借鉴他人建议、勤加练习)
	关于"我"的答案		性别差异	1. 男性和女性的身心差异;2. 性别差异不等于能力优劣;3. 客观看待差异,避免性别歧视和刻板印象
	更大的"我"		客观看待他人评价	1. 为什么他人评价对于我们很重要? 2. 客观分析和看待他人评价,借鉴有建设性的评价,不纠结于无理评价;3. 敢于反驳恶意评价

（续表）

项目化学习主题		生涯课程模块	内容	知识与技能
自我价值模块	更大的"我"	认识能力	意志力	1.意志力的重要性；2.意志力是一种可提升的能力；3.提升意志力的方法
			抗挫力	1.挫折的重要性；2.抗挫力的定义；3.正确面对挫折背后的情绪、培养乐观性思维
			压力管理1	1.压力的概念（压力测试）；2.有压力的时候，身体和心理的表现；3.适度压力的好处 & 过度压力的坏处
			压力管理2	1.面对压力三种常见的防御机制：逃避、拖延和转移注意力；2.积极应对压力的策略和方法（言语、艺术、运动表达）
他人价值模块	我和他人，有什么关系？	人际管理	亲子沟通	1.青春期阶段，出现亲子沟通障碍的原因；2.换位思考，理解父母；3.亲子沟通的策略和方法
	我能为 ta 做什么？		尊重异性	1.青春期的性意识，正视自己的对异性的好奇；2.青春期的自重，保护自己的身体权力；3.青春期的尊重，保护他人的身体权力
	我是志愿者		异性沟通	1.沟通方式的性别差异；2.异性沟通的技巧；3.异性交往的社交礼仪：礼貌言语、礼貌行为
	服务他人，成为更好的自己		社会意识	1.社会意识的定义和重要性；2.青少年具有社会意识的积极表现；3.青少年缺乏社会意识的消极表现；4.如何在校园和家庭生活中树立和发挥社会意识

项目化学习主题		生涯课程模块	内容	知识与技能
学习价值模块	关于学习的问题	学习管理	思维导图	1.什么是思维导图;2.思维导图的作用;3.运用思维导图解决学习中的困难
	用辩论方法探索学习		金字塔原理	1.什么是金字塔原理;2.金字塔原理的作用;3.运用金字塔原理解决学习困难
	关于学习的辩论		发散思维	1.发散性思维的定义和特点;2.发散性思维的重要性和作用;3.发散性思维在学习中的应用
	学习的意义		独立思考	1.独立思考的定义和重要性;2.独立思考面临的困难和挑战(同伴、师长、舆论)3.独立思考的三个阶段;质疑、判断、求真
生涯价值模块	生涯认识力	生涯管理	生涯自信和控制	1.关注学生在生涯自信;2.学习生涯控制能力
	生涯理解力		生涯理解的需要	1.注重学生的生涯好奇,意在满足学生对外部环境的变化;2.学生对生涯有更多理解的需要;3.有针对性地发展他们的相关知识和技能。
	生涯规划力		生涯自我规划能力	结合初中生特点,主要落实在学生对自身学校生活和家庭生活的规划和抉择上

上述表格的内容是我校开发设计的生涯适应力系列课程和项目化学习模块的有效联结的方案。项目化学习主题课程主要能够帮助学生更好地体验和理解生涯适应力系列课程中的知识技能、过程与方法、情感态度价值观,对学生实现三维目标的统一和并驾

齐驱的协调发展。

中央关于深化教育教学改革的意见指出：必须着力培养学生认知能力，促进思维发展，激发创新意识。通过项目化学习，充分调动起学生的学习积极性，让学生在掌握知识的同时实现思维和能力的提升。基于项目化学习，着手发展生涯适应力课程，有利于培养学生的创新意识，形成面向未来、适应未来的关键能力。

二、基于项目化学习对生涯适应力课程的促进

（一）对生涯适应力中自主学习的理解和运用

自主学习是学生进行项目化学习的主要方式，自主学习是指学生在教师的引导下，以小组合作的形式进行，自行计划、自我修订以及实施项目的学习过程。在项目化学习的课堂中，教师不再是传统教学模式中的自上而下传授知识，而是充分扮演了"脚手架"的角色，支持和引导学生进行自主探索。由于和传统的学习方式存在一定差异，所以部分学生在项目化课堂的初期会感到"不知所措"，在我们的课堂上就遇到了这样一位同学。

【案例 1】

鼓励每一个学生展示自己的成果

A同学在小组讨论环节中参与度很低，经常在讨论环节打瞌睡或是发呆，无法真正参与到和小组成员互相合作，激发思考的学习过程中去。观察了几次之后，任课教师找到她，问她对课程是否有什么疑惑，她说："我觉得项目化学习学不到什么东西，一节课上完了，什么知识也没学到，仅仅让我们在规定的时间内讨论然后发言。"我回应她说："很高兴你能对这节课做出自己的判断和评价，也恭喜你做出了项目化学习的第一步：发现了问题。其实，你刚才说的话就表示你正在发现自己的学习风格和习惯。接下来，我想

你需要做的是搜索资源和寻找支持来制定解决问题的方案,你不妨将自己的这个疑问和你们的小组成员共同讨论一下,听一听他们是否有什么好点子。"A同学点点头,什么也没说。但是那次谈话结束后,A同学开始积极主动地参与到小组讨论中,并且还多次作为小组代表举手发言,在新的分组时,她还主动竞选当上了小组长。

在项目化学习的课堂中,让每一个学生都有机会被真正地发现,并且在项目展示成果的环节中充分表现其独特的个性。在项目化学习的环境中,每一个学生独特的个性其实就是属于学生自己的发展资源。学生基于自己的"个性土壤"自主学习并对外部信息进行加工和处理,最终使得以学生为本,以学生的发展为重要目的的课程体系更加完善。学生的主体意识不断得到增强,且能够充分发挥每个人不同的优势,是个体在生涯适应力养成及发展中最基础和最重要的一部分。

(二)项目化学习有助于学生提高自我管理能力

人本主义心理学家罗杰斯认为,有效学习的关键在于三个方面:认知自由、自我管理和自我激励。在不确定性增强、高度变化的时代,周围的资源多元复杂,所以人们的选择也会更加多样与不同,这就对当代教育提出了更高更新的要求,那就是要探索如何在课堂教学中培养学生的主观能动性、如何提高学生的自我管理能力、如何让学生拥有更加坚毅的品格,如何获得"成长型思维"的驱动力。

在项目化学习课堂上,我们强调和培养学生们的自主学习能力和认知自由,但自由不是毫无目的地、无规则地、放任地活动,自由和纪律是一件事物不可分割的两个方面,所以有纪律有规则下的自由和自主才是项目化学习中核心的部分。学生在课堂上通过对纪律和自由边界的不断尝试和观察学习,体验式地获得并锻炼自我管理能力。

在项目化学习的课堂上,通过"设立规则"和"计时"的方式来对学生进行最基本的自我管理练习。教师和学生通过共同讨论协商,合力制定出班级的规则和纪律要求。还有,小组内部也需要讨论出小组公约,对可能会出现的问题进行预防和规定。小组讨论环节是项目化学习的最主要方式,所以教师需要在讨论开始前就规定好讨论时间和班级规则,并加以"计时练习"。

【案例 2】

学生自我管理能力大大增强

在小组讨论环节中,任课老师发布了讨论题目和任务,并强调讨论时间 3 分钟且每位成员都要参与讨论。在讨论的过程中,不嘲笑、不打,也不谈论与主题无关的事情。计时开始后,各个小组都展开了激烈的讨论,我听到一个小组的成员说:"计时 3 分钟,我们 5 个人,那每个人就是 36 秒的发言时间,现在我们按照顺时针的顺序开始。"

在项目化的学习过程中,学生不再只是处于被教育的位置,学生通过自我管理来完成学习任务,并能够从被动的接受者转向积极的探索者和自我管理者,这不仅能够激发学生的学习热情和内在学习动机,更是个体持续发展和终身学习的坚实基础。学生从一开始参与规则的制定到自觉遵守规则,正是在完成自我选择到自我负责的良性循环。这就是我校在落实生涯适应力系列课程中贯穿始终的态度和价值观。基于项目化的学习能够使学生在体验的过程中逐步成为核心价值观的主动建构者,通过对项目的体验和参与,达到对情感、态度以及价值观的认同和理解。

（三）学生的合作意识以及解决问题能力的提升

项目化学习强调学生之间的合作性，这其中不仅包括了发现问题、制定计划、执行方案和解决问题这几个方面，对于初中生来说，还面临着一个十分重要的议题挑战，那就是如何职责分工和处理团队成员之间出现的矛盾和冲突。

【案例3】

学校结合新中考要求，分析学情、结合国家对研学旅行的推进，组建课程开发小组。比如，以"千岛湖"实践活动为主题，积极探索将生涯教育与项目化学习相结合的实践方式，在真实的项目情境中培养学生应对未来的一系列关键能力与品格。我们基于关注学生的自我发展、关注团队合作学习、关注坚毅品质养成等方面的需要，尝试结合生涯教育的视角设计和开展项目化学习内容。

从开发以"千岛湖"为主题的项目学习实践活动中，可以看出，基于项目的学习运用于生涯教育能够帮助学生在"做中学"，"活动中学"，在理论与实践相结合的活动中，不断提高学生生涯准备度和适应力。

课程开发小组已经完成了整个研学实践的课程框架及课程主要内容的设计，也进行了初步的课内"3＋1"活动和实地研学考察等实践活动。学生通过项目实践活动，不仅体验到实地考察的乐趣、体验了考察活动的科学性以及科考活动需要的科学精神及坚毅品格，同时基于现实情境发现与解决问题的能力、小组合作能力及自主学习能力也在不断提升。课程开发小组还进一步从活动设计如何有效落实学科核心素养及生涯适应力的提升、在项目实践中如何基于资源的拓展与整合对生涯适应力的持续提升、将游戏设计思路融入综合实践活动的设计等方面都进行了思考。

三、项目化学习的组织成效和后续发展展望

项目化学习为我校开展"生涯适应力"和"生涯发展规划"提供了丰富的理论学习及实践指导平台。从学生的角度来说,因为获得了更多的科学方法和真实情景的体验,而对自己生涯的规划和把握有了更加明晰的方向。

(一)充分发挥学生在项目化学习中的主体意识

学生在项目化学习的过程中主动参与学习的全过程,其中包括:主题的定义、项目的计划与设计、项目实施与管理、项目评价与展示几个阶段。项目化学习既重视学习过程,同时也重视学习结果和展示,充分发挥学生在项目化学习中的主体意识,让学生积极主动地参与到项目的各个环节中,有利于培养中学生的主人翁意识,同时有助于中学生成为为自己生命负责的终身学习者。

生涯教育的当下目的是帮助学生解决自身面临的实际生涯问题,为未来发展夯实基础。学生在发展其生涯问题的鉴别、分析、决策和解决问题能力的过程,与基于项目的学习实践过程基本一致。基于项目的学习,对于学生未来生活、工作所需要的一系列重要能力的发展,如创造力、辨识力、反思性与批判性思维、问题解决、交流合作及自主学习能力的提升均有积极的效果。

(二)重视并建立项目化课程的资源支持系统

学生在项目化学习的过程中,根据项目主题充分选择和利用适合的学习资源,以小组的形式自主获得相对完整的知识,并得到较为全面的发展。而且,项目化学习是一种跨学科的、基于真实社会和问题环境的,以充分发展学生能力素质为目的的综合活动,这就需要更加重视并完善项目化课程的资源支持系统,合理配置社区和学校的资源,使其充分优化联动,为项目化课程的设计和实施

提供有力的资源支持。

项目化学习的重要意义是在各类真实的情境中给予学生发展和进步的希望,同时也是引导学生踏踏实实地体验、吸收和学习的重要方式。不仅如此,在项目化学习的过程中,学生能够充分地发现和发挥自己的优势,并能够在课程上得到公平的展示,这对每个学生来说都是获得自我效能感的宝贵经验,而对自己感到有信心,悦纳自己恰恰是梦想开始的起点。梦想让学生们在追求生涯适应和发展的过程中始终保持着热情和坚持,谱写生命辉煌的篇章。

(三)项目化课程实施过程中的不足之处

项目化学习强调学生的独立性和主动性,同时也注重培养学生自主解决问题和自我管理等能力。但是在项目化课堂初期,由于和传统教授式教学差异较大,常常会有学生感觉"似乎没学到什么东西",或是对项目化学习的方式方法提出质疑、甚至心生烦躁,这是对学生和教师共同的挑战。在这个挑战下,对教师队伍的建设和培训提出了更高的要求。教师需要有更加系统和专业的知识和素养,和更完善成熟的人格来引导和支持学生逐渐适应新的学习模式,并帮助学生缓解因学习效率低下而产生的焦虑情绪。

参考文献:

[1] 谭姣连,韩丽珍.项目学习中学生批判性思维的培养[J].教学研究,2012(2).

[2] 顾培培.基于项目学习开展中学生发展指导[J].教育周刊,2016,18:6—11.

[3] 朱妍梅.项目教学中学生自主学习途径的研究[J].教育教学论坛,2014,30:93—94.

附：综合实践活动专题研究

以志愿者活动为载体实施生涯
教育的路径与反思

肖丽萍

内容摘要：志愿服务是人类文明和社会进步的产物，在现代中国，志愿服务方兴未艾。我校以校园特色志愿者服务活动为载体，达到了服务他人，服务社会，进而提升个人综合素养的目的，进而在活动激发学生强化生涯教育的潜能。

关键词：志愿者活动　生涯教育　实施途径

一、背景分析

我校以志愿者活动为载体实施生涯教育的探索是在学校管理顶层有政策设计，一线教师有探索要求的背景下产生的。

上海市教委 2018 年在《上海市教育委员会关于加强中小学生生涯教育的指导意见》中强调了中学生生涯教育的重要意义。据此，学校决定进一步探索适合我校学生生长发展的生涯适应力课程来满足学生多元发展、提升综合素质的需求。结合 2017 教育部印发《中小学综合实践活动课程指导纲要》，学校以团队合作为主，开展生涯理解力课程的开发与实践。

我校是一所具有百年历史的初级中学，拥有良好的教育资源。学校通过联合专业艺术院校、建设校园戏剧艺术环境、架构戏剧艺术特色课程体系、提高戏剧艺术特色课程执行力等系列创意设计，打造校园戏剧艺术特色发展项目。由此，我们希望利用学校这一特色资源,以校园特色志愿者服务活动为抓手,结合学校整体育人目标,考虑校情生情、群体特征和需求,开发和建立一批贴近学生实际的志愿服务项目,以志愿者活动为载体拓展学生生涯教育。

二、实施途径

在研究实施过程中,我校的戏剧特色成为了尝试载体。通过校内实践、校外辐射和线上延伸等三个层面,形成志愿者活动的组织、深化志愿者活动的内涵和发展志愿者活动的形式。在传承戏剧文化传统的同时,达到了服务他人,服务社会,进而提升个人综合素养,进而激发以活动为载体的生涯教育潜能。

（一）校内——文化艺术节类志愿者服务

在前期的准备工作中,首先梳理现有校内可利用的志愿服务岗位,让学生明确志愿服务的内容和岗位需求。然后组建由艺术特长班的艺术特长生(十人)为骨干的初期志愿者队伍,并对他们进行志愿者的职前强化培训;通过民主商议推选出学生队长,在队长主持下共同商讨制定队伍公约、服务准则、志愿者活动计划。这支艺术特长生组建的志愿者骨干队伍的任务是通过广泛宣传、介绍服务内容、志愿服务要求等活动,在全校范围内吸引有能力特长、志趣的同学申报加入。志愿者骨干队伍再通过对新成员的简短培训,安排他们陆续上岗;如此地毯式地让志愿服务在全校范围内逐步铺开。

围绕校内的戏剧艺术活动开展志愿者活动。主要通过安排熟知戏曲知识的志愿者担任讲解员、宣传助理或引导员。志愿者们可利用校班队会的时间开设戏曲知识讲座,向全校师生传输戏曲知识、教唱戏曲;在学校的大型活动中进行公益表演、担当艺术志愿者等,例如校运会上的开场热场表演、区欢乐艺术节书法专场上布置比赛现场、维持比赛秩序、指导小参赛者递送比赛作品,以点带面地把学校的志愿者服务意识传递到每一个学生每一个角落。以上均成为了传承校园特色文化和植入志愿服务的双赢举措。

（二）校外——社区及外校合作类志愿者服务

志愿者服务意识的传播并非仅限校内活动,如果能向校外社区辐射,将校园特色志愿者服务深入邻近学校、社区,将我校的戏曲特色带出校园,将社区"志愿者服务岗"作为学生道德实践的课堂,与一批校外场所合作,共建志愿服务基地,才能达到志愿服务精神的更高升华。如定期为川北街道敬老院的老人们带去校园京歌表演,节假日为社区带去戏曲的公益表演,在一次与社区敬老院合作的志愿者服务活动中,学生们为老人带去了京剧唱段,与老人分享了戏曲知识。当时,一位老奶奶坐在底下饶有兴致地听着,时不时跟着旋律哼起调来。后来,在和老人的聊天中了解到,这位奶奶是位忠实的"戏迷",但由于她觉得自己五音不全,唱不好,这就成了她藏在心底的秘密。学生志愿者们一句一句教她怎么唱京剧,怎么摆姿势。短短几个月,奶奶凭着认真的学习和同学们的教授,学会了好几个经典的曲目,并且唱得非常好。联欢会上,奶奶和学生们一起化妆,穿戏服登台表演,圆了她的"戏曲梦"。奶奶脸上露出的欣慰与感动,让学生志愿者们发现了自己的技能可以使人感受到快乐,体会到了志愿服务中奉献的快乐和自己的社会价值。

从此,学生们的积极性提高了,兴趣也越发浓厚了。志愿者服务带来的快乐和自我价值的实现,在学生的心中生根发芽。再如深入小学校园培养小志愿者。这些志愿者活动既可以提升学生对志愿活动的新认识,也可以提高学生的志愿服务能力。同时,它还能观察学生在校内志愿服务中培养的能力,是否真正外化于行,内化于心地践行于社会化的公益事业。

（三）网络平台——线上志愿者服务

开设线上志愿者平台，旨在为学生提供更多选择的同时，为线下的志愿者服务活动进行更广范围的宣传和推广。平台的基础功能是发布志愿者服务岗位、培训信息及活动风采记录等。它能让学生有更多元化的选择和表现自身能力的机会，每一次活动前，服务队都会制定一个周详的活动方案。他们开展头脑风暴，召集所有的成员一起参与活动的策划，诸如提供校园官网定期维护、微信公众号推送更新、校园活动宣传片拍摄和制作等志愿服务岗位。还制作微课，更大范围地传播戏曲文化知识……

线上平台不仅能清晰、完整和全面地记录志愿者的活动经历，还能更好地鼓励学生追求自我超越，激发自我发展的内动力，促进自我综合素养的提升。校内、校外、线上的志愿者活动经历让学生懂得要想取得每次志愿者活动的成功，必须积极开展各方面的尝试，运用和丰富自己多方面的知识技能。这些活动对提高学生创新思维能力、丰富学生知识面具有很大的现实意义。在培养了他们的审美情趣、人文底蕴，激励提升精神境界的同时，还极大地传承了中华优秀传统文化和我校的校园文化，充分发挥以活动为载体中生涯教育的潜能。

三、实践意义

（一）实现了学生的自我教育

苏霍姆斯基说过："只有能激发学生进行自我教育的教育，才是真正的教育。"在我们的校园特色志愿者服务队中，始终坚持以学生志愿者为主体，这个活动是一个自主参与、自主策划、自主活动、自主教育的过程。在每一次活动前，先自行明确志愿服务岗位的具体内容、需求和人数,开会商议制定活动计划,并与活动基地接洽联系,再根据服务队队员的特长、兴趣安排合适的人员,以便能最大限度地完成活动任务。第一个月的工作完成后,每次都将按照提前一个月准备的方式去完成下一次的服务内容。而每一次活动结束后,每一位成员会小结此次活动的得失并交流,为下一次服务的顺利开展积累经验。由此,在服务中,学生不是一个走马观花的观众,而是一个个的参与者、亲历者,这些经历不仅有助于提高学生创新思维能力,丰富学生知识面,更极大地提升了学生自主规划和管理的能力。帮助学生了解自我,形成积极、现实的自我概念;对意向职业及能力要求有基本的了解;激发学生的学习自主性;提升学生综合素质。

(二) 改善了学生团队合作、人际沟通能力

美国管理学家、社会系统学派创始人巴纳德认为,任何一个组织都是一个协作系统,虽然它是由个人组成,但个人只有通过与他人的协作才能发挥作用。目前,我们的志愿者队伍内部结构完整,分工明确。志愿者要按照各自职责组织统筹、领导决策、分工合作、沟通协调开展工作;志愿者成员有时需要相互配合开展服务活动,需要具备团队合作能力和人际交往能力。小夏同学,因很难清晰表达自己的意思,人际交往一直是他的弱项,平时在老师同学面前,表现得有些自卑。在艺术节志愿活动服务中他自愿担当小解说员的角色,负责讲解介绍我校特色的"戏曲墙"。活动前他努力背稿,查阅相关的戏曲资料,当日出色的讲解,得到了参观校园的来宾们的高度评价,同学们都夸赞他,而他也由此变得自信起来了,发掘了自己也不了解的潜力,与人相处,表达交流的综合素养随着活动的开展进一步提升了。学生们通过活动提升了解决实际困难的能力,人际沟通、自我管理等方面的能力均得到发展,学会

了借助诸多经历去认识、体会自己的独特性、潜力、优势和志趣,综合素养有了长足的提升。

(三) 促进了学生综合素养的养成和生涯教育的初体验。

所谓"纸上得来终觉浅",实践出真知。在整个志愿服务的组织和运作过程中,学生获得了丰富的实践经验,形成并逐步提升了对自然、社会和自我之间内在联系的整体认识,基本具有了价值体认、责任担当、问题解决、创意物化的意识和能力。志愿者活动确实能帮助学生提高综合素养,在性格和能力上为他们做了正确和正面的辅助引导。同时学生们认为这样的志愿者服务将传统戏曲文化发扬到了点上,而不仅仅是口中面上的宣传和继承。利用戏曲文化特色在为养老院的孤寡老人带去欢愉和为年轻血液助长知识,为期一年的志愿者服务结束之后,我校收到了三封来自曾在其校园演出过的小学的回信,极大地肯定了我校这类活动的立意,其中两所小学自承接了我们曾宣传会表演过的戏曲节目之后,也定期到养老院参与公益表演。并且志愿者岗位的服务,既宣传了戏曲文化与红色记忆,无论是公益表演还是场所解说,同学们都展现了自己的风采,也落实了岗位培训工作,让他们有了生涯教育的初体验,学生在志愿者服务的过程中找到或明确了自己的兴趣方向和潜力所在,意义非凡。

四、归纳结语

以志愿者活动为载体实施生涯教育,校内、校外、线上的志愿者活动经历,在培养了学生的审美情趣、人文底蕴,激励提升精神境界的同时,还极大地传承了中华优秀传统文化和我校的校园文化,既实现了学生的自我教育,改善了学生团队合作、人际沟通能力,又促进了学生综合素养的养成和生涯教育的初体验。不仅充分发挥了以活动实施生涯教育的潜能,还充分调动了学生生涯探索的主观能动性,让他们进一步确立理想,逐步培养生涯规划能力。

京剧体验助力初中生生涯适应力发展初探

内容摘要：围绕生涯适应力,以京剧体验为抓手、贴近学生的现状,满足学生发展的需求,帮助每一个在校学生都能根据自己的能力、兴趣等因素找到合适的发展道路。为应对未来社会挑战作必要的能力储备,实现学生"出彩"成长,铸就学生希望人生的教育大平台。

关键词：京剧体验　初中生　生涯适应力　初探

自 1992 年起,虹口区教育学院实验中学尝试将京剧艺术引入课堂教学和课外艺术教育活动中,在区域内取得了一定的成果。近年来,围绕生涯适应力,以京剧体验为抓手、促进每一个学生都能根据自己的能力、兴趣等因素找到合适的发展道路,养成多种能力,实现"出彩"成长,铸就希望人生。

一、京剧实践体验课程教育,助力初中生生涯适应力教育

"一切以学生全面、可持续发展为本"是学校的办学之本。近年来,随着四川北路周边改造,学生生源结构发生很大变化,多数学生在社会经济文化背景方面处于相对不利的地位,往往显得适应力弱、缺乏自信和创新能力,对人生、对未来缺乏方向感和责任

感,为学校教育带来了很大挑战。

2018年《上海市教育委员会关于加强中小学生生涯教育的指导意见》提出,要从自我认识、社会理解、生涯规划三个方面开展中小学生涯教育。学校开设"生涯适应力"校本课程,指导学生养成面对生涯改变或生涯情景中复杂的、结构不良的或不可预测的生涯问题的自我调整的能力。培养生涯适应能力是中学生涯教育的重要目标,学生生涯适应能力的提升,也是解决学校现状的有力抓手。

京剧艺术是戏剧艺术的重要组成部分,也是深受我校学生喜爱并熟悉的教育内容与形式,具有陶冶、净化作的用。作为最接近人类本来面貌的艺术体验,重视参与过程中的反省体验,能让学生在不知不觉中了解自己,获得知识,培养能力,升华情感,也是提升生涯适应力的有效方式。学校希望通过学生熟悉的京剧艺术的体验,促进学生在学习能力、学习意愿和学习动力方面的效能提升,为他们能够应对未来社会挑战作必要的储备。

京剧体验,这种植根于特定场景的教育方式,使生涯教育摆脱由于传统的讲授方式带来的枯燥无味,缺乏新意等,让教育过程焕发生机,凸显成效。所以,学校提出京剧体验融入学生生涯适应力发展的研究,京剧体验助力初中生生涯适应力发展尝试。

二、京剧体验与生涯教育结合,实现生涯适应能力的提升

在学生熟悉、喜欢的京剧体验中发掘、体验和解决生涯问题,从而在不知不觉中了解自己,获得知识,培养能力,升华情感。

(一) 京剧体验与生涯适应力结合,植根巧妙的情境设计

京剧作为戏剧的一种形式,它的学习与传统的认知学习最大的不同就于它是一种情境化的学习。教师运用戏剧教育的手

段,有目的地引入或创设具有一定情绪色彩的、以形象为主体的、饱含冲突的生动场景,引起学生积极的、健康的情感体验,学生情感高涨和欢欣鼓舞之时往往是知识内化和深化之时。我们的京剧体验创设的情境当然与京剧元素有关,比如,唱念做打等,京剧体验与生涯适应力有机结合,教师需要创设有关未来生涯的情境,让学生通过表演等京剧元素,借助角色表演活动,展现他们对待未来生涯的态度和对未来生活的创想,实现生涯适应力的提升。

（二）京剧体验与生涯适应力结合,强化体验性和综合性

京剧的体验学习不同于认知学习,基本元素不是知识和命题,而是情境、冲突和行动。一方面,通过一定的京剧元素在虚构的角色扮演中,参与者就能运用天赋的扮演技能,发挥创造力,突破限制,跳出日常生活的框框,取得一些我们平日不会得到的经验。学生在角色扮演中能够发挥其主体性,激发想象力,增强对教学内容的理解和领悟能力。另一方面,通过剧本创作、角色扮演等戏剧活动,戏剧参与者把已有的经验放进角色和情景里,去共同解决一个问题、完成一件事。通过这些体验,能大大增强学生的参与性和对生涯的积极关注。

三、京剧体验助力生涯适应力提升具体实施

注重情境性、综合性、体验性的京剧体验,主要从以下三方面落实助力学生生涯适应力的提升。

（一）初拾自信:通过"京剧第一课"走近京剧

学校在每一学年开学初,都会在中预年级精心策划"学李白唱京歌展风采"合唱比赛。在秋高气爽的九月,活动如期进行,拉开了京剧体验序幕,全体中预年级同学参加此项活动。

首先,同学们通过班会、广播台等,了解实验中学师生和国粹艺术京剧之间的不解之缘,同学们为学校感到自豪!

其次,在艺术组老师多种方法、形式的引导和往届学生声情并茂的示范引领下,在短短两个星期,中预年级学生基本掌握了根据李白烈士事迹创编的我校校歌(京歌)《我是一个中国人》演唱。同学们为自己点赞!

紧接着,进入如火如荼阶段,各个班级在班主任老师的带领和班干部的组织下,赋予了合唱丰富多彩的形式和无限的创意,同学们的集体的智慧了不起! 在展示活动过程中,当同学们在舞台上表现精彩极了,饱满的精神面貌、整齐划一的动作、响亮的声音、把一个中国人的自信,自豪表现得淋漓尽致,老师为你们点赞!

我们的"京剧第一课"通过师生共同努力交出了满意的答卷:实验中学的学生能行的! 在活动中,同学们了解了实验中学醇厚的校园文化积淀,燃起对学习、生活的满满信心和激情,迈出了生涯自信的第一步。

(二) 生涯探索:以京韵课程为抓手培养广泛兴趣

"京剧第一课"带着实验中学学生走近国粹艺术——京剧的同时,迈出了生涯自信的第一步,以此为契机,学校以课程为抓手,带领孩子们在京剧艺术中遨游。学校京剧校本课程主要由以下两部分组成:

1. 面向全体学生的学校京剧特色微课程

京剧体验与学科学习融合,丰富学生学习体验,包括美术、音乐、语文、体育等学科,让"高不可攀"、带着点理想主义色彩的京剧艺术"接地气"了,也解决了课程师资和落实课程时间方面的窘况。

以音乐学科为例:整合了初中阶段音乐教材中相关的京剧资源,形成以唱念做打及其他不同体验方式呈现的微课程。

表2 京剧体验微课程

课 题	主要作品	体验方式
《姹紫嫣红京韵起西皮二黄韵味浓》	《我一剑能挡百万兵》《娘的眼泪似水淌》	唱、念、听、看、律动等。
《活泼妩媚 娇俏空灵——拾玉镯》	《拾玉镯》	做、念、看等。
《摸黑打斗—三岔口》	《三岔口》	做、念、看等。
《经典孕育时尚》	《梨花颂》	唱、念、听、做等。

2. 走班制为基本形式的京韵特色课程

在学科渗透基础上,学生以走班的形式有选择地进入拓展型"分园"学习。

表3 京剧体验特色课程

体验方式	学习目标	内容简介
京韵欣赏	通过京剧经典剧目的赏析,了解中国历史和文化;通过对知名京剧演员人生经历的了解,在艺术家的人生故事中启迪智慧。	名剧欣赏、京剧名家。
唱念练习	了解尝试京剧发声练习方法,提高学习京剧的兴趣;通过实践体验了解京剧念白的重要性。	余音绕梁、千斤话白。
做打基训	了解京剧五法,通过相关练习,感受京剧肢体语言的表现力。	手眼身法步。
京韵拓展	鼓励学生用丰富的艺术形式表现京剧的魅力,展示才能。	我也"有戏"。

通过1—2年京韵课程的体验,实验中学学生对京剧艺术的基本表现形式、基本特点、相关基础知识有了一定的了解。学校对接课程,设置了相关实践活动。例如,让学生挂一挂髯口,扮一回老生;拂一拂水袖,舞一回青衣;画一画脸谱,演一回花脸

等。学生在课程体验中感受到了京剧艺术的趣味和魅力,京剧学习热情进一步提升,京剧这一民族文化瑰宝已在学生心中悄然生根、发芽。

京剧作为综合性艺术,堪称是集美术、音乐、舞蹈、语言等艺术于一体的,最美的舞台表现形式。她承载了太多中华民族优秀的传统文化、历史典故、人文精神和伦理道德。以广博而精深的京剧作为课程体验的载体,能让学生全面的认识自我、进行兴趣探索。兴趣探索是生涯探索中不可缺少的环节,以此为基础,引发学生进行职业兴趣的思考,从而为自己职业生涯规划提供参考。这些早期萌生的兴趣往往会成为将来选择专业和职业的风向标。

初中生本身处于生涯发展的探索期,对"我要做什么"等问题充满好奇和困惑,所以,在京剧课程体验的过程中,教师帮助他们明确兴趣是生涯选择时需要考虑的关键因素,应引导启发他们的生涯规划意识,培养其生涯发展能力。

(三) 生涯规划:依托京剧社团实现兴趣到特长的转变

凡是在学科渗透拓展型课程及主题活动中表现出浓厚兴趣、具有发展潜能的、表现出某一方面特长的学生都有机会进入学校的"京韵飘香"社团。"京韵飘香"社团由多个小组组成,包括服装化妆、旦角表演、武生净行表演、剧本分享等。社团活动时间是每周三、周五下午第三、四节课。社团的管理由学校艺术工作室及学生社团联合会共同管理,每个小组都由学生担任组长,配有校内外的导师辅佐社团活动。

1. 喜欢进入社团,以兴趣为出发点,激发学习动机,提高自我认识

学生通过面试进入自己喜欢的社团,在社团活动中,学生考量

自己的爱好和能力与社团专业要求的匹配度,学会不断正确、科学、清晰地自我认识、自我发觉和自我觉醒,不断激发学习的动机,使未来的人生因为有了内心的驱动力而更加绚丽多彩。

张、王、李、吴四位同学是同时来到"京韵飘香"社团的旦角表演小组。通过专业老师的指导,他们对自身的兴趣爱好和能力有了进一步的认识。张同学有一定的声乐基础,擅长京剧表演中的唱腔演唱,京剧练习中的吊嗓子和声乐练声有着异曲同工之妙,他的声音在进入社团之后,更加富有韵味。在区欢乐艺术节的声乐比赛中,他选择了一首京歌《故乡是北京》参赛,获得了区二等奖;吴同学,音乐感觉好,擅长舞蹈,她以《霸王别姬》中"劝君王"舞剑片段参加了上海市少儿戏曲"小白玉兰奖"业余组的评选,被评委们赞誉:扮相表演有味道;王同学是四个同学中最为全面的一位同学,唱念做打都是有模有样,成为表演小组的"角";李同学发现自己很难胜任社团的表演任务,在参加了社团"梨花颂"节目的展示后,离开了旦角表演小组,却喜欢上了京剧的服装和化妆,进入了服装化妆小组。

在社团里,同学们为了共同的爱好一起努力,获取丰富的知识,在一定的工作岗位上,扮演着自己特有的角色,每一次社团活动都是学生自我培训的过程。这样,京剧体验的范畴更为广泛了,不仅仅是唱念做打,还包括服装设计、化妆等等。

以学生编排的现代京剧《接过红旗肩上扛》为例,表演"京韵飘香"的同学以任务驱动为导向,和自己的导师、伙伴一起完成一定的学习任务,通过编排作品、创作朗诵词、学习唱段形体动作、选择服装、制作 MIDI 伴奏音乐、道具设计和完成、展示作品等,了解不同专业、职业的特点及需要具备的能力。在此过程中,学生学会思考,学会分工学会合作,与人沟通,相互之间取长补短。他们学会表达,学会交流,增长技能,全方位和深层次了解自我,认识自我,为未来的生涯规划做好准备。

2. 在社团中成长,培养职业兴趣意识,实现兴趣到特长转身

同学们在"京韵飘香"社团中的"工作岗位"是学生自己的选择,是自己的兴趣所在。它为学生准确定位,找寻更适合自己兴趣方向、生涯规划提供可能。参与社团的过程,可以让学生挖掘自己的潜能,而参与社团过程中的调整可以帮助学生尝试不同的兴趣点。

经过一段时间的实践和努力或者将兴趣爱好变成职业的兴趣,未来专业和工作的方向,或者根据自身的情况调整认识,选择新的方向。在这一过程中,教师往往发挥重要作用,带领学生认识工作岗位,兴趣爱好,并且鼓励学生发展自己的能力,尝试岗位中相关知识技能等学习,把学生的兴趣爱好提升为专长、特长,成为职业兴趣。尝试学习过程中的选择不一定是一成不变的,学生不断认识自己兴趣爱好的同时,补齐自己的短板,也在不断地重新评估和规划自己。这一切就是培养学生的生涯规划能力。

3. 培养生涯规划意识能力,促进学生自我发展的完善

初中三年,每个年级的学生在社团活动中的任务、身份和收获都是不同的。

预备年级、初一年级学生以体验者、参与者的角色参加各类社团活动,并在丰富多社团活动中亲身体验,拓展兴趣,发挥特长,扩大求知领域,为生涯规划意识的形成做好铺垫

初二年级学生已成长为社团的骨干力量和主要负责人员,他们在社团活动中不断探究真理、激发创意、组织才能,将社团成为生涯规划迈出第一步的平台。

对初三年级中有浓厚兴趣和突出特长的学生,社团会提供适时的有针对性的个性化指导、促进他们在某领域的特长和素养达到高中阶段所要求的最高水准、为今后的升学、将来的就业作铺垫,学生的生涯规划跨出了一大步。

贯穿三年的社团活动引导学生在自我教育、自我计划、自我创造和自我完善中,逐步具有自我规划的理念和意识。

京剧体验还包括主题活动,包括 2 月京剧名家进校园;5 月讲名家故事学名家风范;6 月狂欢节,让学生尽享青春的快乐与张扬;9 月合唱节,唱响"我是一个实验人"(京韵校歌);12 月艺术节,让学生充分展现蓬勃向上的激情……

四、以京剧体验教育,促"有戏人生"的总结与反思

京剧体验教育带给同学们的是快乐、灵动的校园文化氛围,是富有人文底蕴的校园文化特色,为学生释放个性、培养能力提供了平台。京剧体验教育是面向全体学生的,融合了学校浓浓的校园文化,助力学生生涯适应力的发展,孩子们的潜能得到充分的开发和发展,他们的生涯发展的通道由此打开,这些都成为学生终身受益的课程。

综上所述,可以归纳三点:首先,京剧体验助力生涯适应力提升,为生涯辅导课程注入了新鲜的血液,提供了新的立脚点。但是,对于这个过程,我们还处于摸索阶段,教师应及时更新自己的生涯教学方法和理论知识,接受更多关于京剧体验的专业的培训。其次,结合京剧艺术及生涯教育的情境性、综合性、体验性的共同特点,设计以更为有趣的活动激发学生的兴趣,让学生全身心参与到课程和活动体验中去。最后,在实践京剧体验教育,助力生涯适应力发展过程中,应及时对课程和学生生涯适应力进行评价,以保

证未来的实践能够朝着更有效、更能培养学生生涯适应力的方向前行。

基于音乐综合实践活动,培养学生艺术表现力
——《美丽中国　绿韵炫动》创意秀活动案例分析

朱晓音

内容摘要: 音乐综合实践活动能够打破学科界限,培养学生运用跨学科艺术融合的手段来提高艺术表现力。本文从《美丽中国·绿韵炫动》的活动背景、设计思路、活动过程等几方面,谈谈在音乐综合实践活动中渗透生涯教育,引导学生发现自我兴趣、发展自我能力,同时提升音乐核心素养之艺术表现力。
关键词: 音乐　综合实践活动　学生　艺术表现力

一、问题提出:音乐综合实践活动促生涯力发展何以可能

依据 2017 年教育部印发的《中小学综合实践活动课程指导纲要》和 2018 年颁布的《上海市教育委员会关于加强中小学生生涯教育的指导意见》的要求,学校决定以综合实践活动课程为载体,进一步探索适合我校学生成长发展的生涯适应力课程来满足学生多元发展、提升综合素质的需求。我所在的课程项目小组开始尝试以各自的学科综合实践活动为载体,提升学生生涯适应力。我在音乐综合实践活动课程中以兴趣、能力为目标,引导学生在活动中发现自我兴趣、发展自我能力,从而提升学生的生涯适应力。

音乐学科与生涯力发展有着天然联结。音乐学科,尤其是初中音乐学科教学,关注的不仅仅是学生的认知能力发展,更重要的是促进学生的非认知能力发展。换而言之,音乐学科不单纯关注的是乐理知识的记忆和学习,更重要的是通过音乐学科唤醒学生对音乐之美的鉴赏,对美好事物的追求,激发学生兴趣,形塑学生性格。我校音乐综合实践活动课程以创新活动为载体,将课堂还给学生,教师仅仅是课程的设计者,学生才是学习的中心,在这样的学习过程中,学生的创新能力得以开发,学生的合作能力得以发展,学生的问题解决能力得以展现。音乐综合实践活动课的这些特点与学生生涯力发展理念高度契合。学生基于活动培养更广泛的兴趣,充分发现自我,唤醒自我,让实现自我的路径不在是单一向度的,而是多维的,多元的,换而言之,每个学生的人生都可以"有戏",也都应该"有戏"。

二、实践探索:《美丽中国　绿韵炫动》创意秀活动的实施

2019 年是新中国成立 70 周年。为颂扬中华民族实现伟大复兴的奋斗历程,讴歌中华民族所取得的辉煌成就和文化昌盛的大好局面,上海市教委教研室举办了"美丽中国·绿韵炫动"——庆祝新中国成立 70 周年特别活动。基于这一背景,我校以六年级艺术拓展课的学生为参与群体,开展了《美丽中国·绿韵炫动》创意秀活动。活动旨在弘扬优秀中华文化,让学生从生动丰富的艺术领域中领略美丽祖国的自然风光。

(一) 创意秀活动的设计与开发

这是一个为期三周的音乐综合实践活动。学生要根据活动背景要求,尝试用多种艺术形式表现创意秀的作品、设计作品的表演框架、作品排练及录制等。综合实践活动引导学生在探究、思考

中,运用跨学科艺术融合的手段对作品进行创新的表现和演绎。同时,在活动中引导学生发现自我兴趣、发展自我能力,为打造自己"有戏的人生"提供一次有益尝试。

活动的主要目标是由学生完成创意秀节目的策划及创编。通过歌唱、舞蹈、武术等艺术表现形式,演绎"绿韵炫动"主题,让学生从生动丰富的艺术作品中感受绿色环保给人民生活带来的变化,增强爱绿、护绿的心愿和信心。

（二）活动的准备与实施

引导学生主动参与音乐实践,激发兴趣是关键的第一步。参与活动的学生是六年级中有艺术特长的同学,他们刚刚入校,很期待在新校园里施展自己才华。教师简单介绍活动背景和设计思路后,学生们都跃跃欲试,希望挑战自己,通过大家的努力,创作一个作品向祖国成立 70 周年献礼。

本次创意秀活动课程的教学设计以学生为中心,教师是学习的引导者而非学习活动的主体。教师通过教材提供的范例,引导学生发挥想象力,开展艺术创作。学生基于对任务的探索,发现自己的兴趣特长,运用多种艺术形式来表现作品,提高艺术表现力。最终,学生会尝试在作品原有基础上进行二度创作和编排。

活动课程的具体实施是先分小组,根据才艺展示的情况成立小组。六年级同学刚入校不久,教师对学生的情况不熟悉,通过才艺展示,分设演唱组、舞蹈(武术)组、舞美设计三个小组。分组之后明确任务分工,小组确定后,每个小组选出一名组长,负责组织本组活动的策划和任务实施,组员根据自己的兴趣和任务的需要选择适合自己的角色,最后由组长根据本组的任务进行整体协调,明确职责并拟定活动策划书。下面,将每组活动的任务要求以及成果呈现的方式列表如下。

表4 实践活动课程中的小组活动任务安排

组 别	任务要求	成果呈现方式
演唱组	用歌声表达对世界和平、生态和谐的美好愿景。	以歌唱形式表现歌曲《世界更美好》。
舞蹈(武术)组	用舞蹈(武术)表现两个主题,一个日新月异、飞速发展的上海;一个绿水青山、生态和谐的上海。	自选音乐,呈现两段4个八拍的舞蹈组合。
舞美设计组	利用信息技术展现"天更蓝、地更绿、水更清、气更净"的美丽上海、美丽中国。	音乐、视频、图文并茂的PPT。

表5 小组活动任务的实施过程

组 别	创作构思	实施过程
演唱组	在准确表达作品音准、节奏、情感的基础上,丰富演唱形式,加强音乐的表现力;增加歌唱律动,丰富舞台表现。	1.通过聆听、感受音乐,熟悉歌曲旋律,为演唱做好铺垫。 2.利用音频、钢琴辅助等方法自主学习歌曲演唱。 3.用领唱、分声部合唱来表现歌曲。 4.编排演唱队形、设计简单的歌唱律动。
舞蹈(武术)组	选择街舞和中国舞,分别表现飞速发展的上海和绿色和谐的上海。街舞的动感对应上海日新月异的变化;中国舞的圆融体现城市让生活更美好的可持续发展理念。在中国舞中加入武术,具有柔中带刚并济的表现力。	1.根据任务要求,结合自身特长,确定街舞和中国舞两个舞种并分组。 2.利用网络资源搜索舞蹈视频,学习动作,适时向专业老师寻求指导。 3.选择舞蹈伴奏音乐,请舞美组帮助编辑。 4.编排舞蹈队形。
舞美设计组	采用舞台灯光、文字、图片和视频与歌唱和舞蹈(武术)相配合共同展现作品,丰富整个的舞台表现。	1.查找书籍、网络了解改革开放三十年来上海的变化发展。 2.收集、整理反映上海变迁的图片、文字和视频素材。 3.完成PPT的制作。

学生在结束设计后,要以小组为单位,先介绍构思并按预先确定的形式进行展示,组员之间互相配合、展示交流。在整个展示的过程中鼓励创新,包括 PPT 展示、演唱、舞蹈、武术等形式,要体现小组合作精神,要运用跨学科艺术融合的手段来提高艺术表现力。

三、成效反思:音乐综合实践活动课程的生涯 教育渗透与融合

(一) 在音乐综合实践活动中,关注学生兴趣,挖掘与生涯教育相关的内容,注重引导学生通过活动认识和发现自我价值,发掘自身潜能。

兴趣是最好的老师,孔子云:"知之者不如好之者,好之者不如乐之者。"每个学生都有自己的兴趣喜好,在《美丽中国·绿韵炫动》创意秀活动中,学生可以根据自己的兴趣选择小组、做组别的调整,找到适合自己的角色。原本在舞蹈组的小 A 通过几次排练,觉得自己内心对舞台有一种莫名的紧张,在舞台上的表现也显得局促、不够自信。后来小 A 选择在舞美设计组负责舞台灯光的调配,她根据舞蹈伴奏音乐的节奏和队形的变化调整灯光的色彩,为这个作品的呈现增色不少。小 A 的例子告诉大家,我们要找到自己的兴趣所在,我们可以以自己的方式方法表现对艺术主题的理解。在活动中让每一个学生认识自我、发现自我,与此同时,发掘自身的无限潜能。

(二) 在音乐综合实践活动中,体验基于学科的不同职业种类的特点,培养基于学科背景的职业关键能力。

本次音乐综合实践活动围绕着《美丽中国·绿韵炫动》的主题开展体验式的学习。学生在老师的组织下分成演唱、舞蹈、舞美设

计三个不同的职业体验小组进行实践体验。各小组通过组内探讨确定任务分工,将创作构思付诸实践,由此加深了对音乐表演、音乐编辑、舞蹈表演与编导、舞台设计与布景等不同职业种类特点的了解,同时在音乐综合实践活动中提升了基于音乐学科背景的职业关键能力,主要指艺术表现能力。

(三)在音乐综合实践活动中,渗透生涯教育,促进学生创新实践能力的发展,提升学生必备品质。

生涯教育是促进学生核心素养发展,提升必备品质的有效途径。2014年教育部提出当代中学生必备的六大核心素养中就包括创新实践能力。在《美丽中国·绿韵炫动》创意秀活动中,学生从被动服从老师要求到主动选择目标任务;从按部就班的完成作业到别出心裁的作品设计;从教师的一言堂到各种才思的"百家争鸣",无不充分发挥学生的想象力和思维潜能。通过让学生设计作品的表演框架;尝试在作品原有基础上进行二度创作和编排;融合运用多种艺术手法创造性的表现艺术主题,以此激发学生的创作灵感,促进学生创新实践能力的发展。

本次活动的开展,也是我在音乐专题综合实践活动课程中的一次尝试。通过活动,学生在发现自我、问题解决、自主学习和融合创新方面的能力均得到了进一步的培养和提高。台湾著名心理与教育专家郑石岩教授说过:"教育的主要目的就是提供各种尝试的机会,发现个人的天赋和特质,予以诱导和启发,使其能力得以开展。进而喜欢自己,建立自信,从事与自己能力有关的工作。"我想这应该就是音乐综合实践活动的意义所在。

跨学科背景下资源拓展与整合
提升学生生涯适应力

——以千岛湖（新安江水库大坝）课题为例

刘夏嫣

内容摘要： 在以多元学科综合实践活动为基础的生涯教育开展背景下如何正确理解综合实践活动概念并且在教学中如何展现物理魅力，提高学生的学科核心素养是教师需要认真思考的最主要问题之一，但前提是，教师和学生都要具备能够对学习资源进行拓展与整合的能力。

关键词： 跨学科　资源整合　学业规划

一、问题提出：跨学科提升学生生涯适应力

从教育学家杜威提出的"教育即生活"、"学校即社会"等一系列的实用主义教育思想得到广泛认可开始，学校、社会、教育、生活，乃至不同学科间的隔阂被全面地打破并重塑，人们逐渐认识到了要在学习"六艺"的基础上成为一个完整的"君子"。这就是跨学科探究的意义。在跨越学科边界的基础上创造性地连接、探究多学科的内容，在基于项目化学习中利用多种资源，通过多方协助、实践、验证等活动解决一系列的实际问题，从而将纵向的学习过程转化为横向的个人发展。而从教育的角度，则更明显地针对向提高个人生涯适应力的目的，不仅使学生直面真实问题和客观环境，更是要拥有应对不断变化的社会环境与工作条件做准备的适应能力，懂得规划学业也要规划人生，突出了个体与环境的交互作用。

2018年,《普通高中课程标准(2017版)》就单一学科的核心素养做了较为具体的说明。以物理学科为例,主要强调了基本观念、科学探究、科学思维、科学态度与责任在初中物理学科教学中的重要地位。紧接着《单元教学设计指南》的普及,将学科中视为个体的章节和知识进行了以单元为"段落"的系统的结构化,在学习学科本位知识的要求上,进一步深度思考了学习内容间的结构逻辑和前后联系。

在这种教学模式的研究和发展的大背景下,对综合实践活动的探究学习,既是从学习内容上横向贯穿多个学科,完善学生学习的逻辑结构的过程,也是从真实问题入手,探究问题解决方法范式,规划学习流程以及提高学生自我探究能力的过程。因此,从物理教师的角度出发,在以综合实践活动课程为基础的生涯教育开展过程中如何展现物理魅力,提高学生的学科核心素养,提高学生整体的学业规划能力是教师需要认真思考的最主要问题。

二、实现路径:学习资源的拓展与整合

跨学科背景下提高学生生涯适应力的前提是,教师和学生都要具备对学习资源进行拓展与整合的能力。本文选择千岛湖(新安江水库大坝)这一课题为例,正是由于在本课程中师生共同在教学的各项环节,例如,课前预习、新课讲授、实验探究、课后拓展等,将资源拓展与整合实施较为完善,能够看到课程设计的全貌。通过资源整合在各个环节中的融入和应用中体现了物理学科在综合实践活动中注重逻辑思维,推进学业规划的学科定位,较完整地梳理、探究了大坝这一水利结构中运用的物理原理,基本实现了从物理角度探究千岛湖相关问题这一教学目标。为了更好地解读资源整合在本课题中的作用,结合已有的理论研究和自我总结,将资源

分为了五个大类：学科本位资源、跨学科共性资源、拓展资源、综合实践活动资源以及真实环境资源。

根据资源挖掘程度、来源的不同还可以对其加以分类：即学科资源，包括了学科本位资源和跨学科共性资源；社会资源，包括了综合实践活动资源和真实环境资源；此外，由学校走向社会，在跨学科教学中担当了引领师生教学趋向师生共同探究学习，最后达到将所学知识应用到日常生活中的资源，既涵盖了两方面的特点又是过渡中的拓展资源，属于穿插在学科资源与社会资源之间的中间资源。举一个例子来说，在千岛湖课程中，老师教授了学科本位资源"压强"的知识，在此基础上，加以探究学习"渗透压"，这类超出了阶段性学习或者说学校层面学习以外的理论知识应当归属于拓展资源。另一方面，当师生确定一项课题并对其的研究进行一系列的准备工作，如查询资料，提出问题，进行相关的理论学习，制定探究的计划等，但始终未将所想转向所做，同样也属于拓展资源。因此，区分是否进入社会资源的最关键依据就是是否与社会中的事物相互接触，紧密结合。

除此之外，要如何分辨真实环境资源和综合实践活动资源呢？综合实践活动资源旨在将理论学习同职业体验、实践探究等相互融合。因此综合实践活动资源是以社会环境为依据，以团队行动为标准的资源融合. 资源实施途径主要有四种：考察探究、社会服务、设计制作和职业体验。然而，真实环境资源是在有了所学和所做的基础上，积累真实问题，着眼社会事件，从体验落向真实生活的过程。因此没有理论学习和拓展准备，不曾经历实践体验的过程，就说不上从跨学科教学中关注、感悟真实环境。真实环境资源的挖掘是学生从学习真正走向社会问题，建立社会情感和学习态度的升华过程。

下图为结合已有的理论知识并自己分类研究后形成的五项资源间的关系图。

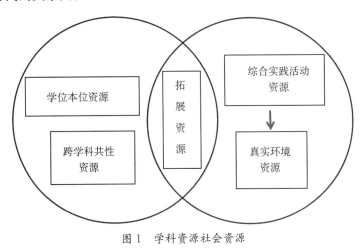

图1　学科资源社会资源

三、实践探索：基于千岛湖（新安江水库大坝）课题的案例分析

（一）学科本位资源

跨学科教学中的学科本位资源，即学科教师从学科育人的角度出发，挖掘任教学科领域中适用于跨学科课题的生涯教育资源，不仅在日常教学过程中教授学生学科知识，也要引导学生感悟学习方法，开展自主学习，从能力维度，特别是学业规划能力方面统观全局，更是要在跨学科教学中体现学科魅力，在引导学生完成综合实践活动探究中提升学科核心素养，明确学科定位，知道学习目的，学会学习方法。

学科本位资源的挖掘更多的是以教师为主体进行的，教师在确定跨学科探究的基本课题与教授范围后以学科教师的专业眼光对在此次跨学科教学中本学科的位置进行定位，并联系本位学科进行相关资源的挖掘。教师不仅要彻底审查、贯彻学科教学内容，更是要寻找书本知识与学生能力、真实问题之间的实际联系，追求所学内容的实际作用，避免资源的泛泛而谈和假、大、空、难消化的无用情况。

例1：在确定了千岛湖作为跨学科教学的主课题之后，从物理学科的角度出发，联系主课题内容，确定了以新安江水库大坝为物理学科范围的子课题进行研究学习。纵向审查初中物理教学资源，挖掘了在实际大坝建筑的基本剖面图解析的情况下，探究问题：为什么新安江水库大坝要建成一个上窄下宽的梯形结构？从而引导学生在实际问题中学习液体内部压强及其影响因素的相关物理学科知识，实现跨学科教学中物理学科本位知识能得到突出体现，激发学生学习的动机，引导他们明确学习目的。而在学习过程中，学生也能够依靠已有学科资源：教学课本、自然学科基础等较流畅地整合学科本位资源，积极互动探究、完成初步的物理学科知识学习，通过将已有自然常识与教学环境的交互，提升了学生的逻辑缜密和自主学习能力。

（二）跨学科共性资源

如前文所言，对于单一学科的教师而言在跨学科教学中要以学科为依托在 STEAM 教学中体现学科地位与特色，挖掘学科本位资源，但在整体学科融合的角度出发，教学资源并不局限于此，教师个人必须要超出单学科研究的视野，能够关注现实环境中的复杂问题，对课题有着全面的认识。

跨学科资源的开发利用不同于浅显的多学科资源，仅仅是知道不同学科在同一课题上能够呈现出的知识主体，更重要的是在能够建构不同学科的知识框架的同时，对学科资源进行筛选融合，发现不同学科资源间的共性并突出其与实际问题、背景环境间的联系,使得学科间的相邻关系削弱,共通关系得到显著的提升。美国国家科学院专门指出:只要不是仅仅把两门学科粘在一起创造一个新产品,而是思想和方法的整合、综合,那就是真正的跨学科。并且通过跨学科资源的融合,能够整体提高学生的学业规划能力,达到举一反三,共同共用的效果。

例2:围绕着新安江水库大坝开展的研究不仅要求对大坝的结构,用途、相关物理问题等有一定的了解,也要明确大坝的选址,流域,建造后成效与影响,这就并不只局限于物理学科的范畴了。因此,在对本课程进行教学时必须在现实背景下从多元视角出发,及要保留物理学科特色,也要整合地理、历史、生物等其他学科必要知识内容,形成有特色和创造性的新课程。在以上要求下,关于该课程,我主要设计了以下整合、利用跨学科共性资源的教学活动:探究大坝选址的必要因素并且能够从水库修建的地理情况、流域、选址、大坝高度等资料中分析总结出水库大坝修建高度的原因。在本环节中,学生能够有效地回想起上一节课地理方面的内容并将之引用到本次的物理学习之中,可见学生已经能够基本地实现对跨学科共性资源的筛选并将之进行简单的迁移和应用,对学习方式有了一个

较整体的认识,对促进学生生涯学习有较高的效益。

(三) 教育资源拓展

拓展资源的开发是在以上两项资源的基础上进行合理的延拓,因此利用拓展资源需要学生已经具有一定程度的实践能力。总的来说,开发拓展资源,是以学生为主体,教师为引导的形式,基于项目问题的基础上,以不同的形式开展活动,师生共建拓展学习资源,提高自主学习本领,注重提升学生的生涯好奇及生涯自信,实现在跨学科探究教育过程中教与学的平衡以及师生和谐。此外,拓展资源的形式是多种多样的,既可以是在已知内容的基础上横向拓展,进行进一步的深入研究,比如在了解了物理中"压强"概念的基础上,针对大坝类型不同而产生的"渗透压"进行资源拓展、研究。也可以在具备探究能力的前提下,以大课题为背景另选子课题检验学生的生涯适应力以及学科核心素养的提升效果。

例3:在完成了新安江水库大坝这一子课题的探究之后,基于学生兴趣和任务要求的双向标准,进一步确立了"船闸"这一拓展课题并且以及基本完成了师生共建拓展资源包的学习过程。在学习过程中,学生对拓展课题的选择和准备较弱,但能够在资源包的建立过程中提出:新安江水电站没有船闸,但是距它大约68公里的富春江水电站设有船闸,负责桐庐、富春江与新安江的部分航运职能,两座水电站关系紧密,互相联动,共同为华东地区供电这一背景基础并能为之后的探究学习明确分工,可见学生的自主探究能力有了长足的进步。

(四) 综合实践活动资源

综合实践活动资源注重引导学生在探究、服务、制作、体验中学习、分析和解决现实问题,以培养学生的综合素质。因此综合实践活动的资源与一般的学科课程相比有更强的社会相容性,能够有效帮助学生注重探索、适应环境以及进行多方面的体验学习。在2017年《中小学综合实践活动课程指导纲要》中指出综合实践活动资源主要有四种实施途径：考察探究、社会服务、设计制作和职业体验。因此，整合实践活动资源需要涉及到必要的专业人力及社会资源，进而开拓课外跨学科探究活动。师生共同切实经历具体体验、反思观察、抽象概括、主动检验四个环节，不仅要完成跨学科教育，更是要将理论学习同职业体验、实践探究等相互融合。

例4：原计划于暑假起行的千岛湖考察实践活动由于疫情的影响未能如期实施，我校领导经过斟酌改为了假期伊始的"崇明北湖跨学科考察"实践体验活动，本次实践体验活动是我校跨学科教学模式下生涯适应力课程的重要板块之一，旨在增强学生体验式学习，提高应用实际知识解决真实问题的能力，从而全面增强学生自我探究，适应环境等综合素质。为实现该次综合实践活动，跨学科组及校领导，挖掘整合了多方社会资源（联系旅行社、当地餐馆，借用专业的检测仪器等）和必要的人力资源（上海师范大学生态学教授陈坚教授）。学生在实践活动中，按照分组由老师带领进行了观鸟、测水质透明度、观察湿地植物和水质采样等活动。体验式的探究性学习在激发学生学习热情的同时，也通过自身参与体验的途径锻炼了学生的理性思维，在提升学生发现问题、解决问题、实践操作能力，提升合作与分享意识的同时，也在学生心中根植了保护环境、爱护动物的理念。

（五）真实环境资源

跨学科课题的确立必然是以针对真实问题为依据的，因此我们不能仅仅将眼光和教学过程专注于眼前的课题，而是要与社会实际和背景环境紧紧相依，将学生们悬空的知识探索落实到现实世界中去。整合真实环境资源就是要进一步引导学生适应社会，并且激发情感的真实性和主动、正面的态度,将学生拓展的知识内容和实际事件、环境认识、职业感悟紧密结合起来。

例5:据长江委长江勘测规划设计研究院副总工程师黄艳指出,今夏长江汛情与往年相比发生了变化,主要原因体现在两个方面:一是受人类活动、城镇化发展影响,改变了洪水发生发展规律;二是长江流域防洪工程体系的大幅提升,为长江防御流域性大洪水提供了保障的同时,这些水利工程的调度运用也改变了洪水传播特性,比如水库下泄洪水会导致河道内传播速度的加快。可见防洪建筑如水库、大坝等除了在今夏的洪汛期间实现了其防洪、减洪的职能之外,同样不可避免地在客观环境中影响了洪水传播预测的难度和水流速度的加快等。同样的,专家也指出了水工程仍旧是流域防大洪水的有效措施。可见真实环境资源的整合能够提供学生更客观全面的学习体验,了解真实社会现状,解决实际问题。

四、反思:跨学科背景下资源拓展与整合对生涯适应力的可持续提升

跨学科教学中资源的拓展与整合无疑是实现完整、有效教学的必要手段,因此教师作为教学的引导者的身份必须要有全面的眼光和长足的准备,成为培养学生综合素质和生涯适应力的重要支撑。而本文中所提到的五项分类是在初中综合实践活动背景下适用的资源整合范式,能够较完整地实现某一课题下的资源整合,为师生的共同学习、探究提供了思路和框架。与此同时,资源整合的过程也是师生将学科知识与外在环境融合的过程,能够无形地提升学生对课题的认识并推动了自我学习、自我规划的实现。但想要有效地达成这一效果,实践证明仍需教师进行充分的教学准备和恰当的引导,从而激活学生在资源整合中学习和环境的交互,

提升学生自主学习和个人规划能力。

从课程走向生活
——基于项目实践的校本课程助力生涯教育

上海市虹口区教育学院实验中学　梁菁菁

摘　要： 本文以案例为主，对于校本课程融合生涯教育的校本实践进行了分析思考。基于真实问题的项目学习活动，使学生在完成项目实践的过程中，发现与解决问题的综合学习与实践创新能力得以提升，并为其今后的生涯发展奠定了良好的基础。

关键词： 生涯教育　项目化学习

上世纪七十年代，为解决学校教育与社会实际脱节的问题，美国率先提出"生涯教育"理念，期望能推动学校教育改革，从而适应社会的快速发展。之后，其他国家也纷纷给出了各自对于生涯教育的理解与定义，但尚未有较为权威性与统一性的定义。

当前，国际生涯教育研究前沿主题中"生涯适应力"排名已位居第三，有更多的研究者基于生涯建构理论对个体生涯适应力进行深入研究。生涯建构理论是近年来西方职业心理学研究的重要热点之一，是美国学者萨维科斯 2002 年正式提出的。生涯建构主义认为个体职业发展是一种动态的建构过程，其本质就是寻求主观自我与外在客观世界的相互适应，个体应结合自己的以往经验、当前感受以及未来抱负做出未来职业选择（关翩翩、李敏，2015）。近年来国际生涯教育研究正体现出由外部因素向内部因素转变的特征,前沿主题的演变体现出未来的生涯教育要更注重个体发展的内部因素,将个体自我效能与实践锻炼相结合、感性认知与经验体会相结合,促使个体更为积极主动地提高自身素质以适应社会需求(潘黎、孙莉,2018)。

2018年上海市教委发布《关于加强中小学生涯教育的指导意见》(以下简称《意见》)。《意见》指出中小学生涯教育是运用系统方法,指导学生增强对自我和人生发展的认识与理解,促进学生在成长过程中学会选择、主动适应变化和开展生涯规划的发展性教育活动。其主要内容包括自我认识、社会理解、生涯规划三个方面。初中阶段的生涯教育侧重于生涯探索。通过课程与活动的实施,促进学生拓展自我认识,培养合作能力、学习能力和生活适应能力;拓展学生对社会分工、职业角色的体验与认识,初步形成生涯规划的意识与能力。

从国内外的研究可知,生涯教育的目的是帮助学生解决自身面临的实际生涯问题。事实上,学生发展其生涯问题的鉴别、分析和解决能力的过程,和基于项目的学习实践过程基本一致。基于项目的学习,对于学生未来生活、工作所需的一系列重要能力的发展,如创造力、反思性与批判性思维、问题解决、交流合作及自主学习能力的提升均有积极的效果。因此,将基于项目的学习运用于生涯教育能够帮助学生在"做中学",在实践中提高生涯准备度和适应力。

一、"校园植物快繁"项目简介

学校原有创新实验室课程从学生身边常见的植物及其细胞、组织、器官等作为探究着手点,引导学生通过组培实验,发现植物细胞的全能性,认识到生命的神奇;帮助学生拓展视野、了解更多生物技术发展的新动态,培养学生学习和关注生物科学的兴趣。

结合生涯教育,针对校园环境中一些濒危植物,我们设计了引导学生展开"校园植物快繁"这一基于实际问题的项目学习活动,旨在通过边学习边实践的方式,在完成项目实践的过程中,培养和提升学生基于问题的综合学习与实践创新能力,提升学生对校园环境的责任感,也提升生涯准备度和适应力。对于"校园植物的快繁"这一项目化学习,我们预设了 5 个学生可能遇到的子问题,将整个学习实践活动拆分为 5 个主要环节,见下表:

	环节	主要活动	活动目标
1	确定项目	分组制定小组项目计划	培养计划先行的意识
2	外植体消毒与接种	学习外植体消毒的方法,实践与进行接种,对接种苗进行观察	组织培养操作技能的提高及信息处理与批判性思维的养成
3	增殖与生根	将组培苗进行增殖与生根培养,对接种苗进行观察	组织培养操作技能的提高及信息处理与批判性思维的养成
4	设计"校园绿化"	设计心中理想的校园绿化环境	简单的环境设计与规划意识
5 根据具体项目选择	炼苗与移栽	将组培苗从实验室移栽到阳光房或校园	简单的植物栽培技能
	包装设计	对组培苗进行包装设计与售卖活动	简单的设计包装与销售

二、项目学习实践案例

项目学习实践各环节均由学生自主完成,有需要,教师会介入。我们为项目组的同学建立了微信群,作为学习载体之一,上传自己的观察记录、收获感想、反思总结……时代在变化,我们的学习方式也在不断变化。项目各环节的学习时间也依具体情况而定,因此整个项目学习实践开放性较大。

以下,是创新实验室课程学习过程中的两个小小的片段。

片段一:

学习小组完成继代接种后,每周二、五午饭后的二十分钟,是小组成员们对接种苗的生长情况进行观察的时间。这天周五中午,按照规范要求完成消毒之后,同学们进入光照培养室进行观察。

小王:梁老师,我这瓶好像长霉了! 为什么会长霉呢?

师:你们觉得可能是什么原因造成的?

同学们七嘴八舌开始讨论起来,有的说:"培养了 3 个月都没有长霉,怎么才开学就长霉了?"有的说:"接种后一直放在这里,没转移过。"老师笑而不答,只是问同学:"霉菌的生长需要什么条件?

虽然接种苗没有转移过,周围环境真的没有发生变化吗?"

同学们陷入思考之中……

一会儿,小黄同学嚷嚷着说热,这一下子打开了小邓的思路。她说:"我知道了,我们之前没有开空调,植物生长的慢,霉菌也不容易生长,现在开了空调,有了适宜的温度霉菌就容易生长了!"

老师肯定了小邓的想法,又对大家说:"时间差不多了,今天的观察先到这里,大家还可以再想想还有什么原因会造成霉菌的生长。"

片段二:

周三午饭后,老师正在校园中散步,小邓和小王就兴冲冲的奔过来。原来,她们周二中午观察时发现自己接种的组培苗全部长霉了,而另一组同学的只是一部分出现相同情况。

出现大量霉菌

VS

没有霉菌生长

老师:"那你们有没有分析一下,可能是什么原因造成的?"

小王有点不好意思:"我还没想好,不过小邓都想好了,她还记在了周记里呢!"

老师让小邓把周记拿来,仔细看了后说:"很好,有想法。而且离开实验室后一直都有在思考,这正是我们做研究所需要的。太棒了! 来,把周记拍张照片,发到微信群里,让其他同学也看看,我们大家一起讨论!"

受到赞扬的小邓同学特别开心。

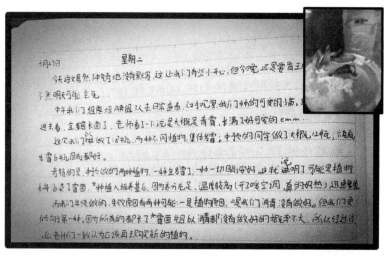

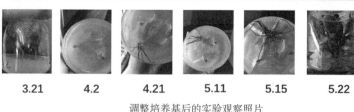

| 3.21 | 4.2 | 4.21 | 5.11 | 5.15 | 5.22 |

调整培养基后的实验观察照片

　　周五的观察讨论特别热闹,老师不需要做任何提点或是动员,同学们就对小邓在日记中的观点展开了热烈的讨论,最终取得了较为一致的结论。并进一步对后续的应对措施提出了各自的想法。在之后的学习中,同学们按照自己的想法,进行了实验设计,并完成了实验,取得了非常好的效果。

三、案例评析

　　从上面两个案例片段不难看出,在项目实践学习中,教师大多采取以"放"为主的手段来促进学生的学习。片段一中,对于"为什么会出现霉菌的生长"这一问题,教师没有马上进行解释,而是通过几个小问题,为学生搭建阶梯,激发学生进一步思考,来引导学生从观察到的现象出发,联系已有知识,进行正确的逻辑分析和推理,从而培养学生良好的科学思维品质。同时,教师还给予学生充分的时间进行思考,在完成问题的自我解答之后,留下悬念,引导学生进一步自主学习。在片段二中,教师抓住时机,对于学生的自主思考给予了高度赞扬,并进一步引导学生进行分享与合作,最终通过小组合作探究,自行解决了"如何防止霉菌生长"这样一个组织培养中常见的问题。在整个课程的各项实践活动中,教师通过给予学生自主选择的权利、灵活的学习方式和线上线下的学习空间来推动学生的自主学习。这样的学习,使学生的学习兴趣更加浓厚,也更好地促进了学生思维的发展和创新意识的提升。通过一年多的学习,学生们不仅对植物的世界有了更多、更系统的认识,也学会了辩证性地看待问题;在实践研究中,学生们渐渐愿意尝试不同的想法,乐于分享不同的观点;从最初按教师要求按时进行观察、记录,到独立自主完成观察任务,良好的习惯也在逐渐形成;在各种知识的交互运用和思维的碰撞中,综合运用跨学科的知识思考、分析和解决问题的能力也在逐步提升,自主学习的特质也逐渐被激发出来。

四、项目实践助力生涯教育

1. 提升自主学习能力,为生涯发展奠定基础

以项目及递进内容为载体、循序渐进开展的以学生为本的学习实践活动中,通过给予学生自主选择的权利、灵活的学习方式和线上线下的学习空间等等方式,助推了学生的自主学习。

《中国教育现代化2035》提出到2035年的主要发展目标之一是建成服务全民终身学习的现代教育体系。提出了包括"更加注重终身学习"在内的推进教育现代化的八大基本理念。高志敏

(2005)综合国内外学者的研究,提出:终身学习正在成为人的一种生存方式,通过终身学习获得其一生中所需要的知识、价值、技能与理解,从而使其面对急剧变化的社会时,都能满怀信心、愉快而自如地去运用知识、驾驭知识和创造知识。他还指出终身学习基于学习者的自主性。因此,自主学习不仅是达成教育现代化,构建学习型社会的需要,也是一个人全面发展的需要。学校的项目化学习实践提升了学生自主学习的能力,也为其今后的生涯发展奠定了基础。

2. 提升问题解决能力,助推生涯发展

人的一生当中会遇到各种各样的问题,这些生活实际问题与学生在课堂学习中有着标准答案的"良构问题"不同,往往充满了变数,属于"非良构问题"。培养学生对于这些"非良构问题"的解决能力必须在其踏入社会之前就应当进行。基于真实问题情境的项目化学习与实践过程,为学生提供了解决真实的"非良构问题"的机会。对实践过程中出现的各种问题,不同知识、能力结构的学生会产生不同的解决问题的思路与方法。通过思维的碰撞,合作、交流等等各项活动,最终得以解决问题。再通过反思,弄清楚自己是如何寻找思路的、值得以后借鉴的经验和教训是什么这一系列过程,大大提高了学生的实际问题解决能力,从而为其今后适应充满各种变数的社会打下良好的基础。

3. 提升对于自我的认识,助力学生生涯规划

不论是金斯伯格(1951)还是舒伯(1953),在他们的职业发展理论中都将一个人的中学阶段划为个人未来职业发展的探索和尝试阶段。这一阶段正是由少年向青年过渡的时期。这一阶段的学生随着身心的成长,兴趣、价值观在逐步形成,经验、知识和能力在不断增强,对外界环境与自我认识的需求也在不断增强。在项目

化的学习与实践过程中,学生通过亲身经历发现问题、解决问题的过程,获得了新的认知与体会。同时,这一过程也为学生提供了了解社会、了解相关职业所需基本知识与技能的机会,让学生发现更多自己尚待开发的能力与特质,从而对于"未知的自我"有了更多的认识,能够更为全面、深入地认识自我,了解自己的优势及生涯发展需求。例如在前文案例中的小邓同学,通过"校园植物快繁"这一项目实践活动,从一开始只是对组织培养的实验有浓厚的兴趣,到进一步扩展到生活中更多的思考,再到后期所写的"两年多的学习活动让我对生物有了更进一步的认识,具备了更多的能力,同时也激发了我想更加深入学习生物的心!"以及进入高中后告诉我她未来想要选择生物专业。

结语:

基于项目的学习实践活动可以使学生在真实问题情境的体验中认识自我、发展自我、锻炼能力,也可以在实践中认识社会,体认自己的社会价值,使学生充分意识到能够将学校的学习与自我、工作、社会之间建立起积极联系,使学生从兴趣发展到对生涯探索与生涯规划的意识与能力不断的提升,对其未来生涯发展产生重要的影响。

参考文献:

[1] 关翩翩,李敏. 生涯建构理论:内涵、框架与应用[J]. 心理科学进展,2015,(12).

[2] 潘黎,孙莉. 国际生涯教育研究的主题、趋势与特征[J]. 教育研究,2018,(11).

[3] 上海市教育委员会,上海市教育委员会关于加强中小学生涯教育的指导意见,http://edu. sh. gov. cn/xxgk_jyyw_jcjy_2/20200514/0015-gw_

402152018002. html

[4] 谢守成,郎东鹏.大学生职业生涯发展与规划[M].武汉:华中师范大学出版社,2009(5).

[5] Savickas M L. Career Adaptability:An Integrative Construct for Life-Span,Life-Space Theory[J]. Career Development Quarterly,2011,(3).

[6] 教育部解读《中国教育现代化 2035》和《实施方案》https://baijiahao. baidu. com/s? id=1626277664994686775

[7] 高志敏等.终身教育、终身学习与学习化社会[M],上海:华东师范大学出版社,2005.

第六章　综评导向的生涯适应力学习

虹教实验中学的"生涯适应力"课程指向促进学生全面发展，提升综合素养，换言之，也就需要通过科学地评价学生的综合素质，引导学生更加投入"生涯适应力"课程学习，更为主动地参与综合实践活动。

第一节　学生综合素质评价政策背景及操作

为了保障素质教育的科学开展，上海接轨中考和高考改革，强化教育测试，开展初中学生综合素质评价。虹教实验中学将"生涯适应力"校本课程的学习与实践融入综合素质评价，以期更有成效的进行。

一、学生综合素养评价的贯彻

在时代层面，科学地评价学生的综合素质，积极推动学生全面发展，引导教育教学行为的落实，是教育工作者的应尽之责。进入21世纪以来，初中学生综合素质评价在社会发展和教育教学中的地位越来越重要,其发展也日益趋于科学完整。在人工智能时代不断发展的当下,我们的学生正成长于一个更加丰富而且复杂、多变的学习、生活环境中,由此,也带来两难,既能拥有更多样的未来人生选择,也一定面临更多的变化和不确定性。在这样的时代背景下,学校对学生进行的综合素质评价不能再局限于评出一个结果,仅仅对学生在校综合表现进行等级划分,更重要的是需要引起学生对自身发展的重视,引导学生以评价结果为导向,反思自身,真正做到促进学生自己的全面发展和综合素质的有效提高。

在政策层面,学校对教育评价的科学认识与实践探索,对学生综合素质评价的理性认识与实践反思,既有来自政策层面的关切与实践指导,也有学校层面在日常评价工作中的探索与坚守。在政策层面,国务院最新印发的《深化新时代教育评价改革总体方案》明确指出,教育评价事关教育的发展方向,有什么样的评价指挥棒,就有什么样的办学导向,要坚持问题导向。在 2014 年印发的《上海市初中学生综合素质评价实施办法》也为学校提供了科学、有效的实践指导。

在学校层面,虹教实验中学作为一所普普通通的初中学校,在校教师更能够体会到在现有的学校教育生态环境中,"唯分数论""以排名论英雄"的应试倾向仍然存在,为数众多的孩子因为"成绩不灵"而对当前发展及未来成长丧失信心,并影响着"让每个孩子都有获得感和成就感"的目标导向。面对上级教育行政部门的政策导向和学校教育的改革发展及转型,我们思考了两个问题:一是在对学生进行综合素质评价时,我们的孩子最需要得到什么样的评价?二是学校应该为我们的孩子提供什么样的发展资源,让他们的综合评价内容更加全面、真实且有所获益,在促进学生身心健康、全面发展的同时,也能够帮助他们更好地适应未来的发展?

国家和上海市关于教育综合评价的价值导向为我们学校的教育评价实践提供了科学、有效的方向性指导。基于此,虹教实验中学结合校情、生情,将生涯教育作为我们学校走向强校的新途径,将"生涯适应力"特色课程建设作为强校新策略,融入学生综合素质评价,通过教师自主研发的项目和实践让"生涯发展观念"成为强校新助力。

二、学生综合素养评价的解读

对初中毕业生进行综合素质评价的政策性要求,最早来自于2004年教育部办公厅关于印发《国家基础教育课程改革实验区2004年初中毕业考试与普通高中招生制度改革的指导意见》的通知(教育厅〔2004〕2号)。

根据《通知》的精神,为全面反映初中毕业生的发展状况,不但要对初中毕业生进行学业考试,还应对初中毕业生综合素质进行评价。综合素质评价结果应作为衡量学生是否达到毕业标准和高中阶段学校招生的重要依据。综合素质评价的内容应以道德品质、公民素养、学习能力、交流与合作、运动与健康、审美与表现等六个方面的基础性发展目标为基本依据。这项测评展现了实行素质教育的实质需要。以后,全国各省市自治区教育行政部门贯彻教育部对学生进入综合素养评价的要求,逐步进入全面推开。

2018年,上海市教育委员会印发《上海市初中学生综合素质评价实施办法》的通知(沪教委规〔2018〕3号)。《实施办法》规定,初中学生综合素质评价内容主要有四个板块:品德发展与公民素养、修习课程与学业成绩、身心健康与艺术素养、创新精神与实践能力。

为了做好初中学生综合素质评价,建立上海市初中学生综合素质评价信息管理系统和上海市初中学生社会实践信息电子记录平台,以初中学校为记录主体,主要采用客观数据导入、学校统一录入、学生提交实证材料相结合的方式,客观记录学生的学习成长经历。

学生综合素养评价的运用在两个方面:其一,将综合素质评价结果作为初中学生毕业的必要条件。在高中阶段学校自主招生、高中名额分配综合评价录取等过程中,将综合素质评价和高中阶段学校综合考查结果相结合。其二,为学生生涯发展提供参考。将综合素质评价与学生生涯发展指导相结合,开展学生成长过程指导和生涯辅导,帮助学生确定个人发展目标,引导学生自我评价、自我管理,促进学生全面而有个性的发展。

三、学生综合素质评价的意义

中国有一句名言"是非经过不知难",还可以引申出"是非经过不知意义"。虹教实验中学把初中学生综合素质评价引入到学生生涯教育中,对"困难"和"意义"有了切身的感受和体验。学校努力化困难为规范,推动了校本化的生涯适应力教育,也推动了学校和师生的共同发展。

(一) 对学校发展的现实意义

第一,综合素质评价是新时期学校实施素质教育的有效载体。

开展学生综合素质评价的设计需要源于素质教育并服务于高中、大学招生考试改革的需要。这项自上而下的教育改革,就成了学校实施素质教育的最有力抓手。

尽管,全国各地地域性的综评方案所规定的综合素质评价内容各有差异,但都是在国民基本素养的基本要求范围之内。因此,学校实施综合素质评价的过程,就是推进素质教育的过程,将综合素质评价落实到位,就意味着素质教育的实施到位。这种关注全程和结果,注重激励和导向,具有反馈、调整和改进功能的评价方式,正在成为实现教育培养人、发展人的规范性的引导模式和一种有效的载体。与过去的评价方式相比较,这种质评与量评相结合的评价方式,将成为实现学生健康成长,全面发展的有效平台。

虹教实验中学开展学生生涯适应力教育是借助了初中生综合素质评价的大好机会,初中学生生涯适应力与综合素质的量化要求本来就有不少相同之处,因而互助推进,相得益彰。

第二,有利于教育和促进学生的全面发展,也是学生成长的动力和源泉。

综合素质评价不仅关注学生"认知"和"结果"的表现、审视学生在校内校外的实际表现,同时重视学生"行为"和"过程"的评价,形成了"认知—行为—过程—结果"的封闭链接,使得评价更加具有客观性。

由于评价日常化,记录在册,可以清晰、全面地反映个体的成长;同时配合恰当、积极的反馈方式,让评价主体对自身建立更为客观、全面的认识,促进其进一步发展。学校及教师个性化地关注学生的成长过程,让学生体验成功、并在这一过程中不断发现自己的长处和不足,及时改正,取长补短,完善自己。同时这种评价方式,还培养和锻炼了学生与人交往能力、自我管理能力、评价能力、合作意识、主体意识、创新意识,建立良好的反思与总结习惯等等,有利于学生的可持续发展。

虹教实验中学将生涯适应力教育与综合素质评价合并操作,改变了单一评价主体现状,使评价成为老师、学生和本人共同积极参与的交互活动,加强自评、互评、他评的互动,融合在学校教育的日常之中,真正成为一项常规教育活动。

第三，为学校提供了一个学生自主管理，自我要求的手段。

常规的学校日常管理主要是依靠各项规章制度进行自上而下的刚性约束，学生只是被动地执行。开展学生综合素养评价，形成新的常规制度，通过目标的设立，实现了上下联动，导向学生以行为落实的方式主动地追求目标的实现，使得追求目标的过程成为自我约束的过程，实现了从被动约束到自觉遵守的转变。这也使得学校管理体现了人本关怀，变得更讲情感，更有人性化。

目前，虹教实验中学结合学生生涯教育开展综合素养评价，贯穿在学校教育教学管理的全过程，并与学生德育紧密结合，关系到核心价值导向、思想品德教育、学生发展规划、课程与教学的渗透、情感理想塑造等，完全可与综合素质评价的各个维度全面接轨，这也为推行综合素质多元评价提供了非常有利的平台。

第四，为人的自我完善和个性发展提供了学校制度保障。

对于学生而言，参与综合素养评价，就是一次全面的自我认识和自我展示，学生大多会在这种认识和展示中受到一次教育。对于教师而言，借助综评，是全面认识学生的一次难得机会，尤其是对任教多班的教师更是如此。

虹教实验中学结合综合素质评价而开展的"生涯适应力"课程不仅提出了学生发展的方向，还与未来升学接轨，与人生发展联结，使其成为时刻激励学生"兴奋剂"，无形中成了引导学生正向发展和不断进步的有效的外在约束力量。这正是目前学生成长过程中欠缺的教育方式，而现在正好补充。

第五，成为建设实事求是、诚信社会的源头方式。

综合素质评价的结果是带来一份学生发展报告，将对学生的升学、就业和未来发展带来重大影响。具有重大意义的学生发展报告的是否真实和有效的落实是综评改革的关键环节，直接决定着改革的成败。因为是面对成长中的学生,其中的关键因素在于:①是否坚持实事求是、诚信的原则;②是否坚持发展、激励和期望的教育观点。

虹教实验中学和一线教师在学生综合素质评价过程中,始终坚持实事求是、诚信的原则,始终坚持对学生怀有期望和发展,始终关注学生未来生涯发展的成材成功,这对于学校和教师教育理念及思维方法,对学生的思维方式和做事方式都将产生重大影响。学校历来是神圣的殿堂,辐射和教化社会,几十年后,将会收获一个诚信的和具有强大发展动力的民族和社会。

(二) 尚待解决的问题

1. 要取得整个社会的理解和认同

学生综合素质评价,是在发展的眼光看待问题,是帮助学生不断的修正错误、克服惰性,坚持自律,促进不断发展。目前的难点在于如何调动家长与社区参与评价的积极性,主动性,进而保证评价的公正,公平,诚信的目标实现。学校要面向社会、家庭,做好宣传工作,取得整个社会的理解和认同。可以重新发掘家长委员会、家长学校的职责与功能,扩大社会影响,形成社会共识。

虹教实验中学全面推进"生涯适应力"校本课程,注意着眼教育对象本身,通过加强学校与社会、家庭联系的课程平台,通过强化家校联系和互动,提升在校学生的整体教育素质,培养合格的社会主义建设者和接班人。

2. 要建立学校、教师的诚信档案

实施综合素质评价相关的制度建设是必需的保障,建立诚信系列、承诺系列、惩奖系列的规章制度非常重要。能否保证实施过程的公信度,仅从上级的要求出发已不适应实际操作的需要. 由公示、监督、申诉、举报制度构成的评价"阳光"制度建设任重而道远,甚至可以引入法律的"公证"制度。

对涉及综合素质评价的各个方面进行诚信认定，这也是学校、家长、学生非常关心和拭目以待的问题。这更加说明建立学校、教师保证实事求是、诚信机制的迫切形势。

3. 基础素养评价内容必须科学细化

《学生发展报告》中基础素养的评价内容必须科学和细化。目前，对于基础素养评价的内容主要还是基于教育部26号文件的6个维度方面：道德品质、公民素养、学习能力、交流与合作、运动与健康、审美与表现。这六个维度的规定比较原则，因为面向全国，地区域情不同，相对原则指导，也是不尽合理中的合理要求。

结合校情，在原则规定之下应该有怎样具体的内容和操作，还有待不同学校的校本化实施。不断完善学生"生涯规划"教育，加强学生对自己人生的理想指导、价值引导、学业追求、生涯选择，就是虹教实验中学对学生综合素养评价的必要拓展和补充。因为生涯教育落实到每一个学生，更有个性化，因而素养评价就更加精准。

4. 将综合评价纳入到人生规划中来

目前，学生素质发展评价仅局限在学生的在学校学习阶段的结论性评价，也就是与中考、高考的录取挂钩了。我们的教育目的不应仅仅局限在学生在学校教育阶段的表现，要为人的终生发展奠基、负责。

如果建立人的才能、志趣和道德品质及各种需要、潜能素质、个性的全面发展档案，就能根据学生各方面的评价与相关的信息，着眼未来的发展需要。将综合评价纳入到人生和生涯规划中来，帮助学生在人生发展上进行规划、设计和自我控制，这就是生涯规划的目的，就更有意义。

第二节　综评导向让生涯教育达到新的高度

在"强校工程"的背景下，初中学生综合素质评价与学校的校本生涯教育紧密结合，成为强校的新途径、新策略和新助力。

一、综评导向的生涯教育成为强校新途径

《上海市初中学生综合素质评价实施办法》以及新中考制度的出台，为初中强校工程提供了新的方向和操作点。《实施办法》明确指出：新中考改革对学科学习和学生综合素质评价的评价，将特别注重"成长经历""学习经历""过程和成果"等内容。这种评价标准的转变要求中小学教育，必须在学生综合素质发展方面早谋划早布局，并着重在综合素质教育实践上投入研究。一直以来，初中教育受升学压力牵制，学生在"身心成长、综合能力培养及知识广泛学习"方面的需求往往无法得到满足。与此同时，学生对自我价值、道义价值、公民职责价值的认知也非常狭隘。

从2018年起，学校成立了《促进学生多元发展的初中生涯适应力课程开发与实施》课题组，研读了大量研究文献，总结并归纳、提炼了大量的来自一线教育教学经验，并提出"帮助学生了解自我，形成积极、现实的自我概念，提高生涯适应力，让虹口教院实验中学的学子成为一个对社会和生活有适应能力的个体"的目标。这个目标具体表现为四个可操作、可评估的方面：①对未来的人生（生涯）有关注；②对可能的未来自我有好奇；③想拥有为达成未来更好自我的能力；④有不断强化对实现更好的未来自我（生涯）的信心。在两年左右的时间里，学校做了很多探索，积累了很多经

验,也有不少感悟。

生涯教育需要贯彻于个体成长的全过程。处于不同成长阶段的学生个体,对于生涯教育的需求是不同的。随着时代的发展和教育改革的持续深入,即便是初中生,所面对的学习、生活环境也日益复杂。生涯教育应该成为现有学校教育内容的有效补充。综合国内外已有研究情况可知,从全民教育、终身教育的角度理解生涯教育,在中小学阶段大力推行生涯教育,已经成为一个重要的国际趋势,是学生面对未来挑战、承担发展责任的重要准备。与此同时,生涯教育是学校落实立德树人目标的重要路径。通过生涯教育可以帮助学生更好地了解自我,增强对社会的理解,发展综合素质,掌握能够适应终身发展和社会发展需要的必备品格与关键能力。

二、特色课程建设让"生涯适应力"成为强校新策略

学生综评呼唤生涯教育,学校综合素质评价的实施也应与学校的课程建设、教师的学科教学以及学生的生涯教育等相互融合、有机联结。在学校的具体落实过程中,应该根据不同学段、不同生源特征,构建适合学生发展需要的生涯教育课程。因此,在审慎分析我校生源特点、客观评估现有课程和校内外资源的基础上,决定将生涯教育融入到学校人文艺术教育传统当中。我们明确了以学生生涯适应力发展为主线,从自我认识力、社会理解力、生涯规划力三个维度,着手进行系统的生涯适应力的校本课程群开发和实践。为了满足学生的多元发展和综合素质提升要求,学校致力于为学生在"有戏"的成长之路上提供切实的课程支撑,让课程改革成就"有梦想,有本领,有信心,有担当"的虹教学子。

例如,在《自我认识力》模块的课程建设中,学校同时关注知识

教学和拓展探究的重要性。在教学环节,以青春期阶段的心理特征为切入点,通过"认识自己""认识他人""认识能力""认识学习"四个单元的教学课,带领学生从多个维度了解和认识自我。在发展学生的社会属性和学习能力的基础上,帮助学生建立自信和自我效能感。在拓展探究部分,学校通过项目制学习的组织形式,设计了"自我价值""学习价值""职业价值""我的生涯模型"等主题单元,结合校外体验、实践活动、项目报告等,帮助学生树立积极的社会价值感。通过生涯教育帮助学生探索和确立学习的意义和目标,切实分析自己生涯发展的优势及局限,能够有效引导学生进行生涯规划的初步尝试。

三、教师自主研发的项目实践让"生涯发展观念"成为强校新助力

在生涯适应力系列课程的开发和实践中,越来越多的师生结合学科、活动、特长等,主动参与到项目开发和实践中,"生涯发展观念"正成为强校新助力。例如,在文综组(政史地、艺术学科)师生合作开发的"红色印记"课程中,老师们希望通过李白故居的探访,发动学生们"小手牵小手",参与红色基因传递的项目设计。通过创新爱国主义教育的物质和音像载体,这个项目可以帮助学生树立正确的价值观念、组织能力和表达能力,进而激发学生的发展自信。特别值得一提的是,新颖的学习实践通过激发学生的自主探索,能够更加容易的帮助学生获得认同感。在这项综合实践活动中,为了确保红色思想得以延续(有理想),同学们通过讨论决定采用戏剧的形式进行汇报(有目标)。在戏剧编排过程中,同学们通过各抒己见和团队合作(有能力),最终在汇报演出中大获成功(有自信/有担当)。

首先,学生综合素质评价的出发点和落脚点都应是学生发展。学生的实际获得是评价改革效果的最直接体现,包括学生获得了什么样的发展或者改变?通过什么样的途径或机制?需要具备哪些重要条件和影响因素?其次,从学生自身成长和切身感受来看,学生综合素质评价能够对学生发展产生积极影响,主要体现在认知发展和行为改变。再者,评价主体的评价意识和能力是关键,作为评价主体的教师,要摆正自己在学生评价中的位置和角色。在这样的评价认识与实践坚守中,整个项目实践也获得了三个意料之外的惊喜:一是,同学们表现出了超出老师预估的能力。一些在平时默默无闻的同学在一个全新的领域往往更容易寻找到"自我价值",整个团队在节目编排中都表现的很有主见,老师往往只是起到了点拨助力和保驾护航的作用。二是,汇报演出取得了意想不到的成功。通过学校的鼓励和引导,"我愿意""我努力""我能行"的思想深入人心,对同学们后续的学习和生活产生了很大的促进作用。三是,教师队伍提升很大。在项目实践中,指导老师们能够清晰地感受到学生的无限可能。同时,作为项目实践中的主要评价主体——教师,也认识到只有尊重学生兴趣、潜能的多样性,才能真正促进学生的多样化、个性化发展,帮助学生更好地适应持续创新的时代的新发展。

第三节　综评推动的生涯适应力课程的评价

学校自编的校本生涯教育课程从属于学生综合实践活动体系,课程本身并没有外部评价的要求。但是,从校本课程建设的过程需要来看,学校需要通过课程评价实现两个目的,一方面,经常诊断和不断修订学校校本课程,完善生涯适应力教育;另一方面,有助于学生提升生涯适应能力,促进综合素质的提升和发展。这与《上海市初中学生综合素质评价实施办法》提倡的"尊重差异,促进成长"的评价原则高度契合。

学校制定了我校"生涯适应力"视野下的《学生综合素质评价方案》,加强对在校的每一个学生进行生涯规划测评,让每一个学生都能经历从自我认识到自我管理,进而自我发展的过程,让评价对学生的未来成长产生深远的影响。

一、开展生涯规划测评逐步走向规范

(一) 突出"生涯认识"的发展性评价

学生对"生涯适应力"的学习实践是一个发展过程,对绝大多数学生来说就是一个成长和人生增值的过程。学校设计校本化的《青少年生涯适应力测量问卷》,问卷共有五个维度,37 道题目,包括:生涯关注、生涯控制、生涯好奇、生涯自信、生涯阻碍等模块。通过问卷了解和考察每一个在校青少年学生生涯适应力发展情况。

学校在学生入学初和三年后都进行问卷调查,进行同类数据比对,同时结合卡特尔 16 种人格因素测试和霍兰德职业倾向测试,为每一个学生形成一份"生涯适应力"雷达图。学校以此作为评价依据,对比调查客观反映学生生涯适应力发展变化情况,形成了向上的成长斜线,体现了发展和增值的过程。引导学生正确认识自我,间接地反映学校生涯适应力课程的实施效果。

(二) 突出"生涯理解"的描述性评价

结合《上海市初中学生综合素质评价实施办法》的学习与解读,学校十分注重收集学生基于"生涯理解"的学习经历,注意对学生在整个学习过程中的参与度、表现和收获进行综合评价。

基于不同的主题,学校积极开发不同的评价工具:学习任务单的互评与自评;指向过程性评价的小课堂、小展览、小舞台展示和分享活动;采用《学习手册》的形式,收集学生主题叙事、成长感悟、实践报告、教师观察记录、教学后记等资料。从而观察和记录学生在"感受校园""感受社会""感受职业"的学习过程中,捕捉学生对自己未来生涯发展的想法、态度、行为的细节变化。

(三) 突出"生涯规划"的操作性评价

与《上海市初中学生综合素质评价实施办法》以过程与结果、定性与定量相结合为指导思想,学校与专业力量合作,采用文献查阅、经验访谈、量表测量等方式,综合数理统计结果和青少年发展情况制定出《虹口区教育学院实验中学青少年生涯适应力测量问卷》。问卷共包括 5 大维度,共 37 题,包括生涯关注(5 题),生涯控制(8 题),生涯好奇(10 题),生涯自信(8 题),生涯阻碍(6 题)五大方面,共同考察青少年生涯适应力发展的状况。

在学生在校四年期间,进行两次"生涯规划"测评,分为中预年级入校初和三年后的初三开始时期,然后进行同类测量数据纵向比对,还与全校常模样本进行比对。同时结合进行卡特尔 16 种人格因素测试和霍兰德职业倾向测试,为每一个学生形成一份"生涯适应力"雷达图,相当于获得一份生涯成长证书。既客观反映学生生涯适应力发展变化情况,引导学生正确认识自我,发展自我;还间接地反映学校生涯适应力课程的实施效果。

二、在综评中让每个孩子都有获得感和成就感

在《上海市初中学生综合素质评价实施办法》中,评价结果的应用指向三个方面:初中学生毕业的必要条件、与高中阶段招生录取相结合、学生的生涯发展。其中,学生的生涯发展是指将综合素质评价与学生生涯发展指导相结合,开展学生成长过程指导和生涯辅导,帮助学生确定个人发展目标,引导学生自我评价、自我管理。这也与学校"强校工程"工程建设期间逐渐确立的"以学生生涯适应力课程建设为引领的学校改进模式"不谋而合。因此,来自政策层面的实践关照以及学校"强校工程"生涯教育特色课程建设的开发与实施,都为学校进行综合素质评价提供了科学、有效的理论与实践指导。

在此基础上的实践探索也为我们积累了宝贵经验,主要体现在三方面:一是,评价主体对学生给予的评价只有被学生个体理解、接受,并且内化为自己的认知和行为时,才能产生积极的作用。因此,学校在促进学生身心健康、全面发展的过程中,在对学生进行综合评价时,要坚持问题导向。只有从学生发展的需求出发,为学生提供适合他们的课程教育资源,才能更有效地对他们进行综合评价,也能够让综合评价成为他们成长经历中的一个积极体验,避免让促进学生全面发展的综合评价成为学生、老师的负担。

二是综合素质评价不仅是对学生外显行为背后所隐含的内在品质的一种终结性评价,更应是一种着眼于学生未来、促进学生发展的过程性评价,从而避免评价的功利主义倾向。因此,评价主体的评价意识和能力很关键,作为评价主体的教师,要摆正自己在学生评价中的位置和角色。

三是学生的综合评价中需要同学、教师、家长等多主体参与评价,特别是家长的参与。家长作为学生成长过程中的重要教育力量,他们对评价的重视程度也会推动和影响学生的全面发展。在"强校工程"生涯适应力课程开发与实施期间,我们也意识到让家长及时、持续地了解学校为学生全面发展所提供的课程资源、实践活动、项目学习等资源与机会,既有利于家长理解和认同学校的教育理念,也更容易发现孩子在此期间的点滴变化,对孩子进行积极的评价等,这都有利于帮助孩子从综合评价中真正获益。

参考文献:

[1] 周华,胡俊飞.初中学生综合素质评价的政策演进与新时代背景下的思考[J].教师:2020(9),003—004.

[2] 王洪席,王晨.探寻综合素质评价"落地"的校本化实践路径[J].中国教育学刊:2020(11),38—43.

[3] 邢利红.学生综合素质评价对学生发展的影响及模型分析——基于扎根理论的研究[J].上海教育科研:2020(3):16—19,11.

[4] 王萍.普通高中学生综合素质评价的阻抗与消解[J].课程·教材·教法,2017,(7).

[5] 肖磊,陈雪纯.论综合素质评价定位的偏差及其回归[J].教育发展研究,2020(22):42—48.

综合评价专题研究

中学生红色教育及其评价中的项目学习实践

陆　贤

一、研究背景解读

（一）中学生红色教育及其评价面临的困境

红色教育是基础教育德育中的重要组成部分，也列入学生综合素质评价。目的是使当代学生通过红色教育，增强爱国主义精神，缅怀历史，理解革命先烈的信念和理想，帮助学生树立积极正确的人生观和价值观。

在开展红色教育的过程中，对于是否实现了教育目标的评价却比较模糊、难以落实。究其原因，一是因为与学科教育相比，红色教育的教学目标难以量化；二是因为红色教育多以主题活动的形式进行，在活动设计方面缺乏系统性和连贯性，很难形成统一的、标准化的评价。要想解决这一困境，需要从教学设计和评价两方面入手，在红色教育开展初期就预先将德育评价考虑在内。

（二）开展项目式学习的实践基础

虹口教育学院实验中学将项目式学习（Project-based Learning，简称 PBL）运用在教育改革实践中，尤其是运用在与德育相关，发展学生"生涯适应力"的教学当中。

教师将教学策划转换为"项目"，以"项目"方式进行研究立题、学习资源的选择、过程的组织和展示及评价的制定。我们发现，学生在 PBL 的过程中，通过对真实、复杂问题进行项目式探究，综合素养得到明显提升。在解决问题、团队协作、自主学习等方面表现突出，在情感态度价值观方面得到了发展，更愿意思考自我、理解他人、面向社会。因此，若在已有经验的基础上，以 PBL 的方式开展学生红色教育，不单能更系统和连贯地进行教学设计，也可以借助 PBL 中形成性评价与总结性评价相结合的策略，更有效地对红色教育的教学效果进行评价。

二、以"烈士李白系列教育活动"为例

红色教育一直是我校的传统教育，上世纪九十年代起我们就全面开展向烈士李白学习的活动，并成立了上海市第一个"李白"中队。我们由此考虑以该红色主题为范本，探索以 PBL 的方式对红色教育进行整体设计，结合生涯适应力的四大维度进行项目活动，期待在开展红色教育的过程中，促进学生爱国主义情感、生涯适应力、综合素养以及其他能力的全面发展。

基于上述思考，我们提出红色教育的驱动性问题："为什么李白拥有如此坚定的理想信念？"形成有助于学生和教师关注的焦点。在这一个问题的驱动之下，结合生涯适应力中生涯关注、生涯好奇、生涯自信、生涯控制四个维度，进而分维度提出了四个小的项目问题，在结构和选择之间达到很好的平衡，其中每个问题，都带动学生发挥自主学习性，完成一个项目活动，学到相应的探究方法，并得到阶段性的项目结果。

（一）基于生涯关注的红色活动设计和实施

生涯关注是生涯适应力四个维度中较为基础的一环，强调的是个体能着眼未来，结合现实的社会情境，关注自身未来的发展，对自己的未来有所考虑、有所规划。因此，我们提出的第一个项目问题是："为什么 15 岁的李白，选择加入中国共产党？"

在这一项目问题探究的过程中，我们希望学生通过文献法、调查法，阅读资料、收集信息，并有能力在大量的信息中，通过思考、总结和归纳，得出自己的答案。最后，以小组为单位，完成一篇关于这一问题的"通讯小文"。教师在教学过程中，除了提供大量资料，引导学生讨论思考之外，还需要带领学生了解文献法和调查法的基本方法，以及通讯简报的写作方法。

最终，对烈士李白在少年时期的精神世界有所理解，提升学生对自身的生涯关注。同时，学生学会了基本的文献法、调查法和通讯简报的写作方法，能力得到提升。

（二）基于生涯好奇的红色活动设计和实施

生涯好奇是生涯适应力中的第二个维度，强调个体在现实中进行积极地探索和尝试，不断地通过努力实践，调整自己对未来发展方向的好奇点，回答"我未来想要做什么"的问题。因此，我们提出的第二个项目问题是："为什么李白会确定成为一名无线电通讯员，他在这一个学习过程中需要付出哪些努力？"

在项目学习中，我们希望学生能学习、并运用访谈法，例如，采访李白烈士故居的工作人员、《永不消逝的电波》舞台剧创作人员等，探究问题、理解人物事迹。最后，以小组为单位，完成一份"如果我是李白——成为一名优秀无线电通讯员的学习计划"。教师在教学过程中，需要协助学生设计访谈提纲、完成对访谈结果的整理，并提供制定学习计划的参考方法。

最终，对烈士李白在追求理想过程中，所付出的努力有了深刻理解，提升学生们在自我生涯发展中的行动力和生涯好奇。同时，学生学会访谈法，提升探究能力、表达能力、社会活动能力。

（三）基于生涯自信的红色活动设计和实施

生涯自信是生涯适应力四个维度中，最能体现个体自我效能感的维度,它强调个体在生涯发展过程中相信自己的能力,并在遇到挫折之时,能积极地寻找方法、摆脱困境,构建自己的未来。因此,我们提出的第三个项目问题是:"在被捕之后,面临如此危险的工作,李白为什么还是选择回到自己的岗位?"

在项目学习过程中,我们希望学生能通过查找资料、问卷调查、小组讨论等方法,得出问题的答案。最后,以小组为单位,以问卷分析的结果为基础,设计一张纪念李白烈士的海报,体现项目问题背后,李白对自身工作能力的自信,以及对理想信念坚定的守护。教师在教学过程中,协助学生进行资料收集、问卷设计,提供问卷分析、海报设计的相关方法,引导学生思考讨论、理解李白烈士的选择。

最终学生理解了李白烈士在危险的工作中,锻炼出的极其优秀的电报技能、革命工作能力和心理品质,从而提升了学生自身的生涯自信。同时,学生学会设计问卷、统计分析问卷结果的科学研究方法。

(四) 基于生涯控制的红色活动设计和实施

生涯控制回答的是个体在生涯发展过程中,关于"谁拥有我的未来"的疑问,它强调个体对生涯的自主决定、自我调控能力,以及在失败时仍然维持成就动机的能力。因此,我们提出的第四个项目问题是:"最后一次被捕时,李白已做好了牺牲的准备,你如何看待他的这一选择?"

学生在项目学习过程中,将会通过头脑风暴、分析与辩论等方法,努力尝试体会烈士李白在最后一段生命历程中的内心抉择与革命情操,并在过程中强化感受与体验,逐步形成向革命烈士趋同的理想、信念和价值观。

最后,以小组为单位进行创作并演绎,表演以"李白烈士的最后一天"为主题的红色小话剧。教师在教学过程中,需要引导学生进行头脑风暴、辩论等思维探究,深入挖掘李白烈士和学生自己在过程中的内心感受,并协助学生完成剧本的创作和表演。

最终,学生会在项目学习中,更为深入地理解李白烈士内心崇高的理想信念,从而促进学生自身生涯控制的提升。同时,习得更加思辨、全面、多元的认知思维方式,提升团队协作、公众表达等能力。

三、PBL 在红色教育评价中的研究

开展教学的评价离不开对教学过程设计的分析和对教学成果的总结,尤其是针对更加重视形成性评价和总结性评价相结合的 PBL 教学,尤为如此。所以,在结合以上 PBL 教学活动设计的基础上,我们对此次教学成果也进行了综合设计,期待既能对学生的深度学习效果进行评价,又能得到高质量的 PBL 项目产品/成果。这也是我校将 PBL 运用于学生红色教育实践的初衷。

（一）基于 PBL 的教学活动成果设计

为了体现学生在红色教育过程中的深度学习成果,同时又能得到有品质的 PBL 项目产品,我们设计了两方面的教学成果——描述性成果和产品性成果。

探究有利于学生的、启发性的、能促进学习的基本问题,这是项目化学习理念的重要部分,即学生的学习被"我需要知道"而非老师的"你应该知道"所驱动时,才是最主动的。

一是描述性成果。以学生自我反思和评价为基础,主要回答三方面的问题:(1)在学习过程中,我对"李白精神"有哪些新的理解?（2)在完成项目的过程中,我对自己有哪些新的发现?（3)对

"李白精神"的感悟和理解,以及对自己的新发现,将会促使我在生活和学习中,有哪些新的计划、探索和行动?

第一个问题,包含着整个 PBL 教学活动的大驱动问题,即"为什么李白拥有如此坚定的理想信念?";同时,指向了学生对红色教育目标中,认知和情感态度价值观这两个层面的教学目标。第二个问题,注重学生的自我认知和反思,指向教学目标中能力和技能的发展。第三个问题,强调学以致用,注重学生将所学所感运用到自己实际的生活和学习中,提升自我效能感和生涯适应力。

二是产品性成果。这以学生学习小组产出的项目产品为重点。我们请学生设计一款,以"李白精神"为依托的文创产品。要求该产品既能体现"李白精神"的内涵,让"李白精神"能够被人们熟识和传承;又能兼具实用性。

（二）"三新二意"评价法运用于红色教育评价

综合以上对 PBL 项目成果的设计,我们总结了"三新二意"评价法,以期待其在红色教育评价中发挥重要作用。

具体来说,"三新二意"中的"三新"是指:（1）新理解——学生对红色教育主题和历史人物的新理解;（2）新发现——在项目学习中,学生对自己能力、价值等方面的新发现;（3）新行动——红色教育 PBL 学习过程中,学生学以致用将采取的新行动。这三个"新",是针对学生描述性成果的三方面评价。"二意"是指:（1）产品的社会价值——学生设计产出的产品能体现红色教育主题的精神内涵;（2）产品的实用价值——学生设计产出的产品具有实用性。显然,"二意"是针对产品性成果的评价。

"三新二意"评价法为红色教育的评价提供了参考框架,同时也兼具了 PBL 评价的综合特性。我们在具体的教学情境中,根据教学主题、教学阶段的不同，设计出更具体、更丰富的评价方式。

表 1　"三新二意"评价法

评价分类	评价维度	评价形式	可评价项目
描述性成果评价	新理解	形成性评价；自评为主。	理解的深入性、全面性、多元性等。
	新发现	形成性评价；自评、他评相结合。	发现的真实性、驱动性等。
	新行动	形成性评价；自评为主	行动的可行性、自主性等。
产品性成果评价	社会价值	总结性评价；他评为主	产品意义明确、清晰、有情感共鸣等。
	实用价值	总结性评价；他评为主	设计新颖、方便、有用户思维等。

四、研究展望

现今世界的飞速变化，给生涯适应力教育带来机会也带来挑战。这让我校教师一直在思考一个问题"学生未来的成功需要哪些知识和特质？"令人惊讶的是，在学校的正式调研和非正式研讨中，学校教师的回答基本都集中在以下几个方面：知识和技能、批判性思维和解决问题的能力、创造性思维和创新意识、合作与沟通等。这是未来人才所需要的核心能力、结晶能力，也是 PBL 适用于我校教育教学的基础与前提。

我校将红色教育的教学设计、教学评价与 PBL 相结合的实践探索工作刚刚起步，却已经取得了初步成效。未来，我们将在更多红色教育主题中运用该方法，设计更丰富的教学实践活动。同时，进一步摸索"三新二意"评价法在红色教育评价中的可行性及评价效果，探索更实用、完整、有效的评价标准和评价体系。

参考文献：

［1］苏西·博斯(美)，约翰·拉尔默(美)，周华杰，陆颖等(译).项目式教学：为学生创造沉浸式学习体验［M］.中国人民大学出版社，2020：114—133.

［2］Super，D. E. .(1980). A life-span，life-space approach to career development［J］. Journal of Vocational Behavior，16(3)，282—298.

第七章　"有戏"教育促进教师发展

虹口区教育学院实验中学开展"有戏"教育以来,得益的不仅是学生的成长和发展,还有教师优良师德的涵养和专业能力的发展。教师的发展对学校办学治校来说具有基础性的作用。

第一节　教师专业发展与校本研修

对学校教师群体的专业成长来说,不可能完全依托教师个人的、自发的学习和研修,需要一种有组织的行为,学校主题式校本研修就是一种可行的培训培养教师的途径。

一、校本研修是促进教师专业化发展的必由之路

（一）概念的提出

在学校"自主发展"成为教育改革的一个重要理念时,走向"校本研修"就成为一种潮流。正是在这样的背景下,一种在教育行政部门和教师进修院校的指导和统一部署下,结合教师任职所在学校教育教学实际和教师成长现状,以教师任职学校为基地,以校长

为第一责任人,有计划、有组织、有内容的校本教师培训教育,得到了广泛的认同和推崇,成为教师在职教育、继续教育实践的一种重要模式。

(二)学校应当是教师专业发展的场所

在当代教育历史进程中,教师不是单纯的教学任务执行者,而是教育的思想者、研究者、实践者和创新者。教师发展的真正价值和意义就在于它是促进学生发展的真实和必要的条件。理想的学校教育,就是在师生共同的生活世界中的教学相长,学生在教师的发展中成长,教师在学生的成长中发展。

当前,必须强化一种意识,就是学校不仅是培养学生的摇篮,也是教师发展的场所。也就是说,需要进一步发展、丰富和完善现行学校的功能,强调学校也是教师发展的场所。学校应当具有使教师获得持续有效的专业化发展的功能,学校应当义不容辞地承担起旨在促进教师专业发展的校本研修的重任。

(三)校本研修的特征

教师的专业发展要在教育实践中才能实现,而"以校为本"的教师培训就是为了以现实的教育实践作为教师专业化发展的真实环境。校本研修从学校教师的实际出发,着眼于教师的教育教学实践经验的积累和实践能力的提升,注重针对性、实践性和明确的价值取向,对促进教师发展,具有其他培训渠道不可替代的作用。

校本研修应有以下几个基本特征:

第一,必须符合和执行教育行政部门关于教师在职培训的部署安排和具体要求,服从教育行政部门的领导和教师培训机构的指导。

第二,必须以学校为基本单位,要依据本校教育教学的实际情况、具体问题、薄弱环节以及教师整体状况、制定相应的培训计划,确定培训的目标,以促进教师和学校的发展。

第三,必须纳入学校管理范围,校长是第一责任人,职能部门负责设计规划、提供经费、完善条件、建立机制、落实措施、组织检查,保证培训的顺利有序规范进行。

第四,"校本研修"不是"本校培训",秉持"以校为本"与"校际合作"并重原则,充分利用外部资源,来丰富、充实校本研修的内容和形式。

(四) 校本研修的实质

德国著名教育家第斯多惠说过:"教师只有先受教育,才能在一定程度上教育别人。"这是对校本教研最为生动的诠释。"校本研修"是促进教师专业化发展的有效平台,也是全面实施基础教育课程改革的重要保证,更是二十一世纪重要的教育理念,重要的实践行动。

1. 校本研修是重要的教育理念

首先,教师教育并非是培训机构独家经营的专利,随着高度集中的教育管理权逐渐下放,教师教育走向"校本"成为必然。"校本研修"应该是一个多层面、全方位组成的培训网络,既涉及到高等院校、教育科研机构、市区教师进修学院等专门培训机构,也包括教师所在的各基层学校;就其受培训层次而言,既有国家级培训、市级培训,也应该有区级培训和校级培训,校本研修有其他培训不可替代的作用。

其次,以学校为中心的教师教育强调以教师需要为出发点,充分发挥学校和教师在培训计划、内容、组织形式、具体实施上的发言权。"校本研修"应当充分体现以教师为本的理念,让教师在培训中获得满足感。校本研修所以重要,在于它能满足教师三个方面的需求。

一是校本研修要满足教师职业生存的需求。

老子曾经说过："安其居乐其业"。"乐业"，就是从自己所从事的职业中领略出趣味，这是一种境界，达到这种境界，生活才有价值。"乐业"的前提是要"有业"，拥有一份职业。对每一个人来说，获得一份职业不易，保住这份职业更难。当今社会是竞争的社会，优胜劣汰是不变法则。教师教育教学能力和专业发展水平不高，就很难在激烈的竞争中处于不败之地。通过"校本研修"平台，帮助教师实现自身专业的发展，就是满足教师职业生存的需求。

二是校本研修要满足教师专业发展的需求。

根据心理学家马斯洛的需求层次理论来分析，教师职业生存需求应该有更高层次的需求，那就是事业发展的需求。教师事业的发展必须依靠教师的专业发展，只有当教师自身专业化水平发展到了一定的层次和高度，才有可能把所从事的这份事业做得圆满，做得出色，做出成绩。"校本研修"就为教师事业的持续发展创造了条件，搭建了平台。

三是校本研修要满足教师生命享受的需求。

满足教师生命享受的需求，这是"校本研修"追求的最高境界。如果不能充分认识校本研修能给教师带来愉悦，而且是在其他场合无法体验到的一种崇高精神境界的愉悦，那么就不可能从根本上把握校本研修的真正意义。当教师把教学工作看成是自己全部生命活动的一个重要组成部分，并通过校本研修在全面提升了自己专业发展水平的基础上，更自立、更自觉地投入到这一创造性的活动中，从而感受到自身价值的存在，此时此刻，一种成就感、愉悦感、幸福感便油然而生。这是一种心理上的满足和精神上的享受。

2. 校本研修是重要的实践行动

"校本研修"是以学校为基本单位，基于学校发展而进行的一种教师培训活动。它是以改进学校教育教学实践、解决学校面临的实际问题为指向,依靠学校领导和教师对自身问题的分析,从学校实际出发,开发学校资源,解决具体问题的培训,所以有很强的针对性和实践性,显示出强劲的生命力。

教师发展与实践教师的发展,无论是职前培养还是在职培训,都应当是在教育实践中进行,与学校日常生活联系在一起,与身边的教学和生动活泼的学生联系在一起。

二、以校本研修促进学校、教师、学生的共同发展

校本研修,就是要运用先进的教育管理理念、通过校本研修的形式,为教师专业化发展制定最适切的"菜单",把教学研修的任务落实到教师日常学习工作中去,实实在在地提升教师的专业能力,推动新课程改革深入进行,促进学校、教师、学生三方协调发展。

(一)关注教学中的基本问题,规范教师教学行为,为学生发展量体裁衣

教师们在日常的课堂教学活动中,在不经意中把经常接触到的一些基本教学问题置于表层,但是,就事论事地解决问题,就比较简单,缺乏深层思考、进一步研究的意识,工作完成后自身收益不大。如果试着做一个"有心"人,注意去关注一下这些看似平常简单的小问题,将学过的理论与出现的问题结合起来进行认真思考,就会有许多新的发现、新的想法,在寻找问题解决的途径和方法的过程中,理论水平、分析问题、解决问题的专业素质都会得到很大的锻炼和提高。例如,对于学生完成作业习惯问题,对于不同基础的学生所完成的作业质量,通过制定不同的目标要求,采用不同的评价形式,不仅能充分保护学生,而且能激发和增强他们的学习信心和动力。因此,课堂教学活动中,教师的一句鼓励的话语、

一个鼓励的眼神和手势,都会在孩子们稚嫩的心里留下深刻的印象。现在,已经有很多人开始关注学生中存在的差异。在组织课堂教学前,认真分析研究学生的强项和弱项,长处和短处,可以帮助教师更好地、准确把握教材、整合课堂教学的内容,使教学活动更加适合学生的实际,使学生得到更实在的发展和提高。

(二) 关注教学中的核心问题,提高师生实践反思能力

教学工作与其他工作不同,教师们有时会处于一种周而复始、机械重复的工作状态中,面对烦琐的工作,使我们看不到造成教学效率不高的实质性的核心问题。因此,越是在处理繁杂琐碎的事物时,越是要保持清醒的头脑,拨开层层迷雾,抓住在表象掩盖下的核心问题,只有把核心问题解决好了,课堂效率才能得到提高。要让师生们在实践、反思、再实践的过程中,不断提高实践反思能力。

(三) 聚焦教学中的难点问题,加强师生合作研讨氛围

课堂教学活动,是师生共同参与的活动,师生之间良好的平等合作关系,有助于在研究解决教学活动中疑难杂症时,能充分发挥学生的主动性和积极性,集思广益,共同为解决问题出谋划策,攻克难关。其实,师生合作学习的过程,也是师生共同发展的过程。良好的师生合作学习氛围,是解决教学问题,提高教学效果的重要法宝之一。

总之,教学是师生共同参与活动的过程,一个成功的教学活动是师生互相学习、互相促进、相辅相成的结果。教育的最终目的是促进人的发展,所以,师生的共同发展是课堂教学改革的终极目标,也是现代学校实现最大价值的具体体现。如何使学生和教师共同协调发展? 如何使学生学业提高和综合素质提高相统一? 如何使学校科研有效地服务于教学,从而摆脱教学和科研脱节的现

象,从而实现学生、教师、学校乃至社会的多赢? 这都是可以借助校本研修来解决的问题。

第二节　教师校本研修的具体运作

虹口区教育学院实验中学在开展"生涯适应力"校本课程建设的过程中,为促进教师专业发展,形成了有本校特色的校本研修操作模式,并且综合运用了多种校本研修方法,开展多种形式的培训活动。

一、校本研修的实施条件

"校本研修"的实施和推进的基本条件有三个方面:

(一) 校本研修的精神要件

进行校本研修必须有相适应的理念,这种理念就是精神要件。首先是"权利分享"理念,让原本高度集中的教育管理权逐渐下放,让教师教育走向"校本",强调学校也是教师发展的场所,学校应当具有使教师获得持续专业化发展的功能。其次是"以人为本"理念,校本研修应充分体现以教师发展为本的理念,核心是以需求为导向,让教师在培训中获得满足感,通过培训,有助于广大教师充实专业知识,提升职业技能。再次是"开拓创新"理念,这是校本研修持续健康发展的不竭动力,要在培训的管理体制、组织形式、培训内容等方面,不断有新办法,新举措,新突破。最后还有"和谐发展"理念,要立足于面向全体教师,促进每一位教师在不同层次的基础上都有新的变化和提高,要让教师与学校同步发展。

（二）校本研修的实施要件

学校必须建立并完善对"校本研修"方案的审批、过程管理、条件保障、考核评分、资料档案等一系列制度，确保校本研修规范、有序、健康地向前推进。校本研修还应遵循以下基本原则，即全员性原则，面向全体，整体推进，使每一位教师都得到发展；层次性原则，针对不同层次教师，提出不同目标要求，满足不同层次要求；自主性原则，强调教师是专业发展的主人，并对自己的专业发展负责，引导教师追求一种自觉、主动发展，激发起自主学习、自觉完善、自我提高的内在动机；丰富性原则，根据不同的培训目标和培训对象选择丰富多彩的培训内容；多样性原则，培训的形式和手段要多样化，以激发教师参与培训的兴趣，增强培训的活力和效益。

（三）校本研修的形式要件

首先，要健全组织机构。学校要成立以校长为第一责任人的校本研修领导小组，充分发挥组织领导、协调服务指导和管理的作用。学校在实施校本研修，促进教师专业化发展的系统工程中，应配合各级教育行政部门，为广大教师搭建一个促进教师专业发展的平台，完善一套促进教师专业发展的制度，形成一种激励教师不断进取的机制，使学校的教育人才在校本研修的过程中不断有新的提高，有新的发展。

其次，要制定培训规划。要充分发挥培训规划的引领导向作用。培训规划的制定，既要考虑教育发展对教育人才的要求，又要注意从学校实际情况和教师现实需求出发，还要结合学校目标定位和发展战略来统盘考虑，以体现校本研修规划与学校发展规划的融合性。

再次，要有一支培训骨干队伍。建设好一支能胜任教师培训工作的师资队伍，是学校独立开展校本研修，确保培训质量的关键。为此,学校要从现有教师群体中筛选一部分专业化发展水平较高的教师承担培训任务,起骨干作用。学校要不断创造条件加强对他们的培养和指导。学校还可根据需要聘请校外有一定知名度,有较高资质的人士为兼职培训指导教师,充实和优化校本研修的师资队伍,形成人才资源共享,合作共赢的培训联合体。

最后,要有一个完善的实施系统。在这个实施系统中,有严密的培训管理网络,包括目标管理、制度管理、过程管理和学分管理;有周密的培训课程结构,包括课程领域,课程模块和课程实施;有科学的操作方略,包括培训时间的合理安排,培训内容的多元选择,培训方式的灵活运用,培训绩效的科学评估。

二、校本研修的操作模式

可持续、有成效的校本研修,通常符合以下的特征:校本统一管理,符合教师需求、结合教育主题,定期开展活动,力求形式多样。这是虹教实验中学开展校本研修的经验,也成为常规管理的模式。在具体开展中,应当根据不同对象、不同学科要求,采用适合的方式。各种不同的培训方式,既可单独使用,也可组合使用。

(一) 专题讲座式

学校在明确自身需要和教师需求后,确定培训题目,邀请有关专家、学者,或由学校领导、学科带头人担任主讲,作专题报告。拟定一些能引发教师思考的问题,让教师带着目的听讲,形成自己的意见,听后再组织讨论交流,以利于教师开阔视野,接受新知,丰富自我。

(二) 课题研究式

把校本研修与教育科研相结合,通过课题研究,增强教师教育教学和科研能力,提高教师专业化水平。科研课题是从学校教育教学实践中归纳和汇集的,所以,要鼓励教师在学校教育情境中发现问题,确立课题,制定研究计划,设计研究活动,那么教师的工作就具备了教学研究的性质,学校教育教学质量和教师研究能力的提升就有了坚实的基础。

（三）课例分析式

课例分析是校本研修的有效形式之一。可以精选一些典型教学案例作为开展校本教研、实施教师培训的案例资源,有效开展自主、合作、探究的学习,迅速有效地帮助教师在研究中感悟一堂好课的真正内涵,在评价中不断优化课堂教学策略,在实践中提升自我教学能力。

（四）专业对话式

要以专业对话方式实施校本研修。教师带着问题,带着思考,与文本对话,与自己对话,与同伴对话,与专家对话,与学生对话。通过专业对话,就教育教学中相关的理论和实践问题进行专题性讨论,打造自由交流、百家争鸣的对话文化,促进教师的专业发展。

（五）课堂达标式

以课堂教学为中心,对不同层次教师制定相应的教学达标要求,让教师在教学中发现问题,寻找差距,落实措施,改进教学,达到预设目标。把隐性的理念转化为具体的教学行为,围绕新课程,精心打造一些课例,全校进行展示交流。

（六）教师博客式

教师博客以其自身优势适应了教师学习的特点,是实施校本研修,促进教师专业成长的有效途径。各年级各学科的教师利用互联网的博客技术,以文字、多媒体等方式,将自己的教学心得、教学设计、课堂实录、课件等上传发表,超越时空局限,促进教师个人隐性知识显性化,与他人交流分享,一起对教学行为进行诊断。在这一过程中,既为别人提供思维的前提和原料,也在帮助自己提高自身的教育能力。

三、综合运用多种校本研修形式

校本研修的形式和方法成为一线学校和教师关注的一个热点。有认为,行动研究和叙事研究等方法是最适合校本研修的方法;也有认为校本研修应综合采用多种方法,强调方法的多样性;又有认为将两者折中,即以行动研究等为主的多种研究方法的综合运用。这些观点的共同点是都把关注点落在课堂教学实践上。近年来,运用行动研究法、叙事研究法、案例研究法、课例研究法等方法开展校本研修活动,积累了许多经验。由于学校间在传统文化和现有基础等方面还存在差异,校本研修要从本校的实际情况出发,立足教师专业需求,结合学校未来发展的目标,探索有效校本研修模式。

(一) 加强校本研修制度的建设,保障校本培训的顺利实施

将校本研修纳入到学校日常管理的制度中,进行规范化管理,确保校本培训的各项工作落实到位。一般来说,校本研修的制度包括:(1)学校校本教研组织的领导小组和工作制度;(2)学校设立教师专业发展委员会,建立专家指导制度;(3)校本研修的各项规章管理制度和岗位职责;(4)教研组研修活动的考核评价制度;(5)备课组研修活动的考核评价制度;(6)学校骨干教师选拔、培养、管理制度;(7)教师常规考核评价制度;(8)教学科研课题的申报管理制度;(9)教师的职务晋升、评优制度。

要使校本研修活动能够有效开展,在不断完善各项管理制度的基础上,学校要建立相关职能部门,校长要担当校本研修工作的第一责任人,全面落实各项管理制度,保障教师在校本研修活动中

的权利和义务;保障学校成为教师校本研修的主要场所;保障为教师提供在校本研修活动中所需要的专家指导、经费支持等必要的工作基础。要使校本研修活动能够有效开展,各职能部门就必须实事求是地确定本校校本研修指导思想和工作思路,要以促进教师专业成长为目的,以课程改革为契机,把新课程学习、教师培训和教学研究紧密结合起来,建立与新课程相适应的校本研修制度,例如,建立师徒帮带制度、集体备课制度、教研组活动制度和制订个人专业发展计划等,确保校本研修工作的针对性和有效性;要为教师创造一个宽松、愉悦的研究氛围,使教师在校本研修过程中,有更多的机会展示、交流自己的才能;要规范校本研修档案管理,保证校本研修的有序、有效开展。

(二)加强校本研修文化建设,构建和谐向上的学习氛围

教师是否认同培训目标和内容,直接影响研修活动的实效。首先,要加强校本研修的文化建设,一方面,通过学习、宣传和榜样激励,积极营造学习、研修的氛围;另一方面,为使校本研修更加贴近教师需求,学校可以对教师进行问卷调查和召开座谈会等,了解教师需要解决的问题,使学校组织的研修活动能为教师的学习、工作提供帮助。其次,学校要组织各种形式的团队学习研修,例如,课题研究小组、备课小组、师徒结对、课题研发组等,组织教师开展各种形式的交流活动,通过叙述、倾听、理解、协商、研讨,鼓励、认同教师在课程教学活动中的富有个性的创造和做法,提高教师交流与合作的能力,建立团结、协作、互动的关系,形成同伴互助和合作的学习氛围,促进学校校本研修活动的质量的提高。

(三)组建教师种子团队,发挥骨干教师作用

依照上级教育党委和行政部门的多层级教师培养方案,虹教实验中学实施师资队伍建设种子计划,组建三个既彼此独立又密切联

系的教师种子团队。由党支部书记、校长全迅领衔的"种子计划管理团队",聚焦课程顶层设计、实施路径规划等基础性、引领性工作,协调生涯适应力课程在整个学校课程体系中的位置和关系;区教师进修学院德研员徐娟带领的"种子计划德育团队",重点关注德育工作与生涯适应力课程的融合;学校课程工作室负责人梁菁菁带领的"种子计划课程团队",关注落实"生涯适应力"系列校本课程的开发和实施,积极开展学科渗透生涯教育的教学实践研究。

学校借助教师种子团队的骨干力量,同步围绕"开发提升学生生涯适应力课程所需要的能力与素养",安排种子教师在教研组活动、论坛交流中,起到引领作用。学校还在常规学习时间,组织面向全体教师的生涯教育普及培训。

(四) 结合学校实际,开展多种形式的培训活动

根据校本研修的特点,学校组织研修活动时,要结合本校的特点,开展多种形式的研修活动,使不同专业、不同学段的教师都能取得良好的效果。

1. 假期集中培训

在寒暑假期间,学校根据上级主管部门的培训要求,结合本校实情,利用寒暑假的有利时机,组织专题讲座和主题式讨论活动,通过叙述与倾听,学习与研讨,不断提高校本培训的实效。

2. 隔周业务培训

学校可采用单、双周政治学习和业务学习交替进行的方式进行校本研修。为确保培训质量,整个学期(年)的校本研修要有计划、有总结,有评价,每次活动要做到定时间,定主题,定主讲,每个学员要有书面的研修情况记录表。

3. 教研组专题培训

各教研组要在学校统一部署下,根据学校的阶段发展计划、学

科特点、教师自我发展计划和课堂教学活动中出现的问题,确定本教研组研修计划,实施方案,组织专题学习和课题研究。每次活动要有详细的书面记录。学校有计划地组织各教研组在全校教工大会上进行交流。各教研组在学习兄弟教研组的经验和亮点做法的基础上,对本教研组的计划和实施方案进行深化。学校定期召开座谈讨论会,定期检查计划落实情况,并对出现的新情况新问题及时调整策略,采取措施。

4. 教师自培

学习提高是校本培训的重要目的,教师要根据自己的实际情况确定个人读书计划,学校要及时了解教职工的学习需求,充分发挥图书馆的功能,积极为教职工的学习准备好各种学习资料,积极为教职工学习提供便利,创造良好的条件和学习环境。使教职工们能更好地利用工作之余的时间读好书,拓宽知识视野,提升专业素养。

5. 师徒结对学习

学校将根据不同教师的培养阶段目标,通过拜师带徒的形式,开展培训活动。师徒结对学习有新教师的师徒结对培训,有骨干教师的师徒结对培训等,为确保培训质量,师徒结对不仅要签订师徒协议,培训期满,学校有关部门要对培训进行考核,予以评价。

6. 项目驱动下课题小组研修

在专家指导、同伴互助合作下,通过学习、研讨、实践、再学习、再实践的形式,在项目驱动下,以解决课堂教学活动中问题为出发点和归宿的课题研修活动,不仅极大地提高了教师的理论水平,而且大大地提高了教师对工作中出现的问题的研究解决能力,是一种非常有效的培训形式。

7. 专家指导下的课例研究活动

课例研究,是以学校教师为研究主体,在有关专家指导下,通过对学校教育教学中的实际问题的研究,总结和推广教育教学经验,探索教育教学规律,将学习、工作和研究融为一体的活动。由于有专家的指导,有教师实验全过程的行为跟进,教师在不断反思、调整、再反思的过程中,专业能力不断提高。顾泠沅先生等人组织的"青浦实验"中,就"以学校为基础的教师专业成长的途径问题",对青浦区部分中小学 311 名教师作问卷调查,其中两个结果尤为引人关注:①教师需要有课例的专业引领。例如,课改专家、经验丰富的教师指导课堂教学,与他们就实际的教育教学问题、教学的理论切磋交流。②教师需要行为跟进的全过程反思。例如,有专家、优秀教师和教师本人合作备课,再听课、评课,指导改进等。

8. 教育叙事研究活动

以教师为主体的教育叙事活动,是教师通过叙述自己在教育教学工作中发生的事件,重新进入事件发生的情景,在对自己教学实践活动进行再现,在审视和分析的基础上,把那些容易忽视,而又有研究意义的教育细节定格放大,从中发现平时未能发现的问题,获取新的想法。所以,教育叙事也是一种反思性研究。它要求教师把研究目光投向实践,用叙述故事的形式来思考教育中的一些问题,从客观具体的教育现象入手,通过对一个个具体教育故事的剖析,来揭示教育本质,探寻教育规律。教育叙事以其特有的活泼形式和形象生动的内容,改变了以往教育科研给人的严肃、枯燥、刻板的印象,能激发教师参与教育科研的兴趣。

9. 其他形式的培训活动

学校可根据学校的发展需求,制定相应校本研修菜单,让教师们根据自己的需求,参加相应的培训科目。如:专题讲座、课例研究、研读书籍、骨干培养、课题研究、外出考察、学历提升、职称晋升等。

第三节 项目学习的教师深度培训

虹口教育学院实验中学鼓励和组织教师将项目化学习运用于生涯适应力学科渗透的过程中,辅导学生发展综合的学习能力。项目化学习不只是一种学习方法,更是一种教学组织方式。它要求教师不再是教学的"掌控者"而是学习的"促发者"和"引领者",需要教师更强的专业经验和教学灵活性。基于此,我校开展了基于项目化学习的教师研修培训项目,协助教师理解项目化学习理念,掌握项目化学习教学模式的精髓。

一、项目起步:教师转变教育理念和教学设计

(一) 教育观的再思考,一切教学模式转变的基石

教育观是关于教育本质、目的、功能等的基本看法,关乎教师对教学的理解,以及对教育过程、教学方法的设计与实施。随着时代的发展变化,在基础教育领域,我们的教育观念逐步从"实用主义""注重应试",过度到了"以人为本""注重综合素养"的教育观念。同样地,项目化学习教学模式的实践,更加注重学生主体在学习中的需要,深刻理解到教育的本质是培养有学习能力、能适应社会发展的自主学习者。

因此,在项目化学习教师培训中,我们把"什么是好的教育?"作为整个培训开篇的第一个驱动性问题,引导教师在深入探究该问题的过程中,对教育观进行再思考,为接下来的项目化学习教学

活动设计做好充分准备。

（二）教学活动设计，"被动学习"还是"主动学习"

传统的教学方式以教材和知识点为中心，教师以讲授方式进行"知识点的传授"，学生以聆听方式进行"信息的接收"。教师期待在课堂上、在相对短时间内，让学生掌握人类数千年来的知识和经验，理想是高效的，实践并不如此。最大的困惑是学生的习得并不不符合学生解决生活实际问题的需要、并不适应社会发展的需要。

作为项目化学习理论基础的建构主义则认为，知识不是简单地通过教师传授即可获得，而是学习者在一个真实的学习情境中，自己建构知识的过程。学习者不是被动地吸收信息，而是主动地通过已有的认知结构对新信息进行加工和建构。所以，教师在设计教学活动的过程中，要重视学生的主动参与性，有意识地考虑学生是否在"主动思考"，即学生的思考能否是辩证的、联系实际的、能反思的，这就成为设计项目化学习教学活动的关键。

（三）教学活动实施，"自上而下"和"自下而上"的平衡

项目化学习强调发挥学生的自主性，也要求教师对整个学习项目的整体把握。教师仍然是教学活动的促发者和引领者，若教师对教学活动完全失去掌控、学生则会像失去领头羊的羊群一般迷失方向，不可能进行有效的自主学习。

教师要在教学活动实施过程中，平衡好"自上而下"的教师掌控型教学活动和"自下而上"的学生主控型教学活动的关系。在需要激发学生自主性的时候，把主场交给学生；在关键步骤中，把控活动方向和节奏；同时，在学生需要帮助或陷入困难时，接过主动权、提供方法，引领学生解决问题。如此收放自如的教学活动实施，是对教师教学灵活性的挑战，也是教师在教学生涯成长中的关

键点。

二、项目过程:从教师的自主学习到学生的自主学习

"学习金字塔"理论提出,学习效果(即学生两周后对学习内容的保持率)在30％的,基本都是讲授聆听等被动学习方式;学习效果在70％以上的,基本都是以团队学习、主动学习和亲身实践参与为主的学习方式。项目化学习本身也是以参与式学习为基础的教与学模式。以项目化学习进行教师培训本身,就是让教师在做中学,在培训中体会,教师个体不但是项目化学习的学习者,也是项目化学习的参与者和创造者,只有教师自己变成了自主的学习者,才能设计并实践针对学生的项目化学习课程,才能把学生培养成自主的学习者。

为此,虹教实验中学的项目化学习教师培训项目主要分两个阶段进行。第一阶段,以教师集中学习为主,主要以教师工作坊的形式开展,重点解决教师对项目化学习基本理念、内涵、教学方法、教学环节的理解和接纳问题;第二阶段,以教师分组学习、小组任务和一对一培训为主,重点解决教师在实践项目化学习教学活动中遇到的具体问题,以保证我校项目化学习生涯适应力学科渗透教学探索的有效性。整个过程中,在教师亲身参与培训的同时,设计面向学生的项目化学习生涯适应力教学活动。具体表现在以下四个方面:

(一) 用"问题清单法"明确教学目标

"问题清单法"通常是项目化学习入项活动时常用的方法之一,类似于传统的"头脑风暴",但比头脑风暴更具有引导性和结构性。问题清单法常以一个话题开始,而这个话题往往与整个项目化学习教学主题相关,学习者可以围绕该话题,提出各种自己感兴

趣的问题,或者有疑惑的问题,当收集完所有学习者的问题之后,可以对所有问题进行分类或二次探讨,最终协助学习者明确此次项目化学习的主题和目标。

运用这个方法协助教师明确教学目标,其实也是协助教师对自己的教学进行深度思考。可以将教师对项目化学习的理解与困惑,以及与学科教学进行结合。例如,请教师对"项目化学习"提出自己感兴趣的问题,教师的问题就有:"项目化学习对教学环境有要求吗?""项目化学习要求教师怎样做?""是不是所有的学科教学都适用于项目化学习的方式?"等。在这个基础上,继续探索项目化学习和生涯适应力学科渗透之间的关联,最终明确针对学生的项目化学习活动目标,例如,以"通过阅读名人传记,帮助学生提高自主探究、合作学习的能力,促进学生生涯适应力的提升"为目标的德育课。

(二) 用"小组任务法"设计教学活动

"小组任务"是项目化学习教学模式的中心,在小组成员共同完成学习任务的过程中,协助学习者发展团队协作、解决问题、自主学习和自我管理的能力。小组任务通常以分组和创建小组开始,以小组分工协作贯穿始末,在完成任务过程中,不断地发现问题、解决问题,从而提升能力。因此,在教师项目化学习培训的第一阶段末和第二阶段,主要以小组任务的方式进行。例如,请教师以小组为单位,设计一个符合生涯适应力教学目标的教学活动方案。然后,组内教师对任务进行拆解,对时间进行分配,各取所长,合作完成活动设计。

教师在小组任务完成过程中会遇到各种问题,例如,时间进度拖后、教学活动设计不理想、对学生完成能力的担忧等,但因为有小组的存在,组内成员之间的相互支持,使问题得以化解,教师的创造性和研发能力得到了提升。在对"小组任务法"的亲身体验，让教师更加明确对学生分组任务的难点和关键点的把控，例如，如何分组、如何提升团队凝聚力、如何协助团队分工等，这都有益于教学活动的顺利开展。

（三）用"研讨会法"构想成果展示方案

"研讨会法"通常运用在项目化学习中需要拓展思路的时候，以小组为单位进行，一般由问题描述、澄清性问题、其他成员提出建议等步骤组成。与传统的研讨会不同，在项目化学习"研讨会法"中，有"沉默时间"的设置，即问题描述后沉默 1 分钟，要求所有参与人员对问题进行独立、深入的思考；有"澄清性问题"的设置，即澄清问题所面临的客观环境等，帮助所有参与人员理解现实，提升研讨效率。更重要的是，"研讨会法"强调了不批评、不指责的研讨规则，在互相尊重的前提下，避免无效冲突，提高最终建议的积极性和可行性。

在教师构想学生生涯适应力项目化学习成果展示方案的过程中，运用此方法，例如，通过澄清学生数量、学生组成、成果展示环境等问题，让教师进一步思考方案的可行性和有效性；通过对他人方案的提议，以及收集他人对自己的建议，最终，从原本单一的"阅读名人传记读后感分享""针对名人传记的问卷调查"等方案，衍生出"设计文创产品""编写名人成长编年表""制作名人介绍段视频"等方案，使学生项目化学习的成果展示得到了极大的丰富和拓展。

（四）用"体验式分享"，让评价和反思更具驱动性

传统教学中的评价和反思，多以教师评价或考试为主，而项目化学习中的评价和反思，还十分注重学习者的自我评价和反思，强调对整个学习过程的经验分享、感受分享和积极反馈。所以，在项目化学习教师培训中，我们邀请了教师对自己参与的整个过程进

行复盘,安排小组分享环节,让教师充分表达自己在培训中的体会和感受,并鼓励教师之间的积极互动。

这一过程不单促发了教师自身对项目化学习学习的积极感受和能力成长,也让教师通过亲身体验意识到,一个有意义的评价和反思环节对于学习者学习驱动性的积极影响,从而使教师在设计针对学生的项目化学习教学过程中,更加注重对评价和反思环节的设计。

三、项目展示:成果案例展示及分析

随着项目化学习教师培训项目的深入,我校教师在八年级设计并实施了以阅读名人传记为主题,以提升学生生涯适应力和综合素养为核心的项目化学习教学活动,收获了多个较为成功的项目化学习教学案例。

(一) 注重核心素养发展的目标设置

虽然是德育学科生涯适应力项目化学习课程,但教师在目标设置方面,没有局限于德育课目标,而是综合了阅读能力、动手能力、科学能力、团队合作能力、问题解决能力等综合素养。

例如:"目标(1),通过阅读成果创新展示活动的前期准备,帮助学生提高自主探究、合作学习的能力,促进学生生涯适应力的提升;目标(2),通过对各行各业名人的认识和了解,结合自身,提高学生对自我的认识和对成长价值的认识;目标(3),通过德育课展示,回顾各小组完成阅读成果创新展示活动的过程,分享困难解决方案,拓展学生多元思维。"这为拓展学生在接下来的项目实践中,发挥更大自主性的可能。

(二) 培养自主学习能力的多元任务设计

根据项目化学习中的五类项目实践形态(调控性实践、探究性

实践、审美性实践、技术性实践、社会性实践)和两类项目化学习成果(制作表现类成果、解释说明类成果),我校教师在设计项目化学习小组任务中,从学生兴趣入手,结合阅读主题和学生真实的生活情境,设计了一系列既能让学生充分发挥自主性,又能锻炼学生探究能力的项目任务。

表 1

阅读书目	项目化学习项目任务设计	实践形态	探究方法	项目成果展示
李白传、苏轼传	阅读主题人物,设计文创产品。	探究性、审美性	调查问卷法、访谈法	以直播间销售的形式展示文创产品。
鲁迅传	制作一段能介绍主题人物的短视频(vlog)。	技术性、社会性	文献法、讨论法	以导游词结合短视频的方式介绍人物。
科比传、拿破仑传	以主题演讲,分享阅读人物的突出特点及阅读启发。	探究性、社会性	文献法	主题演讲、PPT展示、人物小视频分享。
《爱因斯坦传》	设计一款手机APP概念产品,发布介绍该产品。	技术性、探究性	问卷法、访谈法	情景剧的形式介绍手机APP产品。
C罗传	根据阅读主题人物,设计电子手帐。	审美性、技术性	讨论法、文献法	电子手帐展示、PPT展示。
毛泽东传	根据阅读编写人物成长编年表,展现人物风采。	探究性、社会性	文献法	编年表和PPT展示、朗诵。

学生在教师的引导下,科学探究能力和自主学习能力,得到了极大的提升。例如,设计"李白主题文创产品"的小组,就首先进行了问卷调查。调查了各个年龄段对我们产品的喜爱程度,发现,七

年级的同学对产品,最为喜爱;而已成年的路人,对我们的产品的观感一般。但在调查的人群中,大部分对于我们的产品都是比较喜爱……最后,我们以中学生消费水平为基本,进行了一些数据分析,发现,绝大部分中小学生,会比较青睐于价格合理的产品。

再比如,阅读《拿破仑传》的小组,在遇到问题时想到了文献法,"没想到,这本书太难懂了。对里面的大多数人名我们前看后忘,提到的那些法国历史事件我们几乎一个都不知道,我们几乎看不懂这本书。所以,我们小组就去请教了老师……最终选择读一个章节,再用文献法,去网上找关于拿破仑的事迹和名言来帮助我们了解这个人物。就这样,我们终于完成了读后感的写作。"

可见,在多元又科学的项目化学习任务设计中,学生们在做中学、在做中思考,在任务过程中学会依靠自己和同伴发现问题、解决问题,最终完成任务,获得成果,从而渐渐成长为一名会思考的、自主的学习者。

四、研究展望:更加拓宽项目化学习的实践探索

我校在目前的项目化学习教师培训项目中,已初步完成了教师设计并开展项目化学习生涯适应力的学科渗透工作,教师成为自主的学习者,并带动了学生自主学习能力的发展。

由于时间所限,我校对该项目的实践研究还有待于进一步深入和拓展。在生涯适应力学科渗透方面,可以注重项目化学习主题设置和驱动性问题引入,结合更多的学科知识、概念、核心技能等。在项目化学习活动设计和成果展示方面,考虑结合更多的学科应用,将学科知识与学生生活实际问题相关联,真正提升学生的生涯适应力。在项目化学习评价与反思环节,在延续过程评价、质性评价的基础上,可以加入量化评价和专家评价等,促进学生个人

和团体的共同进步。

参考文献：

[1] 一帆.《中国学生发展核心素养》总体框架正式发布[J]. 中小学信息技术教育,2016(4).

[2] 赵胜楠."项目化学习"设计与实施[J]. 课程教育研究,2018(46).

[3] 刘阳丹.基于项目化学习课程开发的生物学教师工作坊建立[D]. 华东师范大学,2020.

[4] 谷瑞丽.项目驱动式教学法在《创意写作》教学改革中的应用[J]. 写作,2018(2).

[5] 王金槐.把学习的主动权还给学生——以"如何认识区域"为例[J]. 科教导刊(下旬),2019(03).

第八章　"有戏"教育铺垫"出彩"人生

在实现中华民族伟大复兴这一进程中,每个人都享有走向成功、享受幸福、实现个人梦想的机会;每个人都应担负起自己的责任,在为实现中国梦而不懈奋斗中书写出彩人生。"有戏"在汉语里泛指有希望、有盼头、能出彩的意思。在虹教实验中学,"有戏"这个词汇蕴含更多的教育内涵。言简意赅的表达,就是通过为我校学生度身定制的生涯适应力学习活动、融合学校优秀文化传统与周边教育资源的德育学习活动、学科渗透生涯学习活动综合实践活动等路径,培养学生成为"有梦想、有本领、有自信、有担当"的"有用之材",铺垫"出彩"人生。

第一节　"有戏"教育效果的评估

学校的"有戏"教育实践研究本身并没有外部评价的要求。但是,从项目实践的过程需要来看,学校需要通过评估实现两个目的,一方面,经常诊断和不断修订学校教育内容,完善"有戏"教育框架;另一方面,有助于学生提升生涯适应能力,促进综合素质的提升和发展。这与《上海市初中学生综合素质评价实施办法》提倡的"尊重差异,促进成长"的评价原则高度契合。

由此,学校制定了聚焦学生"生涯适应力"的评估方法,加强对在校的每一个学生生涯适应力发展情况的评价,让每一个学生都能经历从自我认识到自我管理,进而自我发展的过程,让评价对学生的未来成长产生深远的影响。

一、评价原则(理念)

评价必须适应新世纪教育改革的要求,立足课堂教学,同时提供多种学习经历,关注生涯意识和能力发展,重视激励导向,强化过程评价,凸显多元评价,重点指向情感态度与价值观,关注知行统一、生涯成长。将评价始终贯穿于整个教育的过程中,成为有效激励学生自我管理、生涯生长的动力。

(一)发展性原则 过去往往把学生的应试成绩作为评价学生发展的唯一指标,导致学生的成长重心向应试能力倾斜。新课改的核心理念是"以人为本,促进学生的全面发展"。评价应该给每位学生提供发展空间,通过科学的评价机制,激励学生自我管理,积极地对自身的成长进行反思,不断积累生涯体验和实践经验,主动提高生涯适应力。

(二)主体性原则 过去主要是学校和老师对学生的各方面情况进行评价,学生只是作为评价对象,往往对这样的评价有抵触情绪。生涯适应力发展情况评价,是教师、学生自身、伙伴共同参与的评价制度。使学生从多方面、多维度获得反馈信息,有助于不断积累对自己生涯发展的兴趣、好奇、自信和能力。

(三)过程性原则 生涯适应力发展情况评价,尤其关注学生求知、积累、研究的过程,关注学生生涯进步、个性发展和良好自我形成的过程,注重学生在学习过程中的情感体验、价值观形成,帮助学生形成正确的价值取向、积极的自我概念、人生态度,从而引领学生在德智体美劳诸方面得到全面发展。

二、评价方法

(一)评价指标内容

随着时代发展和教育改革,即便是初中生,所面对的学习、生活以及未来生涯发展问题也日益复杂。通过学校的"生涯适应力学习"对学生准备程度和应对水平的提升,其作用的实质即落实学生的核心素养的发展。我们通过边实践边修订,建立了评价指标内容,归纳如下。

表 1　生涯适应力评价指标

核心能力	评价标准及描述	
	低年级(六、七年级)	高年级(八九年级)
生涯认知力	认识和理解生涯的内涵和意义,对个人生涯和外部环境等对生涯有所影响和启发的因素保持好奇和关注。如在**"生涯认知力"学习过程及效果评价表**中,学习过程中的兴趣态度中对"自主学习的愿望和意愿"就是对生涯好奇和关注的具体表现。	树立恰当、正确的生涯观念和生涯价值取向。关注自己的当下生活和未来生涯,逐步形成当下和未来生涯方向的选择。如在**"生涯认知力"学习过程及效果评价表**中,学习效果的能力表现中会注重"对个人未来发展既客观又保持积极的价值态度"。
生涯理解力	确立起对于自身生涯的主体意识,以积极的态度,带着自信去探索如何建构自己的生涯。如在**"生涯理解力"学生行为表现评价表**中,会鼓励学生积极表达,输出观点,这些都是强化学生主体意识和自信的态度。	逐步深入、客观地认识自我和周围环境,并与自身的生涯理解和规划结合起来。如在**"生涯理解力"学生行为表现评价表**中,成果部分会尤其注重启发意义和社会价值。

（续表）

核心能力	评价标准及描述	
	低年级（六、七年级）	高年级（八九年级）
生涯规划力	初步掌握生涯规划的技能和工具，并应用于当前的生活、学习规划当中。如在 PBL 的学习中会选取与学生生活密切相关的项目主题，并在**"生涯规划力"项目化学习(PBL)成果评价表**中突出时间管理，分工，合作等必要生活及学习能力。	懂得识别实现自身生涯规划过程中的有利因素和阻碍，有意识地利用有利因素，克服或规避阻碍。如在**"生涯规划力"项目化学习(PBL)成果评价表**中，问题解决和反思总结正式对项目化学习过程中阻碍的识别和思考，而对科学性、丰富性、合作性等能力的强调则是克服和规避阻碍的有利方式。

（二）评价工具及操作体系

生涯适应力不是孤立的学习内容，而是和学科课程、德育教育、综合实践活动、项目化学习等存在大量交叉、互补，这既是生涯适应力学习的综合性决定的，也是其作为学校课程体系有机成分所要求的。

因此，生涯适应力评估既包括一些相对独立的课堂教学开展，也包括借助活动或与其他课程结合进行评价实施。

表 2 生涯适应力评价内容及评价工具

	评价内容	评价工具
生涯专项证 ★阶段	"生涯认知力"的课堂学习表现	《学生学习过程及效果评价表》
生涯专项证 ★★阶段	"生涯理解力"的学习行为表现	《学生行为表现评价表》
生涯专项证 ★★★阶段	"生涯规划力"的学习成果展示	项目化学习(PBL)成果评价表

如，"生涯认知力"是"生涯适应力"学习的基础维度，也是初中

生生涯学习的第一阶段。课堂教学采用学校自编的《生涯认知力》学材,每周1—2课时由班主任、专职心理老师利用班会课、德育课对全体学生进行《生涯认知力》学材四个板块——认识自我、认识能力、人际管理、学习管理的教学,主要**以认知拓展为主(50%),互动教学为辅(40%),配合少量合作探究(10%)的学习方式**,为后续"生涯理解力"的学习打下基础。

表3 "生涯认知力"学习过程及效果评价表

评价项目	评价内容	评价标准	自我评价	小组评价	教师评价
学习过程(共60分,每题4分)	兴趣态度	具有自觉学习的愿望和主动性。			
		独立思考,能形成属于自己的观点和看法。			
		敢于质疑,对于老师或同学的观点遇到疑问时会有礼貌的表达或提问。			
		发散思维,思路开拓不受局限并愿意听取他人的意见和建议。			
		积极参与与之相关的各类社会实践和课外活动。			
		积极参与小组讨论,开展合作学习。			
		在课堂以外的学习生活中积极运用所学的知识和能力,并表现出端正的生涯价值观。			
		善于捕捉日常和社会生活、影视作品中相关的信息和素材,并有所思考。			
	学习习惯	会及时预习和复习课程内容。			
		会提前准备课程所需工具和资料。			
		按时完成课后习题和作业。			
	学习方法	善于灵活运用课堂所学的学习技巧和学习方法,如时间管理、制定计划。			

评价项目	评价内容	评价标准	自我评价	小组评价	教师评价
学习过程（共60分，每题4分）	学习方法	善于理论联系实际，将课堂所学运用在生活中。			
		善于学科渗透，将课堂所学转移到其他学科学习中。			
		会在学习过程中发现探索适合自己的新型学习方法和技巧。			
学习效果（共40分，每题4分）	能力表现	对个人生涯有意识的思考和关注。			
		对自我认识更加清晰全面。			
		人际沟通和交往能力有所提升。			
		具有一定的分析和知识迁移能力，解决学习和生活问题的能力有所提升。			
		能对通类社会事件、人物和现象进行比较分析，形成自己的态度和观点。			
		对个人未来发展既客观又保持积极的价值态度。			
	学习效率	单位时间内完成学习任务的质量和速度等。			
	成果展示	充分发挥所长，在成果制作和展示过程中有出色表现，如较高的调查报告、文创作品、演讲辩论、活动设计、戏剧表演等。			
		积极提升不足，在成果制作和展示过程中敢于挑战自己不擅长的领域，或是愿意承担辅助性的工作。			
		成果整体完成度高，让人印象深刻。			
综合建议					

第二节 "有戏"生涯教育评估的思考

初中学生综合素质评价内容主要有四个板块:品德发展与公民素养、修习课程与学业成绩、身心健康与艺术素养、创新精神与实践能力(摘自《上海市初中学生综合素质评价实施办法》),虹教实验中学把"有戏"教育的评估与学生综合素质评价融合,主要体现在:德育教育中渗透以社会主义核心价值观为引领的生涯理想与信念;学科渗透以知识和技能掌握以及运用知识解决问题为目标的生涯理解力评估;综合活动中渗透以健康生活方式、良好心理素质、对艺术的审美和表现能力等为主要学习内容的自我认识力评估;社会实践中渗透以激发创新思维、提高动手操作能力和实践体验经历等的生涯规划力评估。

一、"生涯"评估是一种动态的评估

《庄子·内篇·养生主第三节》中提到:吾生也有涯,而知也无涯。意思就是:生命虽是有限的,但知识是无限的。要把有限的生命,投入到对无限知识的追求中去,这其实就是"生涯"最初的意义。

我们的学生处于初中阶段,不管从生理还是心理正处于人生的重要阶段,也是变化最大的阶段,因此,我们需要的评估一定不是"标签式"的给学生的行为下定义,而是一种"动态的记录"。这种"动态",既包含学生参与生涯学习的过程性记录,还包含学生在参与学习过程中的自我感悟与自我反思。通过动态的评估,我们可以更为清晰的看到学生的成长轨迹,了解学生成长中的收获与困惑,寻找学生成长的共性规律与个性特点,为学校"有戏"教育的不断深入提供最直观的依据。

二、"生涯"评估是一种互动的评估

都说人最不了解的就是自己,让我们的学生更好的了解自己的发展需求和发展方向需要自我概念、自我评价和自我理想的整合统一,即建立"自我同一性"(注:由美国心理学家埃里克森(Erikson)提出)。在以往的评估实践中,我们发现建立自我同一性最有效的方法就是可以同身边的人进行比较,找出自己的长处和短处,优点和缺点,找到自己在生涯发展中的准确定位。也可以请老师、同学、好朋友给予评价,说出自己的长处和短处,知道自己的综合表现与发展潜能。

三、"生涯"评估是发现问题的过程

评估的目的是为了发现问题从而有针对性的解决问题,因此我们的评估贯穿于整个学习过程中,在精心设计的学习活动中帮助学生不断认识自我,使每一位学生成为更好的自己。

我校中预(4)班的一位学生在日记中写道:

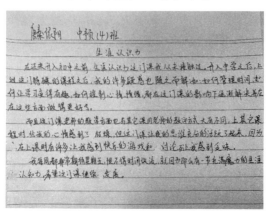

还有学生通过学习发现自己的拖延症问题并找到了解决方法：

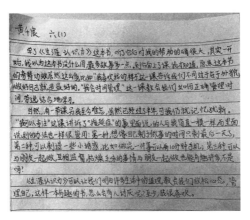

一位性格内向同伴关系紧张的学生学会了如何自我表达：

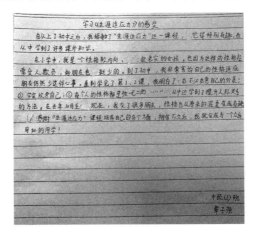

评估的意义不在于把学生定义在哪个学习层次，而是引导学生从学校精心设计的评估场景中学会了什么。

四、学生评估反促教师自主发展

生涯适应力评估不仅提出了让学生对今后发展的方向越发清晰，无形中成了引导学生正向发展和不断进步的内在动力。而随

着学生自信心的不断提升,教师也在潜移默化中开始了生涯反思。正如我校戏剧社指导老师在工作阶段总结中写的那样:

正当我以为我带着朱迅进行了一次"编剧体验",在今年排演过程中,她的领导力却给我觉得是我离不开她。她从头至尾参加选角、帮训、排练的活动,像大家长一样组织同学集合、维持排演纪律。因六年级同学的舞台经验较少,平时她一有空便帮导演一起给学弟学妹们分析剧本。有同学不认真对待时,她会以"过来人"学姐的身份教育他们。她在心得体会中写道:"大家常常因为紧张会忘记台词,有些同学甚至因为压力过大,在幕后黯然落泪,话剧社的同学都会在第一时间前去安慰他们。临近比赛,换了导演,台词、走位、表演都做了大幅调整,而距比赛仅剩三天,训练时长不足8小时。大家一度以为这是无法完成的任务,但出乎意料的是我们做到了,并且做得非常完美,我坚信这和大家的努力密切相关,最后我们不负众望得到了最佳创意奖!"

这里不得不提,难忘比赛当天一个小插曲,饰演"净"的白若沂化完妆后,没料到自己被化了两个大黑眼圈,粗眉毛,鼻子上还有条黑线,一下子哭了起来。而正式上台时,她止住眼泪,发挥出色。她说,"我想起了排练老师说的,放空自己,让自己沉浸入当时的剧情,自然而然的,我忘记了自己的'妆容',忘记了担心,大胆地随着音乐,走上了台……我永远不会忘记这段经历,期待今后还能有这样的机会演出。"我相信,她开始具备了一个演员的基本素养——对于演戏的信念感。

在同学们提交的心得中,音效助理郑安琪说自己不仅体验了专业音效师的工作,更在此过程中领悟了"硬着头皮也得走下去"的精神,后她还拍摄和剪辑了整个活动体验的视频。王菲阳同学则意识到了平衡学业和课外活动的能力的重要性,尝试时间规划。

平时内向的娄嘉浩提道,"自从参加了话剧社,我就开朗了许多。"

场刊制作的过程中,徐毅瑄、王文雅、赵奕靖、潘豫、郑安琪、李欣倚、陈婧颖跃跃欲试了"记者"的感觉。从连采访稿的格式都不知道,到明白了如何追问、如何把采访对象的内心想法挖掘出来,到她们无师自通会把相似的采访回答合并,交给我一篇篇清晰流畅的采访稿,我也是惊喜连连。同时,本册场刊的照片多数由郑安琪、李欣倚、陈婧颖拍摄整理,我也发现了每个同学都有自己擅长的拍摄方法,李欣倚拍人特能抓住神韵,郑安琪拍场景有高级感,陈婧颖的照片则有种动态美……

现在想来,"种子团队"这个名字取得实在是妙,话剧社综合活动从灵感到实践,正是源于三年前团队活动在我的心里埋下了一颗生涯教育的种子。

后　记

　　通过全体教职工近三年的研究实践,"有戏"教育初见成效。学校被评为上海市关心下一代工作委员会先进集体(全国关心下一代工作委员会先进集体)、上海市安全文明校园、上海市非遗进校园优秀传习基地、全国青少年校园足球特色学校、上海市依法治校标准校、虹口区文明校园、虹口区"红旗大队"、虹口区运动会体育道德风尚奖、虹口区艺术教育特色项目、虹口区创新实验室融合STEM案例金奖等。学生整体风貌也有明显改善,累计获奖100多人次。让每一个孩子变得有作为、能担当、更精彩,已成为我校每一个教师的神圣职责和光荣使命,学校被大家称为"让学生的人生更'有戏'"的大平台。

　　——办学绩效明显进步

　　根据《学校绩效评估分析报告》,与近四年的绩效数据对比,2018学年以来的办学绩效明显提升。学校在师训工作、学生发展、德育工作等三个板块获得明显进步。

　　——学生满意度提升

　　学生对教师的师德师风及教学质量认可度极高。据学生问卷调查结果显示,学生对于各学科任课老师的满意度均高于93%。

其中,语文、数学、英语三门主课的学生评教分数满意率都达到了95％。家长对学校办学的发展和成效的满意度同样很高。在家长会、家委会和家校联系中,均有较高的赞誉。

　　——教师发展梯队初步形成

　　为了促进教师发展,让教师的职业生涯"有戏"带动学生的人生"有戏",学校始终坚持"教学研"一体发展,促进教师的专业成长。在"磨砺—成长"教师文化中,教师们普遍感到"有信心""有戏",对自己的专业发展表示满意。在虹口区新一轮七层级人才梯队评选中,我校有3位教师被评为区学科带头人,4位教师被评为区骨干教师,10位教师被评为区教学能手和区教学新秀,13位教师被评为特招学员。

　　——教学管理与学科建设初见成效

　　为了学生生涯"有戏",学校全面加强课程与教学,提升课堂教学质量,学科教研组走在前面,取得教学管理与改革的显著成绩。2020年有17个学生的中考成绩达到上海市提前录取和名额分配最低投档控分线,全部拿到自己心仪学校的入场券,创造学校考生名校录取记录。

　　2018年11月,学校数学和理科综合两个教研组参加了区优秀、先进教研组评选。两个教研组均被评为区优秀教研组,成为五所强校工程实验校中唯一获得两个优秀教研组的学校。2019年1月,理科综合教研组还代表学校在全区教学工作会议上做了经验分享,得到好评。

　　——教育科研初具成果

　　教师申报市区级课题成果显著,完成10余项市区课题研究,发表相关论文30多篇。难能可贵的是,部分课题和论文的教育实践改进意义显著,开始在本校和市区产生示范及引领效应:学校课题《基于公民道德教育的课程建设初探》,荣获上海市中小学德育研究协会第八届课题研究成果三等奖;肖老师承担的项目《校园特色志愿者服务对初中学生综合素养及文化传承的影响研究》荣获2018年度上海学校德育"德尚"系列项目优秀研究成果三等奖;笔者的《初中生生涯适应力现状及其影响因素——虹口区教育学院实验中学初中生生涯适应力调研报告》获2019年上海市中小学幼儿园运用调查研究方法优秀成果二等奖;陆老师和王老师的《生涯适应力国内外研究情报综述》获得2019年中小学幼儿园课题情报综述征文三等奖。学校还在虹口区第13届教育科研成果评比中获得一等奖1个,三等奖5个。

　　——全员育人氛围已经形成

　　"育人"是学校发展的主旋律,在学校不断深化"有戏"教育的过程中,我们坚持以核心价值观为主题,将德育元素巧妙地融于课堂教学、校园活动以及实践活动中,充分调动各学科、各部门教职工主观能动性,推动未成年人思想道德建设,基本形成了"全员育人,培育公民"的良好育人氛围。

　　对于下一阶段的"有戏"教育工作,我们也有了新的思考,尤其是面对新中考改革,学校要加大力度完善生涯适应力学习内容,重在帮助学生认识自己,加深理解,并与家长沟通,展示自己的未来规划。学校也将进一步探索学生成才的路径建设,为随迁学生创造在上海学习和生活的机会,让每一名虹教学子都"有戏"。

图书在版编目(CIP)数据

让孩子的人生更"有戏":以"生涯适应力"学习为
引领的"有戏"教育实践研究/全迅著.—上海:
上海三联书店,2021.7

ISBN 978-7-5426-7426-5

Ⅰ.①让… Ⅱ.①全… Ⅲ.①素质教育—教育研究—
初中 Ⅳ.①G40-012

中国版本图书馆 CIP 数据核字(2021)第 086416 号

让孩子的人生更"有戏"

——以"生涯适应力"学习为引领的"有戏"教育实践研究

著　　者　全　迅

责任编辑　钱震华
装帧设计　陈益平

出版发行　上海三联书店
　　　　　中国上海市漕溪北路 331 号
印　　刷　上海昌鑫龙印务有限公司

版　　次　2021 年 7 月第 1 版
印　　次　2021 年 7 月第 1 次印刷
开　　本　700×1000　1/16
字　　数　265 千字
印　　张　22.5
书　　号　ISBN 978-7-5426-7426-5/G・1601
定　　价　78.00 元